幼儿园里的“趣野美”
幼儿园生态“趣野美”课程的实践探索

主　编　孙文文

天津大学出版社
TIANJIN UNIVERSITY PRESS

图书在版编目（CIP）数据

幼儿园里的趣野美 ： 幼儿园生态趣野美课程的实践探索 / 孙文文主编. -- 天津 ： 天津大学出版社, 2025. 5. -- ISBN 978-7-5618-7996-2

Ⅰ. G613.3

中国国家版本馆CIP数据核字第2025YL3491号

YOUERYUAN LI DE QUYEMEI ： YOUERYUAN SHENGTAI QUYEMEI KECHENG DE SHIJIAN TANSUO

出版发行 天津大学出版社
地　　址 天津市卫津路92号天津大学内（邮编：300072）
电　　话 发行部：022-27403647
网　　址 www.tjupress.com.cn
印　　刷 廊坊市瑞德印刷有限公司
经　　销 全国各地新华书店
开　　本 787mm×1092mm　1/16
印　　张 16.75
字　　数 415千
版　　次 2025年5月第1版
印　　次 2025年5月第1次
定　　价 68.00元

本书编委会

主　编　孙文文

副主编　杨天真　陈　静　李庆英

编　委　黄惠华　吴旭冉　陈华华　张　琼

　　　　樊亚红　柴殿霞　陈霞荣　李　科

序

2024年政府工作报告提出“加强高质量教育体系建设”，旨在适应新质生产力和强国建设的需要，培养创新人才。为此，在学前教育领域，我们需要更加关注培养儿童对自然的好奇心、对生命的感受力、对学习的内驱力以及对生活的创造力，为创新人才培养奠定坚实基础。我国著名幼儿教育家陈鹤琴先生在“活教育”思想体系中提出，大自然、大社会皆是活教材，教育应回归生活，回归自然，秉持“做中学、做中教，做中求进步”的原则。深圳市光明区玉律学校玉成幼儿园编著的《幼儿园里的“趣野美”——幼儿园生态“趣野美”课程的实践探索》一书，不仅回应了新时代对学前教育的期待和要求，同时也彰显了“活教育”理念的现代价值：吸取大自然之灵性、感受生命之活力、传递生活之智慧、培养幸福之能力。

深圳市光明区玉律学校玉成幼儿园基于“庄子之野”的现代解读，巧妙地将中国传统文化中的“率真、野性与情趣”与国外自然主义教育理念相融合，提出了“让教育如璞玉般纯真自然，让儿童如色彩般与众不同”的办园愿景。幼儿园致力于完善“趣野美”的教育过程，形成了“育于趣，拾于野，成于美”的办园理念，旨在实现以下办园目标：让儿童在自由翱翔中展现个性，在深厚底蕴中积累学识，在坚韧光辉中塑造品格，在稳健步伐中提升能力，在心灵火花中激发动机，在多元绽放中培养兴趣，在崇高追求中树立理想，在正向引领中塑造价值观。

本书所述的生态“趣野美”课程体系，包含基础课程和特色课程两大模块。该体系以《幼儿园教育指导纲要》中五大领域为依据，构建了野趣运动、妙趣语言、启趣社交、稚趣科学和童趣艺术等领域的基础课程模块；同时，以深圳市地域生态文明建设为线索，设计了涵盖生态文明、幼小衔接、足球课程的特色课程模块。

幼儿园将自然之美与教育之趣巧妙融合，建设了玉成野趣园、玉成小食光野炊区、玉成小剧场梦幻舞台、恐龙岛探险乐园、跳泥坑欢乐天地、材料之家创意工坊、璞玉营地自然露营区、沙水世界奇幻乐园、璞玉农场生态饲养区、木育童年木工作坊等十大园内特色户外体验区。让幼儿在园内喂鹦鹉、找蜗牛、逮蟋蟀、抱树干、养松鼠，这些看似简单的活动，不仅培养了他们的观察力、想象力和创造力，更让他们在与自然的亲密接触中学会了尊重生命、热爱自然。同时，幼儿园通过“平衡车停车支架改造计划”“小鸡喂食器”“避风港之‘兔’如其来”“酸梅汤与酸梅糖”“厨余行动小队”等课程故事，让幼儿自由地与自然对话，与万物交流，体验生命的丰富多彩，彰显“趣野美”的成长样态，构建了一个充满生机与活力的绿色生态教育乐园。

深圳市光明区玉律学校玉成幼儿园的生态“趣野美”课程，以其生动而深刻的教育实践，回应了城市化和生态文明建设进程中如何为幼儿提供一个富含自然元素、能感受生命活力、促进身心健康、激发创造力的教育环境的问题,也为幼儿园自然教育课程的创新提供了一种先进经验。

教育是一项神圣的事业,它既关乎每一个孩子的未来和梦想,也影响着每个家庭和整个国家的幸福与和谐。教育不仅仅是知识的传授,它更是自然与生命的对话、自然与生活的交融。愿本书能传递真实的自然之美和真正的教育之智。

华南师范大学
刘剑玲　教授
2024 年 10 月

目录

第一章 “趣野美”是什么

第一节 幼儿教育中的“趣野美”

“趣野美”是幼儿教育中不可或缺的三个要素。它们互为补充、相互促进，共同构成了幼儿教育的完整体系；它们相互交织，共同为幼儿打造一个丰富多彩的童年世界，同时也为幼儿的全面发展奠定坚实基础。因此，在实践中，教师应该珍视“趣野美”的育人价值，为幼儿创造一个充满乐趣、自由和美感的学习环境，挖掘相关课程资源，以促进幼儿的全面发展。

一、幼儿教育中的“趣”

在幼儿教育领域，“趣”是幼儿学习动力的来源，是决定幼儿学习深度的重要因素。它不仅关乎幼儿的学习兴趣，还直接影响他们的认知发展、情感培养以及行为习惯的养成。

（一）“趣”的定义与内涵

《现代汉语词典》对“趣”的阐释简洁而深刻：“趣味；兴味。”在幼儿教育中，“趣”通常指通过有趣的教学方式、方法和内容，激发幼儿的学习兴趣，使他们在轻松愉快的氛围中主动学习和探索。研究者普遍认为，兴趣是幼儿学习的内在动力，能够显著提升学习效果和积极性。例如，利用多媒体进行形象生动的演示，能够有效吸引幼儿的注意力，增强他们的识记能力，这正是“趣”在幼儿教育中的具体体现。

在幼儿教育的语境下，“趣”不仅仅是一种外在的表现形式，更是一种内在的教育理念。它强调教育内容的吸引力、教学方法的灵活性以及教育环境的愉悦性，旨在通过寓教于乐的方式，促进幼儿身心健康的全面发展。

（二）“趣”在幼儿教育中的历史演变

1. 早期探索与理论奠基

在中国，关于幼儿教育中“趣”的重视可追溯至陈鹤琴与张雪门等先驱的教育思想。他们明确提出，幼儿教育活动应充满趣味性，以适应幼儿的天性，促进其主动学习。虞永平教授进一步强调，幼儿园课程应关注幼儿的需求和兴趣，融入游戏精神，使教育更加贴近幼儿的生活实际。

2. 政策引导与实践推进

《幼儿园工作规程》《3-6岁儿童学习与发展指南》等文件明确指出学龄前儿童的教

育应在兴趣的驱动下进行,注重幼儿兴趣的激发与培养,为幼儿提供丰富多样的学习体验。

3. 国际视野下的"趣"味教学

在国外,福禄贝尔作为幼儿教育的先驱,最早强调了游戏在幼儿教育中的重要性,认为游戏是促进幼儿主动发展、激发其内在学习机制的关键。这一理念为后来的"趣"味教学奠定了坚实的理论基础。随着幼儿教育的不断发展,各国研究学者普遍达成共识:幼儿教育应以幼儿的兴趣为核心,将活动内容融入游戏之中,以实现寓教于乐的教育目标。

因此,幼儿教育中的"趣"是一个多维度、多层次的概念,它涉及兴趣导向、寓教于乐、互动体验、创新创意以及情感关怀等五个方面。

(三)"趣"在教学中的应用

1. 游戏化教学

游戏是幼儿最喜爱的活动之一,通过设计富有趣味性和挑战性的游戏项目,能够激发幼儿的学习兴趣和参与热情。游戏化教学在幼儿园得到了越来越多的重视,这些游戏不仅帮助幼儿更好地掌握知识,还使他们在游戏中体验到乐趣。

2. 直观教学法

通过直接观察、实物操作等方式,使幼儿在具体情境中学习,增强学习的趣味性和实效性。例如,在自然主题活动中,教师可以先带领幼儿到户外观察,再结合课程内容进行讲解,这种直观的教学方式能够极大地提升幼儿的学习兴趣。

3. 故事情境法

利用故事情境和角色扮演,为幼儿营造沉浸式的游戏氛围。让幼儿在模仿和体验中学习,这种情境化的教学方式能够显著提高学习的趣味性。通过扮演故事中的角色,幼儿能够更好地理解角色的情感和行为,从而培养良好的行为习惯。

(四)"趣"对幼儿成长的多维度影响

研究表明,"趣"味教学对幼儿认知发展具有显著促进作用。通过有趣的教学方式,幼儿能够更主动地参与到学习活动中,从而在不知不觉中提高观察力、记忆力、思维能力和想象力。例如,在智力游戏中,通过设计难度适中的游戏任务,使幼儿在挑战中获得成就感,进而激发他们进一步学习的兴趣和动力。

1. 认知发展

"趣"味教学能够激发幼儿的好奇心和求知欲,促进其认知发展。通过有趣的教学活动,幼儿可以更加积极地探索周围的世界,理解事物的本质和规律,培养逻辑思维和创新能力。

2. 情感培养

"趣"味教学有助于培养幼儿的积极情感和良好性格。在愉悦的学习环境中,幼儿能够感受到快乐和满足,增强自信心和自尊心。同时,通过与同伴和教师的互动,幼儿还可以学会关爱他人、尊重他人,从而培养良好的社交能力和情感品质。

3. 行为习惯

“趣”味教学有助于培养幼儿良好的行为习惯。通过有趣的教学活动，教师可以引导幼儿学习正确的行为规范和道德准则，如诚实守信、礼貌待人、勤俭节约等。这些良好的行为习惯将伴随幼儿的一生，成为他们未来成功的基石。

4. 身体素质

“趣”味教学还可以促进幼儿身体素质的发展。通过体育游戏、户外活动等有趣的教学方式，幼儿可以锻炼身体、增强体质，提高协调性和灵活性。同时，这些活动还有助于培养幼儿的意志力和坚韧不拔的精神品质。

（五）“趣”与师幼互动

师幼互动是幼儿教育中的关键环节，高质量的师幼互动能够提升教学质量，促进幼儿的发展。在“趣”味教学中，教师需要以情感交流为基础，灵活转换角色，调整教育行为，以激发幼儿的积极性和创造力。教师应更多地鼓励和夸奖幼儿，通过正面的反馈来增强他们的学习动力。

（六）面临的挑战与对策

尽管“趣”味教学在幼儿教育中具有显著优势，但在实施过程中也面临一些挑战。例如，部分教师可能过于注重教学目标的实现，而忽视了教学的趣味性；另外，由于育儿观念的不一致，部分家长可能更关注孩子的知识技能培养，而忽视了孩子的学习兴趣培养。针对这些挑战，研究者提出了一系列对策，如加强教师培训，提升他们对趣味性教学的认识和实践能力；加强家园合作，统一育人目标，共同关注幼儿的学习兴趣和发展需求。

二、幼儿教育中的“野”

在幼儿教育中，“野”不仅仅是指自然环境中的“野”，更是一种教育理念和方法。它主要体现在自然教育中，即幼儿在教师的引导下，通过亲身接触大自然中的材料进行学习和探索。通过模仿自然、释放天性，培养幼儿的独立性和创造力，进而促进幼儿的全面发展。

（一）“野”的定义与内涵

在许慎的《说文解字》中，“野”的本义是指郊外。“从里，予声。埜，古文野，从里省，从林。”其中“埜，古文野”，意指“野”是生长林木的地方。从空间概念上看，“野”是与城市相对的，“山野”“田野”“村野”等有林有土但少有人烟的地方都属于“野”的范畴，后来引申为“荒野”“民间”“界限”等含义。

而在幼儿教育中，“野”通常指一种接近自然、释放天性、鼓励探索和激发创造的教育方式。它强调让幼儿在相对自由、开放的环境中，通过亲身体验和实践，来感受自然、认知世界、发展能力。这种教育方式注重培养幼儿的自主性、独立性、创造力和解决问题的能力，使幼儿能够在成长过程中更加自信、从容地面对各种挑战。

因此，在幼儿教育中，“野”这一概念被泛指为一种鼓励幼儿自由探索、勇敢尝试、亲近自然、培养独立自主和团队合作精神的教育理念和实践方式。这种教育方式与相对传统、较为保守的幼儿教育模式有所不同,它更加强调幼儿的自主性、创造性和实践性。

(二)"野"在幼儿教育中的历史演变

1. 初始阶段:自然与野性的初步接触

在古代,幼儿的教育往往与自然环境紧密相连。虽然那时并没有明确的"幼儿教育"概念,但儿童在成长过程中会大量接触自然,通过模仿成人劳动、在野外玩耍等方式学习生存技能和社交规则。这一阶段,"野"主要体现在幼儿与自然的亲密接触上,通过野外活动培养他们的观察力、适应力和生存能力。

2. 近代转型:教育与自然的分离与再融合

随着工业化和城市化的发展,幼儿教育逐渐从家庭转向专门的教育机构,如幼儿园和学校。在这一过程中,幼儿与自然环境的接触机会减少,教育更加注重知识的传授和技能的训练。然而,在20世纪后半叶,随着环境教育、生态教育等理念的兴起,人们开始重新认识到自然环境对幼儿成长的重要性。因此,"野"的概念被重新引入到幼儿教育中,通过户外教学、自然探索等活动让幼儿重新接触自然,培养他们的环保意识和生态素养。

3. 现代发展:野趣教育的兴起

近年来,野趣教育作为一种新兴的教育理念,在幼儿教育中逐渐受到关注。野趣教育强调让幼儿在自然环境中自由探索、发现和学习,通过亲身体验和实践来培养他们的自主性、独立性和创造力。这种教育方式不仅有助于幼儿身心健康的发展,还能激发他们的好奇心和探索欲,为他们未来的学习和生活奠定坚实的基础。

(三)"野"在教学中的应用

1. 自然教育

在幼儿教育中,"野"常常与自然教育紧密相连。通过组织户外游戏、自然观察等活动,让幼儿充分接触自然,感受自然的美丽和魅力。这种教学方式不仅有助于幼儿身心健康的发展,还能培养他们的观察力、适应力和创造力。例如,教师可以带领幼儿进行野餐、露营、徒步等户外活动,让幼儿在自然的怀抱中自由奔跑、玩耍,释放天性,体验"野"的乐趣。

2. 野趣教育

野趣教育注重在自然环境中进行探索和学习,通过亲身体验和实践来培养幼儿的自主性、独立性和创造力。这种教育方式在幼儿教育中得到了广泛应用。在"野趣"教育中,"野"不仅仅是一种环境描述,更是一种教育理念和方法的体现。它鼓励幼儿勇于尝试、敢于探索,通过自主解决问题来培养自信心和获得成就感。

3. 创造性游戏

在幼儿游戏中,"野"也可以体现为一种创造性的游戏方式。教师可以设计一些具有挑战性的游戏场景和任务,让幼儿在游戏中发挥想象力和创造力,自由表达自己的想法和感受。这种游戏方式有助于激发幼儿的创造力和创新精神,培养他们的团队协作能力和解决问题的能力。

(四)“野”对幼儿成长的多维度影响

研究表明,“野”对幼儿成长具有多维度的影响。它不仅能够促进幼儿的身体和心理的健康发展,还能够提升他们的认知能力和社会性发展水平。

1. 身体发展

(1)增强体质。户外活动和接触自然环境能够显著增强幼儿的体质。在徒步、爬山、探秘大自然等活动中,幼儿不仅可以锻炼体能,还能提高耐力和磨炼意志力。这种身体锻炼有助于幼儿建立强健的体魄,为未来的发展奠定良好的基础。

(2)提升免疫力。户外玩耍可以无形中提升幼儿的免疫力,降低过敏发生率。这是因为孩子的身体免疫系统需要一定的刺激,以形成更好的保护屏障。通过接触自然环境中的微生物和过敏原,幼儿能够逐渐建立对这些因素的抵抗力,从而减少过敏性疾病的发生。

2. 心理发展

(1)培养自信心和勇气。在户外活动中,幼儿需要面对各种挑战和困难,如爬山时的疲惫、迷路时的焦虑等。这些挑战能够激发幼儿的勇气和自信心,让他们学会坚持和克服困难。当幼儿成功应对这些挑战时,他们会获得成就感和自信,这对他们的心理健康具有积极影响。

(2)缓解不良情绪。户外活动还能够缓解幼儿的不良情绪,如孤独、焦虑、自卑等。在自然环境中,幼儿可以放松身心,享受大自然的美丽和宁静。这种放松状态有助于幼儿缓解内心的压力和负面情绪,提升他们的心理健康水平。

3. 认知发展

(1)促进感官发展。户外环境为幼儿提供了丰富的感官刺激。他们可以通过观察大自然的色彩、形态、聆听声音等,锻炼自己的视觉、听觉、嗅觉和触觉等感官能力。这些感官刺激有助于幼儿建立更加敏锐和全面的感知能力,为他们的认知发展打下基础。

(2)提升观察力和专注力。在户外活动中,幼儿需要观察周围的环境和事物,这有助于提升他们的观察力和专注力。例如,在观察小虫爬行、聆听鸟鸣等活动中,幼儿需要集中注意力来捕捉这些细微的变化和声音。这种训练有助于幼儿建立更加稳定和持久的注意力,为他们的学习和生活奠定基础。

4. 社会性发展

(1)培养社交能力。户外活动为幼儿提供了与同伴互动的机会。在共同完成任务和挑战的过程中,幼儿需要学会与同伴沟通、协作和分享。这些社交经验有助于幼儿建立良好的人际关系,提升社交能力,为他们的社会性发展打下基础。

(2)增强团队合作精神。在户外活动中,幼儿需要面对各种团队任务和挑战。这些任务需要他们与同伴紧密合作、相互支持才能完成。通过参与这些团队活动,幼儿能够学会尊重他人、理解他人和关心他人,从而培养他们的团队合作精神和集体荣誉感。

（五）“野”与师幼互动

“野”与师幼互动之间存在着密切的关系。户外活动中的“野”元素能够激发幼儿的好奇心和探索欲，促进他们的身心健康发展，同时培养他们的社交能力和团队合作精神；此外，这种师幼互动也有助于提升教师的教育能力和专业素养。因此，在幼儿园教育中，应注重户外活动的开展和加强师幼互动，以促进幼儿的全面发展和教师的专业成长。

（六）面临的挑战与对策

“野趣”教育是一种注重幼儿自由探索、亲近自然、培养冒险精神的教育方式。尽管近年来作为一种新兴的教育理念，它在幼儿教育中逐渐受到关注，但目前仍面临多方面的挑战。

1. 安全问题

户外活动中，幼儿面临的安全隐患较多，如摔倒、碰撞、迷路等。家长和教师普遍对安全问题高度关注，担心幼儿在户外活动中受伤。因此，需要加强安全教育，提高教师和幼儿的安全意识。在活动前应进行充分的安全检查，确保活动场地和器材的安全性。同时，制定应急预案，以便在发生意外时能够迅速、有效地应对。

2. 教师素质与能力

部分教师可能缺乏户外教学的经验和技能，难以有效引导和支持幼儿在户外活动中的学习与发展。因此，需要加强教师的专业化培训，提升教师的专业素养和教学能力。通过组织专业培训、观摩学习等方式，帮助教师掌握户外教学的方法和技巧，提高他们的观察、评估和支持能力。

3. 家长观念与配合

部分家长对“野趣”教育的理念不认同，担心其影响幼儿的安全和学习效果。此外，家长在配合幼儿园开展户外活动时可能存在困难。因此，需要加强与家长的沟通和宣传，让家长了解“野趣教育”的理念和价值，以及其在幼儿成长中的重要作用。通过家长会、亲子活动等形式，增进家长对“野趣教育”的理解和认同，并鼓励他们积极参与和支持幼儿园的户外教学活动。

4. 资源与环境制约

部分幼儿园可能面临户外教学资源不足、环境不适宜等问题，难以有效开展“野趣”教育。因此，需要积极开发和利用周边资源，如公园、自然保护区等，为幼儿提供更多样化的户外学习环境。同时，加强幼儿园内部环境的改造与升级，创造更加适合户外教学的条件，以推动“野趣教育”的开展。

5. 教育效果评估

如何科学、客观地评估“野趣”教育的效果是一个难题。传统的评估方式可能难以全面反映幼儿在户外活动中的学习和发展情况。因此，未来需要逐步建立完善的多元化评估体系，采用观察记录、作品展示、口头表达等多种方式来评估幼儿在“野趣教育”中的表现和发展。同时，注重过程性评价与总结性评价的结合，既关注幼儿的学习成果,也关注他们在学习过程中的体验和感受。

三、幼儿教育中的“美”

幼儿教育中的“美”是一个广泛而深刻的概念,它涵盖了自然美、社会美和艺术美等多个方面,主要通过丰富的审美活动,培养幼儿的审美感知能力、审美鉴赏能力、审美表现能力和审美创造能力。

(一)“美”的定义与内涵

从广义上来说,“美”是一种主观的感受,是人们对客观事物的审美体验。不同的人对美的认知和理解会有所不同,这种差异源于个人的文化背景、审美偏好以及生活经历等。从学科概念上来看,在美学中,美被定义为能引起人们美感的客观事物的一种共同本质属性。美学是研究美的本质、定义、感受、形态及审美活动等问题的学科。

而在幼儿教育中的“美”,具体指的是幼儿美育。幼儿美育是指根据幼儿的身心特点,利用美的事物,通过各种审美途径来培养幼儿感受美、欣赏美、表现美和创造美的情趣与能力的教育活动。它主要通过美的熏陶,使幼儿形成健康的审美情趣和积极的人格品质。

(二)“美”在幼儿教育中的历史演变

“美”在幼儿教育中的历史演变,是一个从注重技能培养到逐步重视审美感知和表现能力,再到注重全面发展与创新的过程。这一演变过程不仅反映了社会文化的变迁和教育理念的发展,也体现了人们对幼儿教育价值认识的不断深化与拓展。

1. 古代至近代初期美育的萌芽与初步发展

在古代,虽然没有明确的幼儿教育体系,但“美”的教育思想已经存在。先秦时期的古文中提到的“蒙以养正,圣功也”,蕴含了从童年开始施以纯正教育的思想,这可以视为幼儿美育的萌芽。然而,这一时期的“美”更多地体现在道德教育、礼仪规范上,尚未形成系统的幼儿美育体系。

进入近代初期,中国开始逐步建立现代幼儿教育体系。在这一过程中,“美”的教育逐渐受到重视。民国初期的幼儿园教育中,已开始设置绘画、音乐等艺术课程,旨在通过艺术活动培养幼儿的审美感知能力。然而,由于历史条件的限制,这一时期的幼儿美育仍处于初步发展阶段,尚未形成完整的教育体系。

2. 近现代时期的探索与改革

随着社会的进一步发展以及教育理念的更新,近现代时期的幼儿美育开始进入探索与改革阶段。这一时期,教育家们开始关注幼儿身心发展的特点,并尝试将美育融入幼儿教育之中。他们认识到,美育不仅能够培养幼儿的审美感知能力,还能够促进幼儿情感、智力、身体等多方面的全面发展。

在实践中,教育工作者们开始尝试借助多样化的艺术活动来实施美育。例如,组织幼儿参观美术馆、观看音乐会、参与舞蹈表演等,让幼儿在亲身体验中感受美的多种样态。同时,他们还注重在幼儿园环境中营造美的氛围,如布置精美的教室、种植花草树木等,使幼儿在潜移默化中受到美的熏陶。

3. 当代幼儿美育的全面发展与创新

进入当代社会,随着教育改革的深入和素质教育的推广,幼儿美育得到了更加广泛的关注和发展。在这一时期,幼儿美育不再仅仅局限于艺术领域,而是开始渗透到幼儿生活的各个方面。

首先,在课程内容上,幼儿美育的覆盖范围更加广泛。除了传统的绘画、音乐、舞蹈等课程外,还增加了手工制作、戏剧表演、自然观察等多种形式的艺术活动。这些活动不仅丰富了幼儿的艺术体验,还促进了他们创新思维和想象力的发展。

其次,在教育方法上,幼儿美育更加注重幼儿的主体性和参与性。教育工作者开始采用游戏化、情境化的教学方式,引导幼儿在轻松愉快的氛围中感受美、表现美和创造美。同时,他们还注重家园共育,挖掘家园校舍多方的美育资源,鼓励家长积极参与幼儿的美育活动,协同多方力量,共同促进幼儿的全面发展。

最后,在评价体系上,幼儿美育也开始建立更加科学合理的评价机制。这一机制不仅关注幼儿的艺术成果展示,更注重评价幼儿在艺术活动中的表现、态度、创造力等多方面的素质发展。通过这种评价方式,可以更好地了解幼儿的美育需求和发展状况,为他们提供更加个性化的教育支持。

(三)“美”在教学中的应用

1. 创设“美”的环境

(1)整体设计。幼儿园的整体设计、室内外装饰以及活动区域的设计都应遵循“美”的规律,注重童趣特点,以激发幼儿对“美”的感知和兴趣。

(2)环境布置。通过张贴美丽的图片、挂饰和艺术品,选择具有美感的教材和教具,营造“美”的氛围,使幼儿在日常生活中受到“美”的熏陶。

2. 开展多样化的艺术活动

(1)绘画与手工。提供丰富的绘画材料和手工材料,如彩笔、蜡笔、颜料、画纸、黏土、纸箱等,鼓励幼儿自由创作,培养动手能力和创造性思维。

(2)音乐与舞蹈。通过音乐活动和舞蹈表演,让幼儿在音乐的旋律和节奏中感受“美”、表达“美”,提升艺术素养和审美能力。

(3)主题式活动。围绕特定主题设计美术活动,如“秋天的落叶”“海底世界”等,引导幼儿深入观察、理解并创作相关作品。

3. 走进自然体验“美”

(1)户外活动。定期组织幼儿走进大自然,观察自然风景、动植物等,感受自然之“美”。通过写生、摄影等方式记录所见所感,提升观察力和表现力。

(2)实践活动。布置小任务,让幼儿在自然界中观察并记录美好事物,如树叶、小鸟、白云等,通过绘画、讲述等形式表达自己所见所感。

4. 促进情感表达与交流

(1)自由表达空间。美术活动为幼儿提供了一个自由表达的空间,幼儿可通过色彩、线条和形状等元素的组合搭配，描绘他们对世界的认识，表达自己的情感和想法。

（2）分享与交流。组织幼儿分享自己的作品和创作过程，增强他们的自信心和语言表达能力，同时促进幼儿之间的相互学习和理解。

5. 融合其他领域

（1）语言与美育。引导幼儿用诗歌、故事、话剧等载体，表达自己对“美”的感受，提升语言表达能力和审美鉴赏能力。

（2）科学与美育。通过科学实验探索“美”的奥秘，如色彩混合、光影变化等，让幼儿在探索中学习科学知识并感受“美”的存在。

（3）社会与美育。结合社会实践活动，如参观美术馆、博物馆等，让幼儿在真实场景中体验“美”、学习“美”，并培养社会责任感和公民意识。

6. 家园校联动

（1）家长参与。通过家长会、家长讲座、专家沙龙、亲子活动等方式，向家长宣传美育的重要性和方法，鼓励家长在家中为幼儿营造“美”的环境和开展艺术活动，共同促进幼儿的美育发展。

（2）资源共享。利用家庭资源和社会资源，如家庭中的艺术品收藏、社区中的文化活动等，为幼儿提供丰富的美育资源和实践机会。

综上所述，幼儿美育在教学中的应用是多维度、多层次的。通过创设“美”的环境、开展多样化的艺术活动、走进自然体验“美”、促进情感表达与交流、融合其他领域以及家园校联动等方式，可以有效地培养幼儿的审美情趣、观察力、创造力以及动手能力，促进其全面发展。

（四）“美”对幼儿成长的多维度影响

“美”对幼儿成长具有多维度的影响，这些影响不仅体现在幼儿的认知、情感、社会性发展等方面，还深刻影响着他们的人格塑造和未来的生活质量。

1. 认知发展

（1）智力开发和思维拓展。幼儿时期是智力开发的关键阶段，美育通过视觉、听觉等多种感官的刺激，促进幼儿大脑的发育和智力的提升。现代科学研究表明，美术教育是开发智力、训练思维、培养灵感的有效途径之一。

（2）发挥想象和大胆创造。美育能够激发幼儿的想象力和创造力。通过绘画、手工制作等活动，幼儿能够超越现实的限制，创造出属于自己的艺术作品，这种创造性的过程有助于培养他们的发散性思维和创新能力。

（3）观察能力和洞悉细节。美育要求幼儿对“美”的事物进行细致的观察和感知，这有助于培养他们的观察力和注意力。在欣赏自然美景、艺术作品等过程中，幼儿需要仔细观察细节，从而提升他们的观察能力和审美能力。

2. 情感发展

（1）审美情趣。美育能够培养幼儿的审美情趣，使他们感受“美”、欣赏“美”、表达“美”。通过接触各种形式的美（如自然美、艺术美等），幼儿能够逐步形成个人的审美标准和审美偏好,这对他们未来的生活品质有着重要影响。

(2)情感体验。美育活动往往伴随着丰富的情感体验。幼儿在参与美术创作、音乐欣赏等过程中,能够体验到创作的乐趣、与他人分享的快乐以及成功的喜悦等,这些积极的情感体验有助于他们形成健康向上的人格。

3. 社会性发展

(1)人际交往能力。美育能够提升幼儿的人际交往能力。在集体艺术活动中,幼儿需要与他人合作完成作品,这有助于他们学会沟通、协商和分享。同时,通过展示自己的作品和欣赏他人的作品,幼儿能够增强自信心和自尊心,从而塑造更加积极、阳光的性格。

(2)社会适应能力。美育活动往往具有一定的规则和秩序要求,幼儿参与其中需要遵守规则、尊重他人、承担责任等,这有助于培养他们的社会适应能力。这些经历将为他们未来的社会生活打下坚实的基础。

4. 人格塑造

(1)自信心和自尊心。幼儿通过展示自己的作品并获得他人的认可与赞赏,能够增强自信心和自尊心。这种积极的心理体验将有助于他们形成健康向上的人格特质和积极的人生态度。

(2)自律性和责任感。美育要求幼儿在完成作品的过程中保持专注和耐心,这有助于培养他们的自律性和责任感。同时,通过参与集体艺术活动,幼儿能够学会尊重他人的权利和成果,从而增强他们的社会责任感和集体荣誉感。

5. 生活品质

(1)审美素养。美育能够提升幼儿的审美素养,使他们具备辨别"美"、欣赏"美"和创造"美"的能力。这种能力将伴随他们一生,为他们未来的生活品质奠定坚实基础。无论是在个人形象塑造、家居环境美化,还是在职业发展中,审美素养都将成为他们的重要竞争力。

(2)生活品质提升。具有良好审美素养的幼儿将更加注重生活的细节和美感。他们懂得如何合理地选择和搭配衣物、挑选家居用品等,使自己的生活环境更加美观、舒适。同时,他们还能够通过艺术创作等方式丰富自己的精神生活,进而提升整体的生活品质。

(五)"美"与师幼互动

"美"与师幼互动在幼儿教育中具有不可替代的作用。通过创设"美"的环境、进行情感交流与鼓励、开展多样化的艺术活动、进行引导与启发,以及给予适当的评价与反馈等策略,教师可以有效促进幼儿对"美"的感知和理解,提升他们的审美能力和创造力,为他们的全面发展奠定坚实的基础。

(六)面临的挑战与对策

幼儿美育作为幼儿教育的重要组成部分,在实施过程中仍面临诸多挑战。

(1)教育资源不足。许多幼儿园的美术教育条件有限,缺乏专业的美育教师和完备的教学设备，这直接影响了美育教学的质量和效果。

(2)教学理念落后。部分幼儿园的美育理念和教学方法陈旧，缺乏创新，未能充分考虑幼儿的发展特点和兴趣需求，因此难以激发幼儿的学习兴趣和创造力。

(3)家园合作薄弱。家长对幼儿美育的重要性和方法了解不足，缺乏与幼儿园的有效沟通与合作，难以形成教育合力，共同推动幼儿美育的发展。

(4)社会认知狭隘。部分家长和教师对美育的认知存在狭隘，将美育简单地等同于艺术技能的培养，忽视了美育在幼儿全面发展中的重要作用。

针对这些挑战，研究者提出了一系列对策，如加强师资建设、增加教育资源投入、创新教学模式、加强家园合作、提升社会认知、推动区域均衡发展，以及利用数字技术等措施，以有效应对这些挑战，推动幼儿美育的健康发展。

四、幼儿教育中的“趣野美”

在幼儿教育领域，“趣野美”三个概念表达了趣味性、自然野趣和美育的重要性。

根据《幼儿园教育指导纲要》的指导思想，为幼儿提供自由表现的机会，鼓励幼儿用不同艺术形式大胆表达自己的情感、理解和想象，是增强趣味性的重要手段。趣味性是幼儿教育的重要原则之一，它能激发幼儿的学习兴趣，促进其全面发展。查阅相关文献发现，多样化的教学方式和游戏化的活动能显著提升幼儿的学习兴趣和参与度。例如，利用幼儿玩具进行作画、手印画、树叶拓印等活动，不仅增加了创作的趣味性，还培养了幼儿的动手能力和创造力。

此外，民间游戏在幼儿教育中的开发与利用进一步丰富了幼儿的游戏生活，增强了趣味性。这些游戏以幼儿的实际生活为出发点，符合其身心发展规律，能够激发幼儿的好奇心和探索欲。

自然野趣教育强调让幼儿接触自然，通过户外活动培养其探索精神和自然感知能力。在幼儿教育中，注重差异、因材施教，为幼儿提供丰富多样的户外活动环境尤为重要。例如，提供具有层次性的材料，让幼儿根据自己的能力进行跨越、攀爬等活动，这样既能满足幼儿的不同需求，又能让他们在自然环境中获得成功的体验。野趣活动不仅促进幼儿的身体发育，还能提高其社会化水平。通过集体活动，幼儿学会与他人合作、分享，培养集体荣誉感和责任感。

美育是幼儿教育的重要组成部分，它通过多元化的美育活动培养幼儿的审美感知力、审美创造力和审美情感。以发展人格为基础的美育教育强调“美”的教育价值，通过多元化的美育活动促进儿童的全面发展。罗恩菲尔德和里德等教育家认为，美育教育不仅能提升幼儿的智力和创造力，还能促进其完整、健康人格的发展。

在美育教学实践中，教师应提供多样化的创作材料和表达形式，以满足不同幼儿的发展需求，激发幼儿的创作欲望，培养他们的审美情感和创造力。同时，教师应注重个体差异，因材施教，为不同发展水平的幼儿提供适宜的指导和支持。通过欣赏优秀的艺术作品，引导幼儿感受艺术之“美”，提高其审美鉴赏能力。

综上所述,“趣野美”在幼儿教育中具有重要的价值。趣味性激发幼儿的学习兴趣,自然野趣培养其探索精神和自然感知能力,美育则促进其审美感知力、创造力和情感的发展。因此,幼儿教育中的“趣野美”作为一个综合性的教育理念,旨在将趣味性、自然野趣和艺术美的体验融入幼儿教育的全过程。它强调在尊重幼儿天性的基础上,通过丰富多样的户外活动与创意表达,激发幼儿的好奇心与探索欲,促进幼儿身心的全面发展。“趣野美”教育注重培养幼儿的兴趣、能力和品格,为其未来的学习和生活奠定坚实基础。

第二节　中国文化里的“趣野美”

“趣野美”在中国文化中占据着独特的地位,具有深远的价值,它体现了中国人对自然、野趣和生命力的深刻理解与追求。“趣野美”主要指一种源自自然、未经雕琢的原始之美,它强调自由自在、无拘无束的生命状态,以及人与自然的和谐共生。这种美不仅体现在自然景观中,如荒野、山川、湖泊等,也渗透在中国人的生活方式、艺术创作和哲学思考里。它不同于传统的精致典雅之美,更注重率真、野性与情趣的融合。无论是古代的文人墨客,还是现代的艺术大家,都在作品中追寻并展现这种独特的美学理念。

“趣野美”在中国文化中主要体现在自然景观、生活方式、艺术创作以及哲学思考中。例如,中国的山水画和花鸟画是“趣野美”的重要载体。画家们通过笔墨描绘出大自然的壮丽与细腻,展现山川的雄浑、水流的灵动以及花鸟的生机盎然。这种对自然的直接描绘和赞美,体现了中国人对“趣野美”的深刻感悟与追求。在生活方式上,中国古代许多文人墨客追求一种隐逸的生活方式,他们远离尘嚣,寄情于山水之间,以诗酒为伴,以书画为友。这种生活方式本身就是对“趣野美”的一种实践与体现。而在现代社会,尽管人们的生活方式发生了巨大变化,但对自然的向往与追求依然未变。旅游、露营、徒步等户外活动成为现代人追求“趣野美”的重要途径。此外,在艺术创作上,除了绘画之外,中国的诗歌、散文等文学作品也充满了对“趣野美”的描绘与赞美。例如,陶渊明的田园诗、王维的山水诗等,都以生动的笔触描绘出大自然的美丽与和谐,表达了诗人对自然之美的热爱与追求。最后,在哲学思考方面,中国古代的哲学思想如儒家、道家等也对“趣野美”有着深刻的理解与阐述。儒家强调“天人合一”,认为人与自然应该和谐共生;道家则主张“道法自然”,强调顺应自然、无为而治。这些哲学思想为“趣野美”提供了深厚的理论基础与思想支撑。

一、古诗词中独具生命力的“趣”

在中国诗词中,“趣”往往指的是一种生动活泼、富有情趣的意境或情感,它体现了诗人对自然、生活或艺术的独特感受和深刻理解。

(一)自然之“趣”

在中国古诗词中,体现自然之“趣”的作品众多,这些诗词以细腻的笔触和深邃的情感,描绘了自然界的壮美景色和生机盎然,展现了诗人对自然之“趣”的热爱和向往。比如,王维在《山居秋暝》中写道:“空山新雨后,天气晚来秋。明月松间照,清泉石上流。”诗人以清新自然的笔触,描绘了山居秋日的宁静与美好。雨后的空山、晚秋的凉意、明月的照耀、清泉的流淌,构成了一幅和谐宁静的自然画卷,充满了自然之“趣”。柳宗元在《江雪》中的“千山鸟飞绝,万径人踪灭。孤舟蓑笠翁,独钓寒江雪。”则描绘了冬日江雪的壮美景色。千山无鸟、万径无人,只有一位孤舟独钓的老翁,在寒江雪中悠然自得,展现了自然与人的和谐共处以及自然之“趣”的无穷魅力。东晋陶渊明在《饮酒·其五》中的“采菊东篱下,悠然见南山。山气日夕佳,飞鸟相与还。”描绘了采菊东篱、悠然见南山的田园生活。山气的日夕变化、飞鸟的归巢,都充满了自然之“趣”,展现了诗人对自然和生活的热爱。

苏轼在《浣溪沙·游蕲水清泉寺》中写道:“山下兰芽短浸溪,松间沙路净无泥。萧萧暮雨子规啼。”诗人以生动的笔触,描绘了游蕲水清泉寺时所见的自然景色。兰芽短浸溪、沙路净无泥、暮雨中的子规啼声,都充满了自然之“趣”,展现了诗人对大自然的热爱和向往。杨万里在《小池》中写道:“泉眼无声惜细流,树阴照水爱晴柔。小荷才露尖尖角,早有蜻蜓立上头。”作者以细腻的笔触,描绘了初夏小池的清新景色。泉眼的细流、树荫映照水面、小荷初露的尖尖角、蜻蜓停立其上,都洋溢着自然之“趣”和生机盎然的气息。这些古诗词以不同的角度和手法,展现了自然之“趣”的无穷魅力。它们不仅描绘了自然界的壮美景色和勃勃生机,也反映了诗人对自然和生活的热爱与向往。这些诗词以其独特的艺术魅力和深刻的思想内涵,成为中华文化宝库中的瑰宝。

(二)生活之“趣”

在中国文学史上,古诗词中体现生活之“趣”的作品占据了重要地位。它们以生动的笔触描绘了日常生活的点滴乐趣,展现了诗人对平凡生活的热爱与感悟。以下诗词从不同角度体现了生活之“趣”。

辛弃疾的《清平乐·村居》写道:“茅檐低小,溪上青青草。大儿锄豆溪东,中儿正织鸡笼。最喜小儿亡赖,溪头卧剥莲蓬。”这首词描绘了一个五口之家的乡村生活场景:大儿子在溪东锄豆,二儿子专心编织鸡笼,最可爱的小儿子则无拘无束地躺在溪边剥莲蓬。词中充满了浓厚的生活气息和天伦之乐,展现了乡村生活的宁静与美好。

范成大的《四时田园杂兴·其二》写道:“梅子金黄杏子肥,麦花雪白菜花稀。日长篱落无人过,惟有蜻蜓蛱蝶飞。”此诗通过描绘初夏江南的田园景色,展现了农村生活的宁静与和谐。梅子金黄、杏子肥美、麦花雪白、菜花稀疏,篱笆边静寂无人,只有蜻蜓和蝴蝶翩翩飞舞,勾勒出一幅充满生活情趣的田园画卷。

高鼎的《村居》写道:“草长莺飞二月天,拂堤杨柳醉春烟。儿童散学归来早,忙趁东风放纸鸢。”此诗描绘了早春二月乡村的田园风光和儿童放纸鸢的欢乐场景。草长莺飞、杨柳拂堤,孩子们放学后早早归来,趁着东风放飞纸鸢,充满了童真与乐趣,展现了乡村生活的闲适与自在。

孟浩然的《过故人庄》写道："故人具鸡黍，邀我至田家。绿树村边合，青山郭外斜。开轩面场圃，把酒话桑麻。待到重阳日，还来就菊花。"此诗通过描绘诗人应邀到朋友家做客的情景，展现了田园生活的宁静、和谐与友情之"趣"。

白居易的《问刘十九》写道："绿蚁新醅酒，红泥小火炉。晚来天欲雪，能饮一杯无?"此诗通过描绘诗人邀请朋友共饮新酿米酒的场景，展现了冬日生活的温馨与乐趣。绿蚁新醅、红泥小火炉、晚来天欲雪，这些意象共同营造出一种宁静而温馨的氛围，邀请朋友共饮一杯，更增添了生活的情趣。

这些古诗词以生动的笔触描绘了日常生活的点滴乐趣，展现了诗人对平凡生活的热爱与感悟。它们不仅具有文学价值，更是人们了解古代生活情趣的重要窗口。

（三）艺术之"趣"

在古诗词中，往往以其独特的艺术手法、深刻的意境和丰富的情感，展现了诗歌作为艺术形式的魅力。以下古诗词从不同角度体现了艺术之"趣"。比如王维的《山居秋暝》，诗人以空山雨后的清新景象为背景，通过明月、清泉等自然元素的描绘，营造出一种宁静致远的艺术氛围。诗中运用了动静结合的手法，既有明月、清泉的静态美，又有竹喧、莲动的动态美，展现了诗歌动静相宜的艺术之"趣"。张若虚的《春江花月夜》以春江、花、月、夜为背景，通过月升月落、人生离合的描绘，展现了诗歌的哲理美和意境美。诗中运用了丰富的想象和象征手法，将月光、江流、花林等自然元素与人生哲理相融合，形成了独特的艺术风格。

杜甫在《饮中八仙歌》一诗中以饮酒为题材，通过描绘八位酒仙的醉态和性格特征，展现了诗歌的诙谐幽默和生动传神。诗中运用了夸张、拟人等修辞手法，将八位酒仙的形象刻画得栩栩如生，充满了艺术趣味。柳宗元在《江雪》一诗中以江雪为背景，通过描绘一位孤舟独钓的老翁形象，展现了诗歌的孤独美和静谧美。诗中运用了对比和象征手法，将老翁的孤独与江雪的广阔相对比，形成了强烈的艺术效果。白居易的《赋得古原草送别》以古原草为题材，通过描绘草的生长规律和抒发离别的情感，展现了诗歌的哲理美和抒情美。诗中运用了比喻和拟人等修辞手法，将草的生命力比作人生的坚韧不拔。辛弃疾的《青玉案·元夕》以元宵佳节为背景，通过描绘热闹繁华的夜景和抒发寻找意中人的情感，展现了词作的浪漫美和抒情美。词中运用了比喻和象征手法，将灯火辉煌的夜景比作人生的繁华与热闹，而寻找意中人的过程则象征着对理想和爱情的追求与执着。这些古诗词以其独特的艺术手法、深刻的意境和丰富的情感，展现了诗歌作为艺术形式的独特魅力。

（四）情感之"趣"

下面这些古诗词以其深情的笔触、细腻的描绘和真挚的情感，从不同角度展现了情感之"趣"的无穷魅力。通过阅读这些诗词，人们可以感受到诗人内心的喜怒哀乐、悲欢离合，从而更加珍惜和感悟生活中的情感之"趣"。

在李白的《静夜思》中，月夜如一位温柔的画家，轻轻挥洒着银辉，勾勒出诗人心中那幅永恒的故乡画卷。床前的月光,宛如轻盈的霜雪,悄然铺洒,引人遐想。诗人抬头仰望那轮皎洁的明月,仿佛能穿越时空,与远方的故乡对话;低头间,思绪又如潮水般涌来,满载着对故乡的深深眷恋与无尽思念。他以极简的意象,勾勒出了最为深沉的思乡情愫。

唐代诗人孟郊的《游子吟》是一首描绘母爱伟大与无私的诗篇。全诗通过描绘母亲为即将远行的儿子缝制衣物的细节,展现了母爱的深沉与细腻。诗中充满浓厚的母爱之情。母亲对儿子的关爱无微不至,从"慈母手中线"到"游子身上衣",每一个细节都透露出母亲对儿子的深深牵挂。特别是"临行密密缝,意恐迟迟归"两句,更是将母亲内心的担忧与不舍表现得淋漓尽致。她担心儿子在外久久不归,因此在他临行前,一针一线都缝得特别密实,希望儿子能穿着她亲手缝制的衣物,感受到家的温暖和母亲的关爱。

李清照在《一剪梅·红藕香残玉簟秋》中以"花自飘零水自流。一种相思,两处闲愁。此情无计可消除,才下眉头,却上心头"的细腻笔触,描绘了秋日里的孤独与相思,展现了女性情感的柔美与哀愁,以及相思之苦的难以排解。而秦观的《鹊桥仙·纤云弄巧》则是以牛郎织女的美丽传说为题材,描绘了一幅七夕之夜的浪漫图景。那轻盈的纤云仿佛也懂得人间的情意,巧妙地编织着爱的梦境;飞星闪烁,似乎在传递着离别的哀愁,而银河则如一条悠长的纽带,静静地连接着两颗遥远的心。当那金风与玉露终于相遇,那一刻的相逢,便胜过了人间无数的平凡相守。词人以其浪漫的笔触,将这份跨越时空的爱恋描绘得如梦如幻,让人感受到人间真挚爱情的炽热与美好,也深刻体现了情感之"趣"的无穷魅力。

(五)哲理之"趣"

中国古诗词以其简洁而富有深意的语言,传达了深刻的人生哲理和宇宙真理。它们不仅具有文学价值,更是古代人们智慧和思想的结晶。如王之涣在《登鹳雀楼》中写道:"白日依山尽,黄河入海流。欲穷千里目,更上一层楼。"作者通过描绘壮丽的自然景色,表达了只有站得高才能看得远的哲理,鼓励人们要有远大的志向和不断进取的精神。苏轼在《题西林壁》中写道:"横看成岭侧成峰,远近高低各不同。不识庐山真面目,只缘身在此山中。"诗人以庐山为背景,通过描绘不同角度下的庐山景象,阐述了"当局者迷,旁观者清"的哲理,告诫人们要客观全面地看待问题,避免主观片面。

朱熹在《观书有感二首·其一》中写道:"半亩方塘一鉴开,天光云影共徘徊。问渠那得清如许?为有源头活水来。"诗人通过描绘方塘的清澈,比喻了只有不断学习新知识,才能保持思想的活跃和进步,强调了持续学习的重要性。陆游在《游山西村》中写道:"山重水复疑无路,柳暗花明又一村。"诗人通过描绘在困境中突然找到出路的情景,传达了在人生面临困难时不要轻易放弃的哲理,鼓励人们要有乐观的心态和坚韧不拔的精神。汉乐府的《长歌行》写道:"青青园中葵,朝露待日晞。阳春布德泽,万物生光辉。常恐秋节至,焜黄华叶衰。百川东到海,何时复西归?少壮不努力,老大徒伤悲。"诗歌通过描绘自然景象和人生历程,强调了珍惜时光、努力奋进的重要性,告诫人们要趁年轻时努力奋斗，以免老来后悔。白居易在《赋得古原草送别》中写道：“离离原上草，一岁一枯荣。野火烧不尽，春风吹又生。”诗人通过描绘古原草的生命力，表达了生命顽强不息、生生不息的哲理，鼓励人们要有坚韧不拔的精神和乐观向上的态度。

杜甫在《望岳》中的诗句“岱宗夫如何？齐鲁青未了。造化钟神秀，阴阳割昏晓。荡胸生曾云，决眦入归鸟。会当凌绝顶，一览众山小。”通过描绘泰山的雄伟景象，表达了只有站得高才能看得远、领略人生真谛的哲理。它鼓励人们要有远大的志向和不断攀登的精神。

综上所述，在古诗词中，“趣”不仅是对美好事物的诠释，更是人们对生活、自然、艺术的深刻感悟和亲身体验。通过诗人的笔墨，人们能够感知诗词中“趣”所蕴含的生命张力和情感深度。

二、文人墨客眼中不同意义的“野”

在文人墨客的眼中，“野”字可以承载多种意义，这些意义不仅反映了他们对自然的热爱与向往，也体现了他们独特的审美情趣和哲学思考。它既可以指代自然风光的辽阔和原始，也可以表达一种超脱尘世、返璞归真的生活态度，或是对自由不羁精神的向往。

（一）自然之“野”

在文人墨客的笔下，“野”常常指代未被人类文明过度侵扰的自然环境，如荒野、郊外等。这种“野”体现了自然的原始状态和朴素之美，给人以静谧与悟性。例如，东晋陶渊明的《归园田居·其一》中写道：“少无适俗韵，性本爱丘山。误落尘网中，一去三十年。羁鸟恋旧林，池鱼思故渊。开荒南野际，守拙归园田。”陶渊明通过描绘自己对官场的厌倦和对自然的向往，展现了自然之“野”的宁静与自由。他渴望回归田园生活，与大自然亲密接触，这种情感体现了对自然之“野”的深深眷恋。唐代王维在《鹿柴》中写道：“空山不见人，但闻人语响。返景入深林，复照青苔上。”以简洁的笔触描绘出空山深林的幽静景象，通过人语的回响和夕阳的余晖，营造出一种原始而神秘的氛围，展现了自然之“野”的宁静与神秘。

唐代王绩的《野望》中写道：“东皋薄暮望，徙倚欲何依。树树皆秋色，山山唯落晖。牧人驱犊返，猎马带禽归。相顾无相识，长歌怀采薇。”这首诗描绘了野外的秋景以及牧人和猎马的归来，展现了自然之“野”的宁静与和谐，充满了浓郁的乡村气息和野趣。唐代杜甫的《野望》开篇“西山白雪三城戍，南浦清江万里桥。”这两句以壮丽的自然景象为背景，展现了自然之“野”的辽阔与壮美。而南宋遗民诗人郑思肖的《寒菊》中有“野樵抱素琴，相遇意自深；素琴鸣则山应，草木皆有灵。”的诗句，反映了古人对“野”的理解。

这些古诗词通过生动的描绘和深远的意境，展现了自然之“野”的宁静、神秘、生机与和谐。它们不仅让我们领略到了大自然的美丽与壮阔，也激发了人们对自然之“野”的向往与敬畏。

（二）心灵之“野”

在文人墨客的精神世界中，“野”还象征着心灵的自由与超脱。他们通过描绘“野”之境，表达了对自由生活的渴望和对世俗束缚的挣脱。例如，贾岛的诗作常常描绘出一种超脱世俗、寻求心灵净土的精神诉求。他在《寻隐者不遇》中通过对话的形式表达了寻访隐士未遇的焦急心情，以及对隐者高洁品质的钦慕；《宿山寺》则以其空灵寂静的禅宗美学意境，传达了诗人对超脱世俗生活的向往和追求。被誉为“古今隐逸诗人之宗”的陶渊明，其诗作充满了对自然和田园生活的热爱，同时也表达了对官场和社会的厌倦。他的《归园田居》系列诗歌，通过描绘田园生活的宁静与自由，展现了诗人对心灵之“野”的向往和追求。苏轼作为豪放派词人的代表，他的诗作和词作中常常流露出一种旷达超脱的人生态度，以及对自然和人生的深刻感悟。他在《赤壁赋》中通过描绘赤壁之战的遗址和壮丽景色，表达了对历史的沉思和对人生的豁达态度。此外，唐代诗人杜甫对“野”字格外偏爱，不仅以“少陵野老”自称，还创作了许多从不同角度展现“野”之意境的诗作。这些作品体现了文人对精神自由的追求和对超脱世俗生活的向往，不仅让人们领略到了诗歌的魅力，也激发了人们对心灵之“野”的深刻思考和探索。

（三）审美之“野”

在中国古代文论中，“野”这一范畴确实展现了一种与“文”“礼”“雅正”等传统审美观念截然不同的审美趣味。它不仅仅是对自然、质朴、原始之美的追求，更是一种对主流文化和传统审美规范的疏离与超越。

在唐宋时期，“野”作为审美范畴得到了充分的发展和丰富。文人们开始将“野”视为一种独特的审美价值，并将其融入自己的艺术创作中。他们通过描绘自然山水、田园风光，以及表现文人的隐逸生活和闲适情趣，来展现“野”的审美追求。这种追求不仅体现在诗歌、绘画等艺术形式中，还深刻地影响了文人的生活方式和价值取向。“疏野”和“野逸”作为“野”的子范畴，在唐宋时期的文学创作中得到了广泛的体现。它们分别代表了文人在精神上的在野状态和对自由、无拘无束生活的向往。这种向往不仅仅是对物质生活的超脱，更是对精神自由和心灵解脱的渴望。例如，杜甫的《绝句》：“两个黄鹂鸣翠柳，一行白鹭上青天。窗含西岭千秋雪，门泊东吴万里船。”以清新自然的语言描绘了春天的生机盎然。黄鹂、翠柳、白鹭、青天，这些自然元素未经雕琢，却自成一派疏野之美。

岑参的《题山寺僧房》：“窗影摇群木，墙阴载一峰。野炉风自煮，山碓水能舂。勤学翻知误，为官好欲慵。高僧暝不见，月出但闻钟。”一诗中描绘的山寺景色，充满了自然之趣与野意。野炉、山碓等意象，展现出一种未经人工修饰的原始美，彰显了“疏野”的审美追求。

姚合的《春日同会卫尉崔少卿宅》：“诗家会诗客，池阁晓初晴。鸟尽山中语，琴多谱外声。映花相劝酒，入洞各题名。疏野常如此，谁人信在城。”展现了文人聚会的疏野之乐。山中鸟语、谱外琴声，以及映花劝酒、入洞题名的场景，都透露出一种远离尘嚣、率性自由的“疏野”情怀。

在文人墨客的生活态度中,“野”代表着一种简朴与真实的生活方式。他们往往追求远离城市的喧嚣,回归自然的生活状态,以感受生活的美好和精神的宁静。例如,陶渊明的归隐生活就体现了他对名利的不屑和对自由生活的向往。他的选择不仅是对个人价值的肯定,也是对“野”之生活理念的实践。此外,李白在《山中与幽人对酌》中写道:“两人对酌山花开,一杯一杯复一杯。我醉欲眠卿且去,明朝有意抱琴来。”这描绘了李白与友人在山中饮酒对酌的场景,展现了超脱世俗、随遇而安的生活态度。他醉后欲眠,让友人离去,并约定明朝再会,这种随性的生活方式正是“野”的体现。李煜在《渔父·浪花有意千重雪》中写道:“浪花有意千重雪,桃李无言一队春。一壶酒,一竿纶,快活如侬有几人。”李煜以渔父自比,描绘了自己在江边垂钓、饮酒自乐的情景。他通过这种简朴而自由的生活方式,表达了对名利的淡泊和对自然的热爱。

文人墨客通过对“野”的不同诠释,展现了他们对自然、生活、个性和精神世界的独特理解与内在追求。在他们的诗词中,“野”不仅仅是一个字,更是一种情感的寄托和精神的象征。这些意义不仅丰富了“野”的内涵,也体现了文人墨客独特的审美情趣和哲学思考。在现代社会中,这些“野”的理念仍然具有重要的启示意义,引导人们追求更加自由、真实和美好的生活。

三、跨越时间与空间的“美”

中国文化中的“美”具有多维样态,是包容的;它不仅体现在物质层面,更体现在精神世界。这种“美”是中华历史的积淀,是民族智慧的结晶。它不受时间和地域的限制,跨越山河,穿越时代变迁,融汇不同文化背景,触动着人们的心灵。

中国文化中的跨越时间与空间的“美”,体现在文化与文明的交流互鉴中。例如,意大利宇航员萨曼莎·克里斯托福雷蒂在国际空间站引用《兰亭集序》的名句,这一行为不仅是对中国文化的致敬,也展示了文化如何超越物理空间的限制,触动人心。这种跨越时空的文化交流,让不同文化背景的人们能够找到共鸣,增进相互理解和尊重。中国文化中的诗词、书法、绘画等艺术形式,以及哲学思想、道德观念等,都是跨越时空的文化桥梁,它们连接着过去与现在,也连接着中国与世界。通过这些文化桥梁,人们可以更加深入地了解中国文化的精髓,同时也可以促进不同文化之间的交流与融合。在全球化的今天,文化的交流与互鉴是推动人类文明共同进步和发展的重要动力。中国文化作为世界文明多样性的一部分,其跨越时间与空间的“美”,为构建人类命运共同体提供了宝贵的思想资源和精神支撑。

中国文化的跨越时空之“美”,还体现在对自身文化传统的自信以及对其他文化的开放包容上。这种自信与包容,使得中国文化能够在与其他文化的交流中保持独立性和独特性,同时也能够吸收和借鉴其他文化的优秀成果,实现文化的创新性发展。

因此,跨越时间与空间的“美”是一种深刻而独特的文化现象,它不仅体现在文学、艺术、哲学等多个领域,而且通过文化与文明的交流互鉴得以传承和发扬。它能够激发人们的想象力和创造力,使人们在不同的时代和地域中找到共鸣。这种“美”不但跨越了千年的时光，还跨越了语言和文化的障碍，更跨越了地域的限制，成为连接古今、沟通中外的桥梁和纽带。

四、被赋予独特韵味的“趣野美”

被赋予独特韵味的“趣野美”是一种结合了趣味、野性与美感的独特审美体验。它鼓励人们去欣赏那些未经人工修饰、保留自然本真的美，并通过艺术化的手法将其与人类的智慧和创意相结合，创造出一种既独特又和谐的美感体验。这种美感不仅具有视觉上的吸引力，更能够触动人们的心灵，引发深层次的审美思考。

在诗词中，“趣野美”表现为对自然景物的生动描绘和对野性生命的讴歌。诗人们运用生动的比喻和细腻的描绘，将山川河流、花鸟鱼虫等自然景物赋予生命和情趣。如“采菊东篱下，悠然见南山”的恬淡与闲适，以及“大漠孤烟直，长河落日圆”的壮阔与苍茫，都体现了中华文化中“趣野美”的独特韵味。在绘画与雕塑中，“趣野美”则表现为对自然形态和生命动态的捕捉与再现。画家们以灵动的笔触和丰富的色彩，描绘出大自然的生机与魅力；雕塑家们则以精湛的技艺和独特的视角，展现出野性生命的力量与磅礴。这些作品不仅具有极高的艺术价值，更蕴含着深厚的文化底蕴。

在现代生活中，“趣野美”依然广泛体现。无论是城市的园林景观设计，还是乡村的自然生态风光；无论是旅游摄影中的风光大片，还是网络社交媒体上的自然美景分享，都体现了现代人对“趣野美”的追求和传承。这些现代生活中的“趣野美”案例，不仅丰富了人们的文化生活，更促进了人与自然的和谐共生。此外，“趣野美”的历史传承源远流长。从古代的《诗经》《楚辞》到唐宋诗词，从汉唐绘画到宋元山水，“趣野美”始终贯穿于中国文化的各个时期和领域。

在不同历史时期和不同艺术形式中，“趣野美”不断得到新的阐释和发展，成为中国文化中不可或缺的一部分。它鼓励人们走出狭隘的生活空间，去感受大自然的宽阔与壮美；它激发艺术家的创作灵感，使其在作品中展现生命的活力与力量；它滋养着人们的心灵，让人们在欣赏和品味中追求精神的自由与超脱。

因此，“趣野美”在中国文化中占据着重要的地位。它以其独特的魅力吸引人们的目光，激发人们的情感，滋养人们的心灵。我们应该珍视并传承这种独特的审美观念，让“趣野美”在中华文化中继续发扬光大。

第三节 国际视野下的“趣野美”

一、国际视野下“野性”十足的幼儿教育样态

无论古今，无论中外，人类终其一生都在追求生长之“趣”、生命之“野”、生活之“美”。“趣野美”是人类品质的正向追求，而法国教育家卢梭早在十八世纪就提出了

“回归自然”的教育观,这既是对孩子天性的释放,也是自然教育和环境教育的实践。自然向来是人类最早的老师,放眼国际,幼儿教育对于“趣野美”品质的追求同样值得关注。

英国考古学家、生物学家和政治家约翰·卢伯克在《生命之用》一书中说道:“大地和天空,树林和田野,湖泊和河流,山和海,都是优秀的教师,它们教给我们的东西比我们从书本上学到的还要多。”然而,伴随着全球化城市进程的快速发展,人们与自然接触的机会愈发稀少,对自然的渴望却愈加强烈。大自然中的花鸟鱼虫、山川湖泊所带来的疗愈作用更是无法被取代。大众愈发意识到,身心灵的健康离不开大自然的滋养以及生态中自然野性的恩泽。因此,近年来越来越多的家长认识到自然教育对于幼儿全面发展的重要性,由此,森林学校、森林幼儿园等彰显自然教育理念的教学形式逐渐流行起来。

(一)来吧,在北欧的森林幼儿园野一天

森林幼儿园(Forest Kindergarten)泛指那些将每日的户外活动(通常是在森林中)作为主要教育内容的幼儿园,通常被描述为“没有天花板和围墙”的幼儿园。幼儿园主要招收3-6岁的幼儿,其大部分教学活动都在户外进行。学者刘文慧指出,森林学校是指在特定地区的林地环境中,儿童通过探究获得经验性实践的过程。邱华翔则认为,森林幼儿园主要依托森林资源,为3-6岁的幼儿提供户外自然教育的一种形式,它强调天然、真实与一定的野性,力求将幼儿置身于真实的野外环境中,即使在零下20 ℃的情况下,也鼓励幼儿在自然中进行游戏与探索。崔霞的研究指出,森林幼儿园只是一个相对宏观的概念,其内涵并不局限于森林,还包括农场、草原、公园等自然资源丰富的场域。这类幼儿园的共性在于打破了传统园所的围墙界限,并充分挖掘与利用自然资源,使幼儿教育在大自然中得以开展。

以“森林王国”著称的瑞典为例,森林年生长量长期保持在8×10^7立方米以上,森林资源丰富,生物多样性丰富,森林成为用之不竭的“绿色银行”。芬兰的森林总面积为$2.002\,9\times10^{11}$平方米,占国土面积的65.8%,人均森林面积为3.9×10^4平方米,是欧洲人均林地最多的国家。在邻近的丹麦,人们基于得天独厚的森林资源,早在1952年,Ella Flatau就创办了第一所森林幼儿园——“漫步幼儿园”。在该园学习生活的幼儿,每天集合后便前往森林、田野等地漫步,在大自然中开展教育教学活动。自此以后,森林幼儿园在丹麦生根发芽,逐步发展壮大。尤其是20世纪70年代以后,能源危机再次引发了丹麦公众对自然资源的关注,人们的环保意识日益增强。丹麦政府不断采取积极措施,大力倡导“绿色生活”。因此,森林幼儿园在国家政策的扶持下迅速崛起,蓬勃发展,逐步成为主流。2009年的一项官方调查表明,在丹麦,父母和教师普遍认为,幼儿在托幼机构应获得的重要经验包括:在自然中的体验、接触动物的经历以及获得内心平静安宁的体验。

在课程设置方面,丹麦的森林幼儿园课程普遍是自然生成的,而非由教学人员提前预设。大自然是最好的老师,也是最好的课堂。教师深度挖掘自然环境中的天然资源,强调真实地开展以儿童为本位的地方教育。课程设计从源头上打破了学科之间的壁垒，教学过程基于真实的自然游戏，充分调动大自然丰富的资源，释放幼儿纯真的好奇心、活泼天性和爱玩本能，使幼儿在淳朴、充满未知的自然环境中，全方位地浸润身心灵，获得学习体验。

森林幼儿园的一日教学活动安排根据季节各有亮点：夏天一般全天都在户外活动，冬季则保证每天有两个小时的户外活动时间。尽管冬季丹麦的室外气温常年在零下15℃左右，这也无法阻挡孩子们户外活动的脚步。丹麦有句俗语："没有坏天气，只有不合适的衣服。"在雨雪天，孩子们更喜欢到外面玩耍，他们都会穿上价格不菲的专业户外活动连体服，在雨雪中尽情游戏。等回到室内，老师会用洗衣烘干一体机把湿衣服洗净烘干，第二天继续使用。幼儿们在这个过程中培养了对自然的敬畏与对生命的理解。

此外，丹麦森林幼儿园课程的最大特色在于教师对风险的把控。他们认为幼儿的安全教育不应过度强调保护与预防，而是应该充分相信幼儿是具有主观能动性的学习者。这种教学模式普遍认为，幼儿在自然中适当地经历各种挑战与风险，在变幻莫测的自然环境中进行尝试与体验，这对培养幼儿坚韧不拔的性格具有重要作用。幼儿在一次次对风险的评估与自身真实感受中，感知各种真实存在的刺激，通过不断思考、内化、类比和筛选，将实践中的知识进行整理和吸收，逐渐习得应对风险与抵抗挫折的能力，从而更好地促进幼儿认知体系的建立与创新能力的培养。此外，幼儿在这个过程中不仅形成了独立自主解决问题的思维能力，还深刻体会到团队合作的重要性，使他们能够在大自然中充分探究、游戏、沟通交流，自然而然地理解学习与生活的界限。

在教学硬件设施创设方面，丹麦的森林幼儿园普遍不设围墙，园所充分利用广袤的自然资源，依势而建，户外活动场地宽广，地面基本保持了原有的自然状态。基础游戏设施主要采用自然的树桩、原木材料等，几乎看不到设计精美的现代塑胶跑道或高结构化的大型玩教具。幼儿从小就与大自然亲密接触，森林里的花草树木都是天然的"教科书"和"玩教具"。幼儿的玩具也多取自自然，使用的是天然材料。森林中无穷无尽、变幻莫测的自然资源，如自然剥落的树皮以及榛子、青草、树枝、石头等，为幼儿提供了优质且多元化的低结构材料。幼儿在其中捡拾树枝、玩弄石头、玩泥沙、爬树、观察昆虫，通过游戏直接接触自然界的奇妙事物，全方位地认知自然的馈赠与生态的和谐。正如大自然教育提倡者哈蒙曼（Hammermann）所指出的："户外教室的墙可以随幼儿的兴趣和意愿无限延伸，户外教室的天空可以随着时间及季节的变化而更迭。"

（二）以严谨著称的德国，幼儿教育也颇为"野性"

德国与丹麦两国地理位置相邻，森林幼儿园自20世纪50年代在丹麦创立以来，逐渐对德国学前教育产生了深远影响，并于1968年在德国也出现了森林幼儿园。在20世纪80年代，德国出台了一系列法规，唤起了社会各阶层对森林教育的重视。在此大背景下，德国森林幼儿园在20世纪90年代后迅速兴起。

森林教育虽起源于丹麦，却在德国得到了空前的发展。从硬件条件来看，德国国土面积为35.8万平方千米，森林面积为11.42万平方千米，森林覆盖率达32.68%，是欧盟中森林覆盖率最高的国家之一。根据学者宋璐捷截至2023年的研究，德国有将近1 500所森林幼儿园，包括典型的森林幼儿园、自然幼儿园以及设有森林组的传统幼儿园。如今，德国已然成为森林幼儿园的全球“主要”输出国，在自然教育的理论和实践方面经历了深入的探索、研究与变革。

德国被誉为“从森林中走出来的民族”，德国人以本国的森林为荣，对森林的热爱融入了他们的生活。因此，德国的父母普遍认为，应让教育的场域回归森林，让孩子的身心灵在森林中得到充分的浸润与释放，培养他们热爱自然、敬畏生命的精神，让孩子在物欲横流的社会中保持纯真，享受更自然的生活，提升幸福感知力。德国的森林教育主要以以下两种形式开展。

第一种是半日制“森林教育育儿班”。在一些常规的德国幼儿园中，设有“森林教育幼儿班”，教学活动以半天为单位进行划分。一般来说，孩子们整个上午在森林中进行探索，下午则进行常规的幼儿园学习。在半天的森林学习中，孩子们学习认识各种动植物，辨别毒性和非毒性植物，观察昆虫和鸟类如何生存；学习用森林里的天然材料制作积木、烛台、铅笔等工具；还要学习妥善使用森林资源，例如在森林中种植瓜果蔬菜，观察四季中瓜果蔬菜生长的奇妙变化，并在自然中感受生命的迭代成长。在果蔬成熟的季节，孩子们进行采摘和烹饪，感恩大自然的馈赠；甚至在孩子六岁时，他们会获得一把刀，老师会在充分评估刀具使用风险的情况下，教导孩子们正确使用刀具，并让他们练习使用刀具制作各种物品。最终，掌握刀具正确使用技能的孩子将获得一张“正确使用刀具”的荣誉证书。在风险真实可控的学习环境中，通过真实的器具操作，孩子们的手、脑、眼的多方协调性得到了有效锻炼与提升。

第二种是全日制森林学校，即典型的森林幼儿园，也称为纯粹森林幼儿园，指幼儿园中的3–6岁儿童在教育工作者的指导和陪伴下，每天在大自然的露天环境中学习和玩耍。德国的每个城市都设有一定数量的森林幼儿园。在这类幼儿园中，除非遇到极端恶劣的天气，孩子们都会全天浸润在森林中。孩子们根据季节变化，充分挖掘森林中的各类自然资源，开展不同主题的森林游戏活动。例如，孩子们会利用森林里的植被资源学习爬树、玩泥巴、踩水坑，还会就地取材，学习使用木材和树枝制作各种装饰品和实用工具。对于幼儿建构与搭建技能的培养，也是结合森林资源进行的。这里没有华丽高端的现代积木玩具，而是通过引导孩子学习搭建树屋；下雪时，他们还会学习制作冰屋。在一次次搭建活动中，孩子们不仅自然习得基础的建筑结构知识，还培养了团队协作能力，在分工中各展所长，实现优势互补。

德国的森林幼儿园没有固定的课程安排，教学活动的设计强调活动的随机性、生成性与自然性，活动结构高度自由开放，兼容并蓄。活动内容涵盖游戏活动、艺术教育、环境教育、融入式教育、体育教育、情境教育、社会生态教育、生存教育和安全教育等，涉及幼儿在森林中的各类体验，并可延伸至幼儿生活的各个文化层面。在森林幼儿园中工作的教师，具备全面的综合素养，其工作性质相对特殊，更类似于“主持人”的角色。森林幼儿园的教学模式看似闲散自由，实际上对教师的教学能力和组织能力要求更高、更全面。教师在游戏中实现教育目标并非易事，因为教育的目的有时并非直接教导孩子要做什么，而是引导幼儿充分认知风险，识别潜在的危险，从而建立幼儿对风险的把控能力。例如，在“森林幼儿园”中，孩子们与树木建立了紧密的“伙伴关系”，他们通过攀爬大树与自然之间建立起紧密的联系；然而，由于森林里没有梯子，孩子们必须自己摸索，思考如何寻找安全的攀爬路径。在这个过程中，教师不能限制孩子们选择哪棵树攀爬或者规定在安全范围内爬多高，也不会协助孩子上树，只会在孩子们需要安全帮助时协助他们下树。在一次次看似漫无目的的攀爬中，孩子们的“韧性”在潜移默化中得到了锻炼，抗挫折能力也在不知不觉中得到了提升。他们在面对挫折时吸取经验，克服困难，学会团结协作，实现合作共赢，教育在自然中回归本真。由于没有“外人过多的干预和随时救援的保障”，孩子们在攀爬过程中会格外小心与谨慎，因此从树上摔下来的情况极少发生。

（三）在巴厘岛上的绿色学校，感受野趣十足的童年

提及巴厘岛，大部分人脑海中浮现的都是水清沙白、椰林树影的旅游海岛印象。作为国际知名的度假胜地，巴厘岛是世界上较少受到工业革命和宗教影响的区域之一。这里风情万种，四季绿水青山环绕，自然资源丰富多样，更因其丰富的自然资源被誉为人间天堂和度假胜地，吸引着世界各地的人们前来休闲度假。

在巴厘岛中南部的小村落西邦卡加，有一所不可思议的学校，那就是举世闻名的巴厘岛绿色学校。这所学校因其独特的设计被香港设计中心授予“亚洲设计奖”。学校始建于2008年，占地8万平方米，远离喧嚣的旅游景点，周围环绕着茂盛的原生态森林和有机农田，一条河流穿校而过。创始人约翰·哈迪和辛西娅是一对来自加拿大的夫妇。约翰·哈迪基于环保再生的设计理念，结合地方资源与特色，选用当地最常见、成本最低、最富有天然韵味的毛竹作为绿色学校建筑的主要材料。教室顶部覆盖着厚厚的稻草，室内空间流畅灵动，各区域之间没有围墙阻隔，特殊的建筑结构使得室内获得良好的通风效果，因此大部分时间都不需要使用空调。校内使用竹粉作为燃料进行发电，为供水和烹饪系统提供能源。此外，学校还配备有水力发电的涡轮机系统和太阳能发电系统，构成了一套可再生能源系统。这种原生态的颠覆性设计，力求为学生真实还原丛林中的“野趣”学习生活体验。

在绿色学校，由于建筑设计的特殊性，学生们享有极大的自由度，他们不受限于教室内的学习，宽阔的户外场地都是他们的教室。课程的设置也非常自由多元，孩子们可以根据自己的兴趣生成学习内容，例如，跟当地木匠学习制作竹制家具等。创办人约翰·哈迪认为，现代欧美国家虽然越来越重视环保教育，但在钢筋水泥的教室内进行环保理念的教育，其教学效果犹如隔靴搔痒，毫无说服力。对于社会未来所需的绿色领导人而言，他们应该对绿色教育有更切身的体会。基于创始人夫妇“取之自然，用之自然”的设计理念，绿色学校在创办之初便致力于建立以学校为中心的绿色社区。学校里有丰富多元的养殖和种植基地，饲养了山羊、水牛、奶牛、兔子、鱼虾等动物，学生们的童年与各种小动物为伴，日常还参与学校种植区域的打理与运作。学校在所有能种菜的区域都种了菜，每个教室都有菜园，每个孩子都负责一片菜地。学生们接触了稻米文化，学会了种植有机大米，并且了解了大米的整个加工过程。每个孩子都体验到了大自然中生命的成长，绿色学校以实际行动践行"让生命回归自然、让自然回归教育"的教育理念。

在课程设计方面，绿色学校为3–16岁的孩子提供与自然环保和资源可再生相关的课程，学段设置涵盖了从幼儿园到高中。课程主要分为英语、数学、自然科学等基础课程，以及学校特色的绿色研究课程，系统地教授学生自然生态、环境管理、全球发展等与自然环境相关的可持续发展知识。

在庞大的丛林校园中心，有一个宁静舒适的村庄，绿色学校在这里为3–6岁的幼儿设计了一个独立的学习空间。绿色学校认为学习环境是学习计划中重要的组成部分，因此，幼儿园的空间设计了流畅的动线，设有泥浆区域、沙区、操场、用餐空间，甚至还有一艘竹制的海盗船。绿色学校相信幼儿能在大自然中通过游戏获得成长，因此在课程设计上，通过唱歌、跳舞、艺术、讲故事、节庆活动和绿色研究等活动，培养学习的兴趣，激发孩子们天生的好奇心。

此外，幼儿园的孩子们参加了名为"Jalan Jalan"（意为"四处走动"）的计划，该计划旨在培养他们对巴厘岛美丽景色的欣赏能力和环保意识。该计划通过利用校园内外的环境资源来加强与当地社区的联系。学生和教育工作者通过实地考察和户外探险活动，探索周围环境的奇妙之处，这些活动与综合单元主题紧密相关联。这些课程使学生能够通过与本地和全球社区建立联系，参与人员交流、项目合作以及关注重要的环境和人类事业，从而获得宝贵的生活经验，无论是在本地、国家层面还是全球范围内。在幼儿阶段，学生每个学期至少进行一次"Jalan Jalan"活动，他们离开校园，前往巴厘岛各地进行实地考察与探索。

在家园校社共育方面，学校的体验式学习框架中，每周都会邀请一位"神秘嘉宾"来访。这些"神秘嘉宾"主要来自绿色学校社区内的成员，孩子们通过聆听他们的故事或参与他们的活动，与真实世界的经历建立联系。例如，一些家长曾与学生一起进行科学实验，其他教职员工也来分享他们工作的经历和故事。这种互动有助于学生更好地理解和应用所学知识，并将其与现实世界相结合。此外，绿色学校的学生和家庭来自全球各地，因此学校充分利用这一优势，邀请不同文化背景的家庭分享他们的传统文化，包括节日庆典、舞蹈表演、语言学习、故事讲述和烹饪技艺等内容，以搭建多元文化交流的桥梁，促进彼此的理解与尊重，为培养具有全球化视野的地球公民目标加强联动。

创始人约翰·哈迪曾说过："绿色学校是我们为世界构建的一个模型。"自创立以来，绿色学校不断推动周边绿色产业的蓬勃发展，其影响力也在持续扩大。这样一所立足于自然的学校，正如创始人所言，令人心生向往。

二、国际视野下"趣味"十足的幼儿教育样态

追求"趣味"十足，是孩子成长过程中最本质的诉求，趣味也是驱动幼儿深度学习的

根本动力。在国际视野下,“趣味”十足的幼儿教育样态异彩纷呈,丰富多彩。

(一)国际视野下幼儿教育中的“趣”

解读国际视野下幼儿教育中的趣味,首先需明确“趣味”的定义。20世纪最具影响力的德国当代哲学家、美学家伽达默尔对趣味概念给出了以下解释:趣味具体指人对饮食滋味、艺术作品、自然景观、道德修养和社会礼仪等方面的感受、辨别、判断和鉴赏能力。趣味这一概念不仅涉及人对事物细节的区分和辨识能力,也体现人对某种事物的偏好。

(二)北美地区的幼儿“趣味”教育

对于幼儿而言,趣味与游戏之间存在着最为紧密且自然的联系,尤其是户外活动对幼儿具有极大的吸引力。例如,在以美国和加拿大为主要代表的北美地区,由于两国相似的文化背景和教育体制,其幼儿教育体系高度相似。北美幼儿教育体系认为,定期参与户外活动能够促进幼儿的智力发展,对幼儿的性格塑造、自尊心提升、运动能力增强等各方面均有益处,并且这些益处将让幼儿在未来的发展过程中受益终身。无论是早教机构的教师还是普通家长,都秉持这种教育理念。同时,北美两国的教师和家长经常带领孩子参加户外运动,增加孩子与大自然的亲密接触,使孩子不仅能在和谐的自然环境中进行户外体育锻炼,还能接受智力启蒙,从而激发孩子对户外活动的浓厚兴趣。北美早教机构和学前教育机构的教师会根据儿童的身心发展规律设计科学合理的户外活动内容。由于幼儿的各器官和系统功能尚未发育成熟,同时又处于生长发育非常旺盛的时期,因此北美教师非常注重户外游戏的种类选择,以确保活动符合儿童的身心发展特点。为保证孩子身心的健康发展,他们不允许组织违背儿童身心发展规律的活动项目,例如,不组织幼儿进行俯卧撑、掰手腕等强度过大的活动,也不允许开展拔河等竞争性过强的比赛。

(三)欧洲地区的幼儿“趣味”教育

近年来,欧洲多个国家倡导幼儿在学前教育阶段接触户外游戏,并以游戏的形式开展教学活动。欧洲地区的教育者们认为,幼儿园课程主要分为两类:一类是“游戏”课程,另一类是“教学”课程,两者相辅相成。这一系列认知深刻影响了欧洲各国在学前教育课程上的时间分配比例,即不断扩大“游戏”课程的比重,日均“游戏”课程时间达到4小时以上。在部分国家或地区,“游戏”课程与“教学”课程的时间比例甚至接近1∶1,有的甚至达到1∶1.2。以挪威幼儿园的户外游戏情况为例,挪威幼儿园的一日活动中,户外游戏时间约为250分钟,可以说,挪威幼儿园的儿童大部分时间都是在户外进行活动的。在欧洲,教师和学前教育机构主张支持幼儿自主游戏,而教师和相关管理者则仅进行适度引导,尽量减少教师主导的互动游戏。在幼儿园的游戏区,环境和材料都是根据每周或每月的教学主题来准备的。此外,教师更倾向于投入更多时间在备课、制作教具、评课,以及研究“如何教”“教什么”等问题上,而不是过多探讨游戏环境及材料是否符合幼儿的自主发展需求。然而,这并不意味着教师或管理者将永不介入幼儿游戏。在必要情况下,教师或管理者会适度掌控游戏进程,引导幼儿进行“游戏”课程的学习。

而近年来，由于信息化和数字化时代的迅速崛起，如何利用信息化和数字化的优势，提高教师与幼儿在教学过程中的趣味性，成了一个引发热议的话题。经合组织的调查显示，较高比例的国家将幼儿数字素养的培养纳入学前课程框架。在参与调查的国家中，63%的国家的学前教育课程框架包括“儿童了解使用数字技术的健康习惯”和“儿童了解数字风险”；56%的国家的课程框架则涉及在数字环境中培养自我意识和同理心等能力。然而，将“了解计算机和编程的工作原理”纳入课程框架的国家并不多。许多教育强国也将数字素养纳入学前教育课程框架中。例如，《归属、存在和形成：澳大利亚早期学习框架》提出，“幼儿应探索图像、声音等媒体艺术的内容，使用信息和通信技术来获取信息、探究想法，以及使用多媒体技术进行设计、绘图、编辑和创作”；瑞典的《学前教育课程》则明确指出，“学前教育应该为每一个孩子提供条件，让他们了解日常生活中的数字化工具，为其提供发展数字技能的机会，并培养其对数字技术的批判性和负责任的态度”。芬兰将信息与通信技术的使用和媒体素养作为一种能力纳入国家核心课程，2020年芬兰教育和文化部还启动了一项试点计划，重点发展儿童的信息和通信技术技能、媒体素养、计算思维和编程技能。这足以证明，在国际大环境下，多国均已认识到数字化和信息化与学前教育相结合的优势。放眼全球，多国都在积极推动数字化转型，建立教学资源库，通过智能化服务，以促进学前教育的高质量可持续发展。

综上所述，自20世纪50年代第一所森林幼儿园成立以来，人类便开启了自然、野性与趣味相结合的美好教育新篇章。在广阔的野外环境中，无论是大到一座森林、一个公园、一个农场或一片海滩，还是小到一片树叶、一朵野花、一块石头或一缕阳光；亦无论是崇山峻岭的巍峨壮观，还是江河湖泊的浩瀚无垠，自然始终如同一所充满神秘感的学校，张开双臂迎接幼儿的探索。近年来，森林教育这一概念悄然涌入国内，我国结合了多国优秀的经验，同时融入本民族独特的文化与自然资源，进行了相关教育模式的实践探索，丰富了我国的学前教育形态。

三、国际视野下呈现“美好”的幼儿教育形态

在当今全球化快速发展的背景下，培养幼儿的国际视野和多元文化交流能力愈发重要。美作为全人类共同追求的目标，能够为幼儿开启全面发展的窗口。而美育作为幼儿全面发展的重要途径，在国际视野下的幼儿美育教育，为我国幼儿美育的发展提供了哪些值得学习借鉴的途径呢？

（一）把课堂“搬进”博物馆

2007年，国际博物馆协会在维也纳全体大会上修订了博物馆的定义，明确博物馆为服务于社会及其发展、向公众开放的非营利性常设机构，其首要功能是教育。博物馆旨在为了教育、研究和欣赏的目的，征集、保护、研究、传播并展出人类及其环境的物质和非物质遗产。这一新的定义首次将教育在博物馆中的重要性凸显出来。

英国作为高度重视博物馆建设的国家，充分挖掘本国博物馆资源，将博物馆作为教

学场域的补充，重视全社会人群在博物馆的学习体验。首先，从博物馆的数量来看，英国国土面积虽超过二十万平方公里，但截至2024年7月24日，英国已有将近2 500座博物馆，其中约1 800座博物馆经过官方认证。这些博物馆不仅数量众多，而且类型各异、规模不一，包括大英博物馆、国家美术馆、科学博物馆、自然博物馆等。其中，大英博物馆是世界上历史最悠久、规模最宏伟的综合性博物馆之一，收藏了来自世界各地的众多文物和珍品。英国的博物馆不仅数量众多，而且许多都是免费的，这使得英国成为博物馆爱好者的乐园，也成为世界上博物馆密度最高的国家之一。根据上海师范大学都市文化研究中心2013年发布的《全球城市公共文化服务发展报告》，英国伦敦早在2012年就因其众多博物馆而被誉为“博物馆之城”。

1895年，英国修订《学校教育法案》，要求学校利用博物馆进行教学，馆校合作由此开始延伸。在接下来的近百年里，英国先后发布了《国家课程》等文件，明确指出公共博物馆与公共教育机构之间不断增长的合作可能性。其中，文件强调英国博物馆需要针对不同学龄段的青少年制定各类博物馆课程和活动，不断强化博物馆的教育职能，依托其丰富的馆藏资源，开展各类研学活动，突出社会的包容性和公益性，为社会各阶层提供丰富多样的学习资源，确保各年龄段的人群获得更公平的教育机会，为其搭建更开放、多元的学习桥梁，满足全面发展的需求。英国各大博物馆有针对性地为不同学龄阶段的儿童制定了丰富多样的美育活动手册，这些手册与学校的艺术课程相衔接；同时，博物馆还开设了专门的艺术参观指南，为儿童提供了专门的参观研学通道。

英国伦敦国王学院曾于2016年开展了一项关于在博物馆环境中接受教育的研究。该研究历时四个月，涉及英国两所小学和一个托儿所，研究时间为2月至6月的整个春季学期。在整个学期中，三个研究学校的常规课程均在博物馆内进行，充分利用博物馆的设施开展日常教学活动。研究结果显示，长时间在博物馆逗留使孩子们变得更加自信，沟通能力显著提升，同时他们也更加享受这段难以忘怀的学习经历，并可能取得更好的学习效果。这些发现表明，博物馆参观对儿童的教育和发展具有积极影响。报告还指出，这种安排对教师的教学工作也有益处，教师在使用课外资源方面变得更加自信和从容，在课程设计上更具创造力。对于家长而言，博物馆驻校项目促进了家校联系，有助于增强社区凝聚力，并提高了他们对当地博物馆的参观频率，增强了对所在地区博物馆的归属感。通过此次试点研究，国王学院建议扩大博物馆的长期驻校支持，提供针对在博物馆和文化机构中进行教学的专业培训，并为有意开展文化驻校项目的机构提供实用工具包。综上所述，将美育课堂“搬到”博物馆，强调“博物馆美育”作为博物馆教育的重要组成部分，对儿童审美情操的培养和浸润起着举足轻重的作用。

英国V&A博物馆，即维多利亚与阿尔伯特博物馆（Victoria and Albert Museum），建成于1852年，是英国规模仅次于大英博物馆的第二大国立博物馆，也是世界上最大的工艺美术和设计博物馆，享有“世界上最时尚、最美的博物馆”之美誉。V&A博物馆是英国众多博物馆中，以美学教育为代表的博物馆之一。英国的博物馆与各地教育系统之间建立了常态化、丰富多元的艺术教育合作模式，而V&A博物馆的儿童美育教育就是一个非常生动的例子。

V&A博物馆的儿童艺术公共教育与英国中小学的《艺术与设计》课程培养目标高度契合。博物馆的官方网站设有专门的教育板块，为不同学龄阶段的学生列出了参观博物馆前应掌握的知识储备和技能水平，并设定了学生回校后需达成的艺术作业及学习目标。此外，网站还推出了网页游戏“V&A小小探秘者”，增强了检索学习的趣味性。

V&A现任馆长特里斯特拉姆·亨特曾表示：“我们希望帮助孩子们树立一种观念，即每一个创意都能产生影响力。”因此，馆内高度重视儿童创意思维的培养，不仅开辟了专门用于儿童艺术教育的空间，还在不同区域布置了针对不同年龄段孩子的展品、器具材料和探索区，供各年龄段儿童进行探索。此外，博物馆还为12岁以下的幼儿设计了围绕不同馆藏主题的“博物馆主题拓展包”，供儿童免费使用。包内含游戏性小物件和任务卡，在父母的陪伴下，可引导儿童观众更有针对性地了解展品，也为亲子博物馆之旅增添了互动性和趣味性。

除此之外，还有其他活动可供选择，例如在小学阶段的“发现区域”，儿童可以在驻馆艺术家的带领下把玩艺术复制品、试穿各类道具服装，并学习搭配技巧。馆内还设有专为儿童打造的时装设计主题工作坊，工作坊为儿童提供了平面设计（体验拼贴与绘画）和立体创作（探索面料及立体剪裁）两种创作形式，小观众们可根据自己的兴趣尽情体验。通过丰富多样、层次分明的博物馆参观探究方式，孩子们在主动实践和探索中将逐渐萌生艺术与文明意识。当孩子们徜徉于名画与雕塑之间，以童真的视角观察和探索时；当孩子们在志愿者的专业导览下学习时，他们都能以自己最真实、最充满童趣的方式记录下自己的发现与创意。

英国的美术评论家约翰·拉斯金（John Ruskin）曾说过，人的思想是可塑的。如果一个人每天观赏一幅好画、阅读某部佳作的一个章节、聆听一支优美的乐曲，他就会变成一个有文化修养的人。当博物馆不再是一个冷冰冰的建筑，而是成为全面、多元、生动的课堂，以及童年最美好的游乐园时，博物馆丰富而广博的艺术资源将给予他们充分的美感熏陶。这必定能够促进孩子们更健康、全面地成长。一个好的博物馆，不仅能让孩子们感知到美的力量，还能让他们站在无数巨人的肩膀上，看到更壮美的风景，感受未来的无限可能。

（二）艺术教育的国际多维样态

在国外，美育被广泛认为是培养孩子审美能力、创新能力及艺术修养的核心方式之一。以美国为例，美国的艺术教育一直处于比较前沿的位置。《2000年目标：美国教育法》中明确指出将艺术列为美国中小学的核心学科，与其他七门核心学科处于同等地位。美国的艺术教育强调创造和趣味，主张训练孩子的创造性思维，从而激发其创造力与想象力。

在德国，艺术教育是贯穿一个人终生的教育行为。在幼儿园期间，绘画是最重要的课程之一。孩子在绘画的过程中，教师会有意识地穿插自然、文学、人文、历史等综合性知识，让孩子自幼便浸润在跨学科综合美育教学的氛围中。

在英国，建立了从幼儿园到成人的完备艺术教育体系及框架，艺术教育实施学分考核制度。每个学期，英国的学校会花费大量精力举办展演、音乐会、舞台剧等活动。博物馆则如当地政策所述，会邀请顶级艺术家为幼儿举办专属的工作坊，这些活动大多是为孩子量身定制的，让幼儿在游戏与实验之间、愉悦与知识之间，通过全身心地参与创意有趣的活动来唤醒好奇心，激发观察力、想象力、创造力和艺术表达能力。

在加拿大，艺术教育与其他学科一样，拥有系统的教学体系，遵循从调研、向艺术家学习、头脑风暴到创作的过程来完成作品，让孩子从小就建立起系统化的思维模式。不仅要创造，还要了解创作的来源和过程。此外，许多幼儿园都鼓励幼儿开展跳蚤市场、爱心义卖等团体活动，通过艺术创作来思考和表达，并赢得社区的支持，这些做法值得推广与学习。

（三）艺术熏陶从娃娃抓起

维克多·罗恩菲尔德（1903—1960）是当代著名的美术教育家和心理学家。他认为，美术教育的意义在于通过激发个体的创造潜能，培养“身心健全的人”。在他看来，美术教育的任务不仅是培养未来的美术家，更是要使受教育者获得其他学科所不能提供的成长机会，促进创造力发展，使心智获得健康成长。如果只是机械地重复和练习，无疑会限制儿童思想的表达和创造性的发挥。因此，在教育过程中，教师的任务就是“用最有效的手段帮助个人认识自我，以激发其创造性”。

例如，在20世纪40~60年代，美国迎来移民潮。这些移民缺乏语言基础，急需接受教育。此时，教师采取了创新的教学方式：在课堂上引入大量艺术作品、图片和卡片，这些卡片上印有各式各样的精美图片。当孩子们遇到语言障碍时，教师鼓励他们用图片和肢体语言进行沟通。这些卡片还被孩子们带回家，帮助他们教父母学习英语、历史、美学等知识。孩子们通过教学过程巩固所学，潜移默化中接受艺术熏陶，并通过实践行动体现艺术教育作为和谐情感教育的特质。艺术中的美学表达不应局限于课本与博物馆，更应融入生活的方方面面。

在全球化和城市化进程高速发展的今天，我们生活在一个信息大爆炸的时代。反观教育的核心，我们应不忘初心，返璞归真。因此，无论世界如何发展，美作为教育中的重要培养目标，尤其是在学前教育这一重要的启蒙阶段，如何为幼儿种下一颗向美而生、向美而行的种子，都显得尤为重要。美没有国界，也不应存在界限；自然之美、生活之美、艺术之美，皆能以美感人，以情动人，最终达到以美育人的目的。我国幼儿美育的发展，也要与时俱进，充分吸收各国优秀的经验，走出一条具有中国特色的学前美育发展新道路，让新时代的中国儿童更懂得欣赏美、更懂得表达美、更懂得创造美，真正成为德智体美劳全面发展的社会主义建设者和接班人。

第二章 “趣野美”描绘了怎样的童年

第一节 为何珍视幼儿园里的“趣野美”

一、新时代对“趣野美”的呼唤

在新时代背景下，社会的快速发展不仅带来了物质生活的极大丰富，也激发了人们对更高层次精神文化需求的渴望。

“趣”代表了生活的趣味性和多样性。在快节奏的生活中，人们越来越注重寻找和创造能够带来乐趣与愉悦的活动与体验。这不仅仅是对休闲娱乐的追求，更是对生活态度的一种积极表达。通过参与各种有趣的活动，人们不仅能够放松身心，还能在此过程中发现自我、拓宽视野，从而丰富自己的精神世界。

“野”则体现了对自然和自由的向往。在城市化进程不断加速的今天，人们越来越渴望逃离喧嚣的城市，回归自然的怀抱。无论是徒步旅行、露营探险，还是简单的郊外野餐，都能让人们感受到大自然的魅力，体验到人与自然和谐共处的乐趣。这种对“野”的追求，不仅是对身体的一种锻炼，更是对心灵的一种洗礼，有助于培养人们的环保意识和生态观念。

“美”则是对生活品质和艺术审美的追求。在新时代背景下，人们越来越注重生活的美学价值，从家居装饰到日常穿搭，从艺术创作到文化消费，无不体现了对美的追求和品位。这种追求不仅提升了个人的生活品质，也推动了社会文化的繁荣与发展。通过欣赏美、创造美，人们能够感受到生活的美好与幸福，从而更加珍惜和热爱自己的生活。

综上所述，“趣野美”作为新时代背景下人们精神文化需求的重要组成部分，不仅体现了个人生活品质的提升，更彰显了社会文明进步的深刻内涵。它们相互交织、相互促进，共同构成了新时代人们丰富多彩的精神世界。这三者既是个人生活品质提升的体现，也是社会文明进步的重要标志。

（一）“趣野美”是新时代背景下对个性化表达的呼唤

在当今社会，随着科技的飞速发展和信息的广泛传播，人们的生活方式和价值观念发生了深刻变化。个性化需求成为新时代的重要特征之一，人们越来越注重自我表达和自我实现，追求独特性和差异性。这种个性化需求不仅体现在物质层面，如定制化产品、个性化服务等，还渗透到精神层面，如对自然、艺术、文化等方面的独特体验和感悟。

1.“趣野美”与个性化表达的关联

（1）自然之美的个性化体验。“趣野美”中的“野”字，寓意着自然、野趣及原始之美。在新时代背景下，人们越来越向往大自然，渴望在繁忙的都市生活中寻觅一片宁静和放松的空间。每个人对自然的感受和理解都是独特的，因此，在欣赏自然之美时，人们往往能够寻获与自己内心相契合的个性化体验。

（2）野趣之乐的个性化追求。除了自然之美，“趣野美”还蕴含了野趣之乐。这种乐趣源自对未知的探索和对冒险的渴望。在新时代背景下，人们越来越注重生活品质和精神享受，野趣之乐遂成为一种新的生活方式和个性化追求。通过参与户外活动、探险旅行等，人们能够体验到有别于日常生活的刺激和乐趣，进而满足自己的个性化需求。

（3）艺术创作的个性化表达。“趣野美”不仅体现在对自然和野趣的欣赏上，还体现在艺术创作中。艺术家们通过描绘自然之美和野趣之乐，将自己的情感和思想融入作品之中，形成独特的艺术风格和个性化表达。这种艺术创作不仅丰富了人们的文化生活，还推动了文化的多样性和创新性发展。

2.“趣野美”对个性化表达的呼唤

在新时代背景下，“趣野美”作为一种新的审美趋势和生活方式，呼唤人们更加关注自然、野趣和个性化表达。它鼓励人们走出都市的喧嚣与繁忙，去感受大自然的宁静与美好；倡导人们追求独特性和差异性，创造属于自己的生活方式，获得个性化体验；激发人们的创造力与想象力，探索和发现更多的艺术形式与表达方式。

因此，“趣野美”是新时代背景下对个性化表达的呼唤。它体现了人们对自然、野趣和个性化表达的向往与追求，也反映了新时代背景下人们生活方式和价值观念的变化。

（二）“趣野美”是新时代背景下对精神追求的呼唤

随着科技的进步和经济的发展，现代社会人们的物质生活得到了极大的丰富。然而，物质生活的富足并不等同于精神生活的充实。在快节奏、高压力的生活环境中，人们往往感到精神空虚、心灵疲惫。因此，在新时代背景下，人们开始更加重视精神生活的充实，追求更高层次的精神满足。“趣野美”，作为一种独特的审美体验和生活方式，恰好契合了新时代人们对精神追求的渴望。它鼓励人们走出城市的喧嚣，亲近自然，感受大自然的宁静与美好。在“趣野美”的引领下，人们可以暂时忘却世俗的烦恼，享受心灵的宁静与自由。它让人们重新认识自然的伟大与美丽，激发人们对自然的敬畏与爱护之心。通过与自然的亲密接触，人们可以更加深刻地理解生命的意义与价值。在体验“趣野美”的过程中，人们可以摆脱城市的束缚，释放内心的压力，获得精神上的自由与放松。这种自由不仅体现在身体上的放松，更体现在心灵上的解脱与升华。“趣野美”还提升了人们的审美水平，让人们更加懂得欣赏与珍惜自然之美。这种审美能力的提升，不仅丰富了人们的精神生活，还促进了社会的和谐发展。

新时代背景下，政府和社会各界都在积极倡导和推动精神生活的充实与提升。通过举办各种文化活动、艺术展览、体育赛事等，为人们提供了丰富的精神食粮。同时，也鼓励人们积极参与社会公益事业，培养社会责任感和奉献精神。这些举措旨在促进人们的精神成长，实现全面发展。

因此，“趣野美”作为新时代背景下人们对精神追求的呼唤，不仅体现了人们对精神生活的重视和追求，也反映了新时代对人们精神成长的关注和推动。在物质生活日益丰富的今天，人们更加珍惜和把握“趣野美”所带来的精神滋养和心灵启迪，努力追求更高层次的精神满足。

（三）“趣野美”是新时代背景下对和谐生活的呼唤

新时代追求和谐的生活方式，强调人与自然、人与社会、人与人之间的和谐相处，倡导健康、平衡、可持续的生活方式，追求物质与精神的双重满足。

1. 和谐生活的呼唤

在新时代背景下，随着人们对生活质量要求的提高，和谐生活成为人们普遍追求的目标。和谐生活不仅指物质生活的富足，更包括精神生活的充实以及人与环境之间的和谐共生。“趣野美”作为一种融合了自然美景与人文情怀的生活方式，恰好契合了人们对和谐生活的向往。

2. 人与自然和谐相处

“趣野美”强调人与自然的和谐相处，鼓励人们走出城市，亲近自然，感受大自然的宁静与美好。通过与自然的亲密接触，人们可以更加深刻地理解自然规律，学会尊重和保护自然，实现人与自然的和谐共生。这种和谐不仅体现在对自然资源的合理利用上，更体现在对生态环境的积极保护和修复上。

3. 人与社会和谐相处

“趣野美”倡导人与社会的和谐相处。在“趣野美”的活动中，人们可以结识志同道合的朋友，共同分享大自然的馈赠和生活的乐趣。这种社交体验不仅有助于增进人与人之间的了解和信任，还能促进社会的和谐与稳定。同时，“趣野美”也鼓励人们积极参与社会公益活动，为社会做出贡献，实现个人价值与社会价值的统一。

4. 健康、平衡和可持续的生活方式

新时代追求健康、平衡和可持续的生活方式。“趣野美”作为一种健康的生活方式，鼓励人们进行户外活动，锻炼身体，增强体质。同时，“趣野美”也强调平衡，即在追求物质享受的同时，也要注重精神生活的充实和心灵的滋养。此外，“趣野美”还倡导可持续的生活方式，鼓励人们节约资源，减少污染，保护生态环境，为子孙后代留下一个美好的家园。

5. 物质与精神的双重满足

在新时代背景下，人们不仅追求物质生活的富足，更追求精神生活的充实。“趣野美”作为一种融合了自然美景与人文情怀的生活方式，既能满足人们对美好生活的向往，又能提升人们的精神境界和审美水平。通过“趣野美”的体验，人们可以在享受自然美景的同时，感受到心灵的宁静与自由，实现物质与精神的双重满足。

因此，“趣野美”不仅是新时代背景下人们对和谐生活的呼唤，体现了人们对和谐生活的向往和追求;也反映了新时代对人们生活方式和价值观的积极引导和推动。

(四)“趣野美”是新时代背景下对承担社会责任的呼唤

“趣野美”作为新时代背景下的一种生活理念或审美趋势,可被视为人们对承担社会责任的呼唤。在新时代,个人与社会的和谐共生被赋予了新的内涵,人们越来越意识到在追求个人发展的同时,也需要积极承担社会责任,关注公共事务。

1. 新时代背景下的社会责任

新时代强调个人与社会的和谐共生,这要求每个人在追求个人利益的同时,也要关注社会整体利益。社会责任不再仅仅是一种道德要求,而是成为现代社会不可或缺的一部分。人们开始意识到,只有承担起社会责任,才能推动社会的持续发展和进步。

2.“趣野美”与社会责任的关联

“趣野美”强调对自然的亲近与欣赏,这本身就蕴含了对自然的尊重和保护意识。在享受自然美景的同时,人们也需认识到保护自然环境的重要性。通过参与环保活动、倡导绿色出行等方式,人们能够积极践行对自然的责任,助力生态环境的改善。

“趣野美”不仅关乎个人体验,更鼓励人们热心参与社会公共事务。借助志愿服务、慈善捐赠等途径,人们能够为社会贡献力量,援手那些需要帮助的人。这种参与不仅有利于增强个人的社会责任感和归属感,还能促成社会的和谐与稳定。

“趣野美”还彰显了对文化的尊重与传承。在领略自然美景之际,人们也应关注当地的文化传统和历史遗迹。通过学习和认知当地的文化,人们能够更好地融入社会,提升对社会的认同感和归属感。同时,创新亦是“趣野美”的重要元素,它激励人们在传承文化的基础上勇于创新,发展新的文化形式和内容。

3.“趣野美”对承担社会责任的呼唤

“趣野美”作为一种生活理念或审美趋向,呼吁人们更加重视社会责任和公共事务。通过投身环保活动、志愿服务等举措,人们能够积极担负起自己的社会责任,为社会添砖加瓦。同时,“趣野美”也倡导人们持续创新,发展新颖的文化形式和内容,为社会的繁荣和发展增添新的动力。

(五)“趣野美”是新时代背景下对创新创造的呼唤

在新时代背景下,创新创造被视为推动社会进步的重要动力。无论是在科技、艺术还是文化领域,创新都是不可或缺的。通过创新,人们可以解决现有问题,创造新的价值,推动社会不断向前发展。新时代背景下,“趣野美”与创新创造的关联主要体现在以下三个方面。

1. 鼓励创新思维

“趣野美”作为一种生活理念和审美趋势,鼓励人们打破常规,勇于尝试新事物。这种精神正是创新思维所必需的。在“趣野美”的引领下,人们可以更加开放地接纳新思想、新技术和新方法,从而激发创新思维,开展创造性实践。

2. 支持创新探索

“趣野美”不仅鼓励创新思维,还支持科技、艺术、文化等领域的创新探索。它为人们提供了广阔的空间和平台,让创新者可以自由地发挥想象力和创造力,进行各种创新尝试。这种支持不仅有助于培养创新人才,还能推动相关领域的发展与创新。

3. 推动社会进步

"趣野美"所倡导的创新精神和创造性实践,是推动社会进步的重要力量。通过创新,人们可以解决社会问题,改善生活质量,提高生产效率。同时,创新还能进一步激发人们的创造力和创新精神,为社会的持续发展和繁荣注入新的活力。

在新时代背景下,"趣野美"不仅满足了人民对美好生活的向往和追求,还激发了人们的创新精神和创造性实践。它鼓励人们勇于尝试新事物,挑战传统观念,推动社会不断向前发展。同时,"趣野美"还为人们提供了广阔的创新空间和平台,让创新者可以自由地发挥想象力和创造力,为社会的持续发展和繁荣作出贡献。

因此,"趣野美"作为新时代背景下对创新创造的呼唤,不仅体现了人们对创新精神的追求和崇尚,还反映了新时代对创新创造的高度重视和支持。在"趣野美"的引领下,人们可以更加积极地投身于创新实践,为社会的持续发展和繁荣贡献自己的力量。

(六)"趣野美"与新时代背景下的传统文化呼唤

在全球化背景下,新时代更加重视传统文化的传承与发展,视传统文化为民族的根基,并倡导传统文化与现代生活的结合,以期创造出富有时代特色的新文化形态。这深刻体现了"趣野美"在新时代背景下对传统文化的重视及推动其与现代生活的融合。

传统文化是一个民族历史、文化和精神的积淀,是民族的根基和灵魂。它承载着民族的记忆与智慧,是民族认同感和归属感的重要源泉。在全球化的大背景下,传统文化更成为国家软实力的重要组成部分,对于维护国家文化安全、提升国际影响力具有举足轻重的意义。

在新时代背景下,随着全球化的加速推进和科技的迅猛发展,人们愈发认识到传统文化的重要性。政府和社会各界均加强对传统文化的保护与传承工作,通过立法、教育、文化产业发展等多种途径,积极推动传统文化的传承与发展。同时,新时代也更加注重传统文化的创新性转化,鼓励将传统文化元素融入现代生活,从而创造出富有时代特色的新文化形态。

而"趣野美"作为新时代背景下的一种生活理念和审美趋向,不仅着眼于现代生活的美好与舒适,更致力于传统文化的传承与发展。它倡导将传统文化与现代生活相融合,以创新的方式将传统文化元素融入现代生活之中,从而创造出既具有时代特色又富含文化底蕴的新文化形态。这种融合不仅有助于传承和弘扬传统文化,还能使传统文化在现代社会中焕发出新的生机与活力。

"趣野美"在新时代背景下对传统文化的重视和融合,不仅体现了对传统文化的尊重和传承,还展示了新时代对传统文化的创新性发展。它鼓励人们以开放的心态和创新的思维去探索和挖掘传统文化的价值,将其与现代生活相结合,创造出更加丰富多彩的文化形态。这种融合与创新不仅有助于提升国家的文化软实力,还能增强民族的文化自信和国际影响力。

因此，“趣野美”作为新时代背景下对传统文化的呼唤，其意义不仅在于对传统文化的尊重和传承，更在于对传统文化的创新性发展。在“趣野美”的引领下，人们能够更加积极地探索和挖掘传统文化的价值，将其与现代生活相融合，创造出更加多彩的文化形态，为国家的文化繁荣和发展作出贡献。

（七）“趣野美”是新时代背景下对全球视野的呼唤

在新时代背景下，全球视野已成为一种重要的思维方式和生活态度。它要求人们不仅要关注本国和本地区的发展，还要关注全球范围内的变化和挑战，具备跨越国界和文化的理解与沟通能力。全球视野能够拓宽人们的思维边界，提升国际竞争力，推动社会的全面进步与发展。在新时代背景下，“趣野美”与全球视野的关联主要体现在以下三个方面：

1. 倡导开放包容

“趣野美”作为一种生活理念和审美趋势，倡导开放包容的国际视野。它鼓励人们以开放的心态接纳和欣赏世界各地的优秀文化，尊重文化的差异与多样性，推动文化的交流与融合。这种开放包容的态度有助于增进人们对不同文化的理解与尊重，促进国际间的友好合作与共同发展。

2. 鼓励学习与借鉴

“趣野美”鼓励人们学习和借鉴世界各地的优秀文化。通过学习与借鉴，人们可以吸收不同文化的优点与长处，丰富自身的文化内涵与审美体验。同时，这也有助于推动文化的创新性发展，为社会的全面进步与发展注入新的活力与动力。

3. 促进文化交流和融合

“趣野美”所倡导的全球视野和文化交流，有助于推动不同文化之间的交流与融合。通过文化交流，人们可以增进对不同文化的理解与认识，促进国际间的友好合作和相互理解。同时，文化交流也有助于文化的创新发展，为社会的全面进步和发展提供新的思路与方向。

在新时代背景下，“趣野美”所倡导的全球视野和文化交流具有重要价值。它不仅有助于拓宽人们的思维边界，提升国际竞争力，还能推动社会的全面进步与发展。同时，它也有助于增进人们对不同文化的理解与尊重，促进国际间的友好合作与共同发展。在“趣野美”的引领与推动下，人们能够更加积极地参与全球文化交流，为构建人类命运共同体贡献自己的力量。

综上所述，“趣野美”作为新时代背景下对全球视野的呼唤，既体现了对开放包容国际视野的重视与倡导，又展示了新时代对文化交流与融合的积极态度。在“趣野美”的引领下，人们能够更加积极地学习和借鉴世界各地的优秀文化，促进文化的交流与融合，为社会的全面进步和发展注入新的活力与动力。

二、城市发展对“趣野美”的需求

联合国人居署统计发布的《2022 年世界城市报告：展望未来》指出，全球城市化将在未来 30 年内持续增加。2021 年全球城市化率为 56%，预计到 2050 年将上升至 68%。我国的城市化率增长也极为迅速。在改革开放初期的 1978 年，我国城市化率仅为 17.92%；而据国家统计局数据显示，2022 年我国城市化率已上升至 65.22%。《中国城市竞争力第 19 次报告》则指出，我国城市化率将在未来 15 年内提升至约 75%。

随着城市化进程的加速，越来越多的人开始意识到与自然亲近的重要性，也日益关注对“趣野美”的追求。这些元素不仅体现了城市发展文化内涵的丰富性，也反映了人们对生活品质和幸福感的深层次追求。

（一）城市需要自然，自然与城市共生

人类发源于自然，生存于自然，发展于自然，也终将回归自然。自然是人类生命的摇篮，是人类赖以生存的物质保障和精神依托。大自然养育了人类，并吸引、激励着人们不断经历、探索和收获。美源于自然，道法自然，人们的意志、情感和思维因此而丰富充实，人类也因此得以完善和发展。自然不仅是人类生存的基石，也是人类心灵的归宿。

在日益城市化的现代生活场景中，人们接触自然的机会逐渐减少，即便身处自然环境中，也越来越漠视自然。不仅在城市，即便在农村，娱乐、游戏、学习和工作中，数字化媒体已然成为人们生活的一部分，并正在成为生活的主要组成部分。人们赖以生存的自然与我们渐行渐远，现在的孩子以及他们的同龄群体都缺乏与自然的连接，更缺少对自然的感受、体验、思考和探索。物质生活的丰裕、社会分工的精细化，以及虚拟的电子信息和缺乏实践的书本学习，导致了越来越严重的“自然缺失症”。如今，许多人的认知、情感、价值观和思维已然缺乏自然的根基，而人类文明最初的“源代码”正是源于伟大的自然。

随着城市化进程的加速，越来越多的人开始意识到与自然亲近的重要性。同时，在全球生态环境日益面临诸多挑战的今天，这不仅威胁着自然生态系统的平衡，也对人类的生存和发展构成了严峻的挑战。因此，城市需要自然，城市与自然共生，是现代城市规划与发展的重要理念，也是社会资源可持续发展的必然结果。

（二）城市再野化，是必然趋势

随着环保意识的普及与提高，越来越多的人开始认识到城市再野化的重要性。城市再野化是一种将自然元素和生态系统重新引入城市的策略，旨在通过减少人为干扰，提升城市区域的自然荒野程度，以维持生物多样性，并增强生态系统的韧性。这一概念强调生态修复的过程导向和动态性，并着重指出自然力量在生态修复中的关键作用。城市再野化不仅关注生态系统的恢复，还强调借助自然过程来提升城市的生态品质和生物多样性。伴随着社会各界对城市再野化的支持和关注，政府也深刻认识到城市再野化在应对气候变化、保护生物多样性和提升居民生活质量方面的重要作用，因此出台了一系列政策措施以支持城市再野化的发展。这些政策的颁布为城市再野化的实施提供了坚实的保障。此外，城市再野化注重自然过程的恢复与自我调节能力的培养，有助于减轻对人工资源的依赖，推动资源的节约与循环利用。城市再野化能够提升城市的生态价值，进而增强城市对外部投资的吸引力。同时，通过发展生态旅游等产业，还可为城市带来显著的经济收益。

随着环保意识的增强和生态文明建设的推进，越来越多的人开始认识到人与自然和谐共生的重要性。城市再野化作为实现这一目标的有效途径，得到了社会各界的广泛认可与支持。在这些因素的共同作用下，城市再野化已然成为未来城市发展的重要方向之一。

（三）城市化进程中为何重视自然教育、野趣教育

在城市发展的历程中，教育始终是城市发展的核心组成部分。随着全球环境问题的日益严峻，教育在协调人与自然关系中的作用愈发凸显。为何在城市化进程不断加速的今天，自然教育和野趣教育愈发受到重视？主要基于以下三点原因。

1. 自然接触减少

随着城市化进程的推进，人们的生活环境逐渐被高楼大厦和钢筋水泥所包围，与自然的直接接触机会大幅减少。孩子们已经很难看到蚯蚓和蚂蚁。不仅是蚯蚓和蚂蚁，泥土、水塘、雨前低飞的蜻蜓以及夜晚的蛙鸣，孩子们也很难体验到了。很多事物，他们只在图片和动画片中见到过。城市中的孩子，越来越远离自然，断开了与自然的联系。他们很少看到真正的动物，很少玩泥巴，身上的衣服永远干干净净。这种环境变化导致儿童及其他人群对自然的认知和理解变得狭隘。

2. 身心健康问题

城市生活的快节奏和高压力往往引发一系列身心健康问题。野趣教育通过户外活动和自然探索等方式，为人们提供了一个释放压力、放松身心的渠道，有助于改善身心健康状况。

3. 依赖电子产品

随着科技的飞速发展，电子产品如智能手机、平板电脑和电子游戏机等已经深入人们的生活，成为不可或缺的一部分。尤其是年轻一代，他们几乎从小就接触并使用这些电子产品，因而对其产生了严重的依赖。电子产品的普及使得人们更多地待在室内，沉迷于虚拟世界，从而减少了与自然的直接接触。这种缺乏自然体验的生活方式可能导致人们对自然的感知和认识变得狭隘。此外，长时间使用电子产品会对人们的身心健康产生负面影响。例如，过度使用智能手机可能导致视力下降和颈椎疼痛等问题；而沉迷于电子游戏则可能影响睡眠质量，降低学习效率。这些问题都可能削弱人们参与户外活动、亲近自然的能力和意愿。最后，对电子产品的依赖还可能削弱人们的环保意识。当人们的注意力被电子产品所吸引时，他们可能更容易忽视环境保护的重要性，甚至对破坏自然环境的行为视而不见。

自然教育强调人与自然的连接，通过引导人们认知自然、保护自然，培养尊重自然、顺应自然的生态文明理念，实现人与自然和谐共生的目标。其次，自然教育通过多种形式的教育活动，如自然观察、自然体验、记录自然笔记等，让人们更深入地了解自然生态系统和环境保护的重要性，从而激发公众的环保意识和行动意愿。同时，自然教育不仅有助于提升青少年的科学素养，还能增强他们的环保意识，促进身心健康和全面发展。通过与自然的亲密接触，青少年可以培养观察力、思考力和创造力，同时提升团队协作和社会交往能力。

因此，应将环保教育纳入幼儿园的课程体系，借助科学、地理、生物等学科的教学，让幼儿了解自然界的奥秘、生态系统的运作原理以及人类活动对自然环境的影响。通过实践活动，如校园绿化、垃圾分类、节能减排、动手种植等，让幼儿亲身体验并学习如何保护环境。教育者应引导幼儿认识到自然是人类的生命之源，是人类赖以生存和发展的基础；树立尊重自然、敬畏生命的价值观，认识到人类与自然界的和谐共生是实现可持续发展的关键；倡导绿色生活的理念，推崇低碳、环保、健康的生活方式。幼儿园应通过课堂教学、校园文化活动等多种形式，让幼儿理解绿色生活的重要性和实践方法，鼓励他们从日常生活做起，如节约用水、用电，减少一次性用品的使用等，将绿色生活的理念融入日常生活的方方面面。同时，应鼓励幼儿参与环保活动，如植树造林、河流清理、野生动物保护等，通过实际行动为保护环境贡献自己的力量。此外，要培养幼儿的责任感，让他们明白每个人都有责任和义务去保护我们共同的家园，为培养具有环保意识、责任感和行动力的未来公民奠定坚实的基础。这不仅关乎知识的传授，更涉及情感的培养、价值观的塑造以及行为方式的引导。

三、幼儿教育对“趣野美”的探索

幼儿教育的发展对“趣野美”的呼唤，体现了现代幼儿教育对全面发展、个性化成长及审美教育的重视。通过实施这些教育理念和方法，可以为幼儿提供更加优质、丰富的教育资源和活动平台，促进他们的健康成长和全面发展。

（一）基于幼儿园发展背景，对“趣野美”的思考

在幼儿园中对“趣野美”的思考与探索，主要涉及孩子们的成长环境、教育方式以及他们对自然与美的感知与理解。在幼儿园发展背景下对“趣野美”的探索与思考，不仅是对幼儿成长环境的优化，更是对教育方式的一次深刻变革。在幼儿园践行“趣野美”主要具有以下教育意义。

1. 促进身心健康发展

在自然环境中的自由奔跑与探索，不仅能够显著提升孩子们的身体素质，增强免疫力，还能有效缓解他们可能存在的心理压力。阳光、空气、水与绿植，这些大自然的恩赐，对孩子们的成长至关重要。“趣野美”的探索让孩子们在亲近自然的过程中，学会观察、倾听和感受，从而促进感官和情感的全面发展。

2. 培养环保意识与责任感

通过与自然的直接接触，孩子们能够深刻体会到自然之美与脆弱，这种直观的感受远胜于任何言语的说教。在参与植树造林、垃圾分类等环保活动中，孩子们不仅学到了环保知识，更重要的是在心中种下了爱护地球的种子。这种早期的环保教育，为他们未来成为有担当、有责任感的社会公民打下了坚实的基础。

3. 激发创造力与想象力

自然界的无限可能为孩子们提供了广阔的想象空间。无论是捡起一片落叶想象成小船，还是凝视星空编织梦幻故事，这些看似简单的行为，实则是在培养孩子们的创新思维与想象能力。在“趣野美”的探索中，教师鼓励孩子们用自己的方式表达所见所感，无论是绘画、音乐还是故事创作，每一种形式都是对他们创造力的肯定与激发。

4. 增强社会交往能力

户外活动往往需要团队合作，孩子们在共同完成任务的过程中，学会了沟通协调和分工合作。这些经验对他们未来人际关系的建立至关重要。面对自然中的挑战，孩子们学会了相互支持与鼓励，这种团队精神与友谊是他们成长道路上宝贵的财富。

5. 传承文化与传统

“趣野美”的活动往往与当地的自然景观和文化传统紧密相连。通过参与节日庆典、农耕体验等活动，孩子们不仅能够了解本地的自然生态，还能深刻感受到文化的魅力与历史的厚重。这种文化的传承不仅增强了孩子们的民族自豪感，也为他们打开了认识多元文化的窗口。

6. 提升审美素养

自然环境中的每一处风景都是美的化身。孩子们在“趣野美”的探索中，学会了欣赏自然之美，这种美的感知逐渐延伸到艺术、文学等多个领域。通过参与艺术创作和阅读自然主题的文学作品，孩子们的审美素养得到了显著提升，为他们未来成为有品位、有追求的人奠定了坚实的基础。

综上所述，幼儿园中对“趣野美”的探索是一场关于成长、发现与创造的深刻实践。它不仅关乎孩子们身心健康的发展，更影响着他们对世界的认知与情感的建立。在这个过程中，孩子们学会了尊重自然、热爱生活，培养了独立、勇敢和创新的品质。这些宝贵的经历将成为他们人生旅途中最闪亮的星辰。珍视幼儿园里的“趣野美”教育，就是为孩子们创造一个更加丰富多彩、健康成长的童年，让他们在未来的道路上能够以更加自信、从容的姿态迎接每一个挑战，拥抱每一个可能。

下面以深圳市光明区玉律学校玉成幼儿园（以下简称“玉成幼儿园”）为例（图 2-1-1）。玉成幼儿园位于广东省深圳市光明区玉塘街道玉律三区 280 号，毗邻深圳市玉律学校，是玉律学校一体化管理的公办幼儿园。该园以“育于趣，拾于野，成于美”为办园理念，强调在幼儿教育过程中注重趣味性、实践性和审美性的培养。

“育于趣”强调在幼儿教育过程中，应注重培养孩子们的兴趣和好奇心，让学习成为一种乐趣。这一理念体现在以下三个方面。

（1）游戏化学习。通过设计富有创意和趣味性的游戏，让孩子们在游戏中学习，激发他们的学习热情和探索欲望。

（2）启发式教育。采用启发式的教学方法，鼓励孩子们主动思考、提出问题，培养他们的批判性思维和解决问题的能力。

图 2-1-1 深圳市光明区玉律学校玉成幼儿园

（3）个性化发展。尊重每个孩子的个性和兴趣，为他们提供个性化的学习机会和成长空间，帮助他们发现自己的潜能和兴趣所在。

玉成幼儿园认为，“趣”强调的是趣味性和吸引力，指活动或环境应有趣且引人入胜，能够激发幼儿的好奇心和探索欲。因此，在“趣野美”的教育实践中，趣味性被巧妙地融入每一项活动中，无论是设计富有创意的自然探索游戏，还是组织色彩斑斓的户外艺术创作，均旨在唤醒孩子们内心的好奇心与探索欲。通过有趣的任务和挑战，孩子们在欢笑中学会了坚持与尝试，每一次成功的体验都成为他们自信成长的基石。教师们用心设计的活动，如同一扇扇窗，打开了孩子们通往未知世界的大门，让学习不再是负担，而是探索未知的乐趣所在。

“拾于野”强调让孩子们在自然环境中学习和成长，培养他们的实践能力和探索精神。这一理念体现在以下三个方面。

（1）户外教学。利用自然环境作为教学资源，开展户外教学活动，让孩子们在自然中观察、体验和学习。

（2）生活实践。鼓励孩子们参与日常生活中的实践活动，如种植、养殖、手工制作等，培养他们的动手能力和生活实践能力。

（3）安全教育。在户外教学和生活实践中，注重孩子们的安全教育，让他们学会保护自己，避免发生意外伤害。

玉成幼儿园认为“野”并非单纯指自然环境中的“野”，而是指为孩子们提供一个自由、开放、可供探索的空间，鼓励他们走出教室，接触自然，进行户外活动，培养勇敢和独立的品质。在“趣野美”的理念下，幼儿园不再是封闭的教室，而是连接室内外、自然与人文的桥梁。孩子们在老师的引导下，走出室内，走进草地、树林和小溪边，这些天然的“教室”为孩子们提供了无限的学习机会。在这里，他们学会了观察四季的更替，聆听风声鸟鸣，感受泥土的芬芳。每一次与自然界的亲密接触，都是对生命力量的深刻体悟。野性的探索不仅锻炼了孩子们的体魄，更重要的是培养了他们的独立性与勇气，使他们在面对困难时，能够自信地迈出步伐，勇敢地探索未知。

“成于美”则强调在幼儿教育过程中，应注重培养孩子们的审美能力和创造力，让他们成为具有美好心灵和创造力的人才。这一理念体现在以下三个方面。

（1）环境熏陶。营造富有美感的校园环境，通过美化教室、走廊和户外等空间，让孩子们在美的环境中学习和成长。

（2）艺术教育。开展丰富多彩的艺术教育活动，如绘画、音乐和舞蹈等，培养孩子们的艺术素养和创造力。

（3）品德教育。注重培养孩子们的品德修养，通过故事和游戏等方式，让他们学会关爱他人、尊重他人，培养他们的同理心和责任感。

玉成幼儿园认为“美”不仅指环境的美观和艺术性，更重要的是培养幼儿对美的感知、欣赏和创造能力，以及心灵美的培养。在幼儿阶段，孩子们对美的感知是直观且感性的。通过引导孩子们观察自然中的色彩、形态和聆听声音，教师们帮助他们建立起对美的初步认识。在户外艺术活动中，鼓励孩子们使用自然材料进行创作，例如用树枝作画、用石头堆砌小屋。这些过程不仅锻炼了他们的动手能力，更重要的是激发了他们的创造力与想象力。此外，通过参与农耕体验、制作自然手工艺品等活动，孩子们还学会了尊重劳动、珍惜自然资源。这种对美的创造与欣赏，逐渐转化为他们心灵深处的美好品质，为他们成为有责任感、有爱心的人奠定了坚实的基础。

图 2-1-2　玉成幼儿园“育于趣、拾于野、成于美”的办园理念

因此，玉成幼儿园“育于趣，拾于野，成于美”的办园理念强调在幼儿教育过程中注重趣味性、实践性和审美性的融合，旨在培养孩子们的学习兴趣、实践能力和创造力，为他们未来的成长和发展奠定坚实的基础（图 2-1-2）。该理念的核心在于构建一个既富有趣味性又贴近自然的教育环境，通过独特的“趣野美”三维视角，全方位地促进幼儿的全面发展。

（二）幼儿园“趣野美”理念的具体表现

在幼儿园中，“趣野美”理念的具体表现是多维度且丰富多彩的，它体现在教育活动的创新、自然环境的营造以及孩子们在园中的快乐体验等多个方面。

1. 自然探索活动

（1）户外探险日。根据查阅的文献，部分幼儿园定期组织孩子们开展丰富多彩的户外探险活动，这些活动不仅限于森林寻宝和小溪探险，还包括山地徒步、草地野餐、昆虫观察等多种形式。例如，某地区的一所幼儿园曾组织过名为"丛林探险"的户外活动，孩子们利用轮胎、梯子、席子等器材搭建了一个模拟的丛林，进行探险之旅。在这个活动中，孩子们不仅锻炼了身体，还发展了想象力和社交能力。另一所幼儿园的大班组曾组织过徒步日活动，内容包括丛林徒步探险，让孩子们去寻找山野中的趣味，感受丛林的神秘。孩子们在路途中观察周围的各种植物，与伙伴们一同探寻大自然的小秘密，尽情感受季节的更迭。小溪探险则让孩子们近距离接触清澈见底的溪流，他们小心翼翼地蹚过溪水，观察水中的小鱼、小虾，聆听潺潺的水声，感受大自然的静谧与和谐。而玉成幼儿园则通过实施户外混龄自主游戏和体能大循环这两大户外活动来开展户外探险。

虽然无法一一列举所有开展过户外探险日的幼儿园，但可以肯定的是，越来越多的幼儿园开始重视户外探险活动的教育价值。这些活动通常包括徒步、野营、寻宝、自然观察等多种形式，旨在让孩子们亲近自然，培养勇气、自信和探索精神。虽然不同幼儿园的户外探险日活动内容和形式可能有所差异，但共同的目标都是让孩子们在户外环境中获得更为丰富的体验和学习机会。这些活动不仅有助于孩子们的身体发展，还能提高他们的社交能力、解决问题的能力以及对自然的认识。

（2）种植园体验。为了让孩子们更直观地了解生命的成长过程，玉成幼儿园特意设立了属于自己的小菜园和花坛。在这里，孩子们可以亲手参与播种、浇水、施肥、除草等各个环节，体验从一粒种子到一株茁壮成长的植物的全过程。他们种植的蔬菜有青菜、萝卜、西红柿等，花卉则有向日葵、玫瑰、郁金香等，每一种植物都承载着孩子们的期待与梦想。在种植过程中，孩子们学会了耐心与坚持，也深刻体会到了生命的脆弱与顽强。当看到自己亲手种植的植物开花结果时，那份成就感与喜悦之情溢于言表。同时，种植园体验也培养了孩子们对自然的敬畏之心，让他们懂得珍惜资源、保护环境的重要性。

2. 创意艺术活动

（1）自然材料艺术创作。利用树叶、树枝、石头等自然材料，引导孩子们进行艺术创作，如制作自然拼贴画、手工雕塑等，激发孩子们的想象力和创造力。例如，玉成幼儿园在户外打造了一个"材料之家"区域，利用各类自然材料，如木头、木片、石头、绳索、落叶、树枝等，以及各类低结构材料，如软布、海绵、黏土、珠子、螺丝、木球、吸管等，为孩子们提供一个可以大胆游戏和创作的空间，激发他们的想象力和创造力。

（2）户外绘画墙。在幼儿园户外设置一面或多面绘画墙，让孩子们自由挥洒色彩，表达自己对美的理解和感受，同时也美化了幼儿园的环境。玉成幼儿园在户外打造了两个区域，一个名为"艺趣坊"，设置有多面可涂鸦及磁性贴画的互动艺术墙，同时链接陶泥创作坊，鼓励孩子们自由表达，创作属于自己的艺术作品。这不仅能培养孩子们的审美能力和创造力，还能增强他们的自信心和归属感。另一个名为“艺术畅想区”，那里竹影婆娑，芭蕉掩映，绿树成荫，还有超逼真的恐龙模型，让复原的侏罗纪恐龙“活生生”地出现在孩子们眼前。各类乐器穿插其中，让孩子们不仅可以亲密接触侏罗纪世界，户外写生感受大自然的气息，还能在自然中演奏出独特的童年音符。

3. 环境打造与美化

幼儿园“趣野美”的特色具体体现在环境的精心打造及细致美化上。例如，通过布置充满自然元素和趣味性的户外游戏区，以及利用色彩鲜艳、形状各异的装饰物点缀室内空间。在生态角与饲养角的打造上，园内设立了生态角，放置鸟类喂食器和观鸟望远镜，吸引鸟类栖息，成为孩子们观察自然、学习生物多样性的好去处。自然景观设计方面，利用园内的空地，设计小型水景、沙池、攀岩墙等自然元素丰富的区域，既满足了孩子们的游戏需求，又增添了园区的野趣美。

玉成幼儿园在园内打造了小型生态农场及生态花园，种植多样化的植物，包括蔬菜、花卉和果树，让孩子们参与播种、浇水、除草、收获等过程，体验自然生长的乐趣，感受四季更迭的变化。同时，在幼儿园的户外环境中设置了生态农场、鸟屋及松鼠之家，通过饲养小鸡、小兔、小鸟及小松鼠，设置生态池塘、生态缸等，饲养乌龟、金鱼，吸引蝴蝶、蜜蜂、青蛙等野生动物，为孩子们提供近距离观察自然的机会，培养他们的观察力和爱护环境的意识（图 2-1-3）。

图 2-1-3　玉成幼儿园特色户外空间

4. 文化与传统节日体验

（1）自然节日庆典。幼儿园结合季节变换，巧妙地融合了季节的更迭与自然的韵律。一些幼儿园会依据时节变换，精心策划如“立春播种日”“芒种农耕体验”及“霜降果实采摘”等庆典活动。这些活动不仅让孩子们在亲身参与中深刻理解自然界的生长周期与生态规律，还让他们在动手实践中充分感受中华传统文化的深厚底蕴与独特魅力。通过这些富有教育意义与自然韵味的庆典活动，幼教工作者能够引导幼儿更加亲近自然，培养他们对环境的尊重与爱护，同时也为亲子间提供了共同学习与成长的宝贵机会。

（2）亲子露营夜。幼儿园邀请家长与孩子一起参与户外露营活动，夜晚围坐在篝火旁唱歌、跳舞，或者带上小夜灯坐在帐篷里讲故事等，以增进亲子关系，同时享受星空下的宁静与美好。

玉成幼儿园曾在阅读月系列活动中举行过“声夜帐篷书房”活动。在户外操场上，上演了一场关于星光与帐篷的魔法秀。一个个帐篷被支起，一盏盏阅读小灯在星星的映衬下闪闪发光，家长和幼儿们共同开启了一段奇妙的“声夜共读亲子之旅”。孩子们依偎在爸爸妈妈的怀里，享受着这张最舒适的“真皮沙发”，在点点星光和小夜灯的照耀下，共度浪漫温馨的亲子共读时光。

玉成幼儿园也曾在大班毕业前夕举行过亲子篝火晚会。当晚，全体师生与大班家长围坐在象征吉祥、幸福与传承的篝火旁，载歌载舞，畅谈在幼儿园的点滴故事，共同展望小学的未来生活。

5. 健康教育与运动

（1）自然运动场。利用自然地形，如草地和山坡，设计适合幼儿的户外运动项目，如草地足球和山坡攀爬等，以促进孩子们的身体素质发展。除了草地足球和山坡攀爬，自然运动场还根据地形特点，设计了其他丰富多彩的户外运动项目。例如，利用树林间的空地开展障碍跑，利用小溪开展水上游戏等。这些项目既满足了孩子们对新鲜事物的好奇心，又让他们在快乐的游戏中锻炼了身体，提高了各项身体素质。

特别值得一提的是，安吉游戏作为自然运动场中的佼佼者，被誉为“中国的瑞吉欧”。安吉游戏强调在自然环境中进行自由、自主的游戏活动，让孩子们在游戏中探索、发现和创造。在安吉游戏中，孩子们可以根据自己的兴趣和意愿选择游戏内容和方式，他们或搭建沙堡，或制作手工，或进行角色扮演等。安吉游戏不仅促进了孩子们身体素质的发展，还激发了他们的创造力、想象力和解决问题的能力。孩子们在游戏中学会了合作、分享和沟通等社会技能，为未来的成长奠定了坚实的基础。

玉成幼儿园为了更好地增强幼儿的体能、改善体质，促进孩子身体运动能力和混龄社交能力的全面发展，同时进一步增强园所户外区域的连贯性和互动性，鼓励幼儿亲近自然，释放天性，享受冒险，激发潜能，从而获得学习与发展，深化幼儿教育的“野趣”。幼儿园探索并形成了两大户外活动——体能大循环和户外混龄自主游戏。

体能大循环是玉成幼儿园结合幼儿运动发展水平及年龄特点，巧妙利用户外材料和体育器械的不同摆放方式，设置了走、跑、跨跳、平衡、翻滚、钻爬、综合障碍等活动区域。每周三、周四上午，幼儿将在这些区域进行循环运动。每个区域的器械和材料设置都保证由易到难至少有三组不同层次的摆放，以满足不同运动水平幼儿的选择需求。此外，玉成幼儿园的体能大循环户外材料和体育器械的摆放方式并不是一成不变的，而是会根据孩子的需求和运动水平的发展不断调整和变化。这种变化不仅激发了幼儿参与运动的兴趣，也在这个过程中激发了孩子的想象力和创造力。

另一项户外活动是每周五上午的户外混龄自主游戏。玉成幼儿园利用户外活动场地宽敞、植被覆盖率高、环境优美等优势，在现有场地类型的基础上，创设了“玉娃足球场”“开心酷跑区”“幻风骑行区”“钻爬跑跳区”等综合游戏区域，以满足幼儿在“走、跑、跳、投、钻、爬”等运动技能方面的发展需求。同时，依托园所环境资源，创设了十大户外特色区域，以满足幼儿自主选择功能区域活动的需求。在每周五上午，全园幼儿可以自由选择自己想去的户外区域进行活动游戏。在游戏过程中，教师通过有目的、有计划的观察，从孩子的“兴趣、创造性、专注性、身体发展及动作技能、同伴合作、问题解决能力、规则意识、安全常识”等八个维度，解读幼儿在活动中的动作和行为所处的发展阶段。教师不断优化并调整户外游戏的实施方式，在有效的指导中促进幼儿向更高水平发展，既满足了幼儿个体的发展需要，使幼儿的动作技能水平得到提高，又促进了幼儿社会交往能力的提升和规则意识的养成。

（2）环保小卫士行动。随着环保意识越来越深入人心，许多幼儿园组织开展了垃圾分类、节能减排等环保教育，培养孩子们从小养成爱护环境的好习惯，这也是对美的另一种诠释——保护环境就是保护我们共同的家园。例如，为深入贯彻落实幼儿园垃圾分类主题教育活动，让孩子们深刻认识到垃圾分类对于建设美丽城市的重要意义，玉成幼儿园利用周末组织家长和幼儿参观垃圾分类科普体验馆，让他们在玩乐中学习垃圾分类的科普知识。幼儿园还利用节能低碳日、世界地球日等节点，开展“大手拉小手”等节能环保志愿者活动，走进社区发放倡议书，倡导绿色出行，进行垃圾分类宣传，以此增强公众节约和集约利用资源的意识，让幼儿从小树立环境保护的意识。

通过这些具体而生动的活动与环境的营造，幼儿园不仅为孩子们提供了一个充满乐趣与挑战的学习空间，更让他们在实践中感受到自然之美、创造之美和文化之美，从而在心灵深处种下热爱生活、尊重自然的种子。

（三）探索“趣野美”带来的影响

在大力提倡“高质量发展”的今天，幼儿教育领域正经历着一场深刻的变革。其中，“趣野美”理念的践行成为推动这一变革的重要力量。幼儿教育践行“趣野美”理念后，带来了多方面的积极变化，这些变化不仅深刻影响了幼儿的发展，还显著促进了教师的成长和幼儿园整体教育质量的提升。

1. 幼儿发展的变化

（1）身体素质提升。在“趣野美”教育的引领下，幼儿们得以在户外广阔的空间中自由奔跑、攀爬、跳跃，这些活动不仅锻炼了他们的肌肉力量、提高了耐力以及平衡感，还激发了他们对体育活动的热爱。自然环境中的每一次挑战，都成为幼儿们展示自我、超越自我的舞台。他们学会了如何在面对困难时坚持不懈，如何在失败中寻找再次尝试的勇气。这种在自然中锻炼的方式，不仅让幼儿们的身体更加健壮，还培养了他们坚韧不拔和积极向上的生活态度。

（2）认知与创造力发展。户外环境为幼儿提供了一个充满无限可能的学习空间。在这里，树叶、竹竿、石头等自然材料成为他们创作的源泉。幼儿们利用这些材料，发挥想象力，创造出各种有趣的玩具和艺术品。这一过程不仅锻炼了他们的动手能力，还激发了创造力和创新思维。同时，在与自然的互动中，幼儿们通过观察、触摸、嗅闻等方式，直观地感知植物的生长、动物的习性等自然现象。这些经验极大地拓宽了他们的认知视野，丰富了知识储备。

（3）社交能力增强。户外活动中的团队合作任务为幼儿们提供了锻炼社交能力的绝佳机会。他们需要与同伴共同完成任务，学会分工合作、相互支持。在这个过程中，幼儿们不仅学会了如何与他人有效沟通，还培养了团队协作精神和领导能力。同时，通过与教师的互动，幼儿们学会了如何尊重他人、倾听他人意见，以及在遇到分歧时如何寻求共识。这些社交技能的提升为幼儿未来的社会生活奠定了坚实的基础。

（4）心理素质提升。“趣野美”教育中的挑战性和趣味性活动，让幼儿们在面对困难时学会了坚持和勇敢。他们不再害怕失败，而是将失败视为成长的垫脚石。同时，在与自然的接触中，幼儿们学会了欣赏和尊重生命，培养了热爱大自然的情感。这种对生命的敬畏和对自然的热爱，使幼儿们的内心充满了善良和美好，为他们塑造了一个健康、积极、向上的心理世界。

2. 教师成长的变化

（1）教育理念更新。“趣野美”教育的实践让教师们深刻认识到自然环境在幼儿教育中的重要性。他们开始关注幼儿与自然的互动，注重培养幼儿的观察力、想象力和创造力。这种教育理念的更新，使教师们更加注重幼儿的全面发展，而不仅仅是知识的传授。他们开始尝试将自然元素融入日常教学中，为幼儿创造更多与自然接触的机会，让他们在自然的怀抱中快乐成长。

（2）专业能力提升。在户外活动中，教师们需要具备更强的观察、分析和指导能力。他们需要时刻关注幼儿的安全，确保活动顺利进行；同时，还需敏锐地捕捉幼儿在学习过程中的需求和变化，给予及时有效的指导和支持。这种对专业能力的挑战促使教师们不断学习和进步，他们开始参加各种专业培训和学习活动，以提升自身的专业素养和教育教学能力。在这个过程中，教师们不仅成长为更加优秀的教育工作者，还成了幼儿成长道路上的引路人和伙伴。

（3）师幼关系改善。户外环境中的活动使得教师与幼儿的关系变得更为亲密和自然。他们不再局限于课堂上的师生关系，而是成了共同探索自然、分享快乐的伙伴。在户外活动中，教师们放下了身份的束缚，与幼儿们一同奔跑、欢笑、探索。这种平等、尊重和和谐的师幼关系，让幼儿深切感受到了教师的关爱与支持，也使他们更愿意向教师敞开心扉，分享自己的想法和感受。这种良好的师幼关系不仅增强了教育效果，还让幼儿在快乐中茁壮成长。

（4）幼儿园整体教育质量的提升。课程设置更加科学合理，践行“趣野美”教育理念后，幼儿园的课程设置发生了显著变化。幼儿园开始重视户外课程的规划与实施，确保幼儿能够充分体验户外活动的乐趣并获益匪浅。在课程设置上,幼儿园既充分考虑了幼儿的年龄特点和兴趣需求,又注重了课程的连贯性和系统性。这种科学合理的课程设置不仅让幼儿在户外活动中得到了全面的锻炼和发展,还为他们未来的学习和生活奠定了坚实的基础。

(5)教育资源更加丰富。幼儿园积极开发和利用自然资源,如小花园、竹林、小山丘等,作为教育资源,为幼儿提供更多的学习机会和体验。他们利用这些自然资源,设计了各种有趣的户外教学活动,如植物观察、昆虫研究、天气记录等。这些活动不仅让幼儿们感受到大自然的神奇与美丽,还使他们在实践中学习到丰富的知识。同时,部分幼儿园还积极引进各种户外教学设备和材料,如望远镜、显微镜、户外探险装备等,以支持幼儿的户外探索活动。这些丰富的教育资源为幼儿营造了一个充满挑战和乐趣的学习环境。

(6)家园合作更加紧密。幼儿园通过邀请家长参与户外活动,与家长建立了更加紧密的联系与合作。他们定期举办亲子运动会、户外探险日等活动,让家长与幼儿一起参与户外游戏和运动,共同享受亲子时光。这些活动不仅增进了家长与幼儿之间的亲子关系,还使家长更加了解幼儿园的教育理念和教学方式。同时,幼儿园还积极与家长沟通幼儿在园内的学习和生活情况,共同关注和支持幼儿的发展。这种紧密的家园合作为幼儿营造了一个温馨、和谐、充满爱的成长环境。

综上所述,幼儿教育践行"趣野美"理念后,能够促进幼儿在身体素质、认知与创造力、社交能力和心理素质等多方面的提升,同时也能促进教师的专业成长和幼儿园整体教育质量的提升。因此,玉成幼儿园珍视"趣野美"理念的原因在于其能够促进幼儿的全面发展、培养环保意识、提升教育质量以及促进家园共育。这一理念不仅符合幼儿身心发展的特点,而且有助于培养具有创新精神和实践能力的未来人才(图 2-1-4)。

图 2-1-4 玉成幼儿园践行"趣野美"理念

第二节　在幼儿园体验“趣野”童年

在追求教育高质量发展的今天，“趣野美”教育如同一股清新的春风，吹拂过幼儿教育的田野，为孩子们描绘了一幅既充满挑战又满载乐趣的童年画卷。这不仅是一种教育理念的革新，更是对传统幼教模式的一次深刻反思与超越，它以全新的视角重新定义了童年的模样。

一、“趣野美”赋予的教育愿景

“趣野美”教育践行的是一种将“趣味探索”、“自然野趣”体验与“美学启迪”深度融合的教育愿景。这一愿景不仅是对传统教育模式的革新，更是对孩子们成长环境的深刻反思与积极重塑。它超越了传统教室的局限，将孩子们从狭小的空间引领到广阔的自然世界中，让无垠的自然成为孩子们灵感迸发的创意工坊。

在“趣野美”教育的实践中，孩子们不再被束缚在桌椅之间，而是被鼓励在户外自由奔跑中寻觅、领悟与茁壮成长。孩子们被引导去观察树叶的脉络，聆听鸟儿的歌唱。他们不仅学会了识别各种植物和动物，更在探索的过程中培养了敏锐的观察力和对自然的敬畏之心。这样的活动让孩子们在轻松愉快的氛围中获得知识，更在无形中激发了他们对未知世界的探索欲望。

这一教育模式不仅着眼于知识的灌输，更着重于孩子们身心健康、创新思维、人际交往以及情感态度的全面塑造。在“趣野美”教育的课堂上，孩子们被鼓励表达自己的想法，尝试不同的解决问题的方式。在艺术创作中，孩子们可以用任何自然材料创作出具有美感的作品。他们有的用树枝搭建小屋，有的用花瓣拼贴成画，还有的用石头堆砌成雕塑。这些作品虽然简单，却充满了孩子们的创意和想象力，让他们在创作的过程中体验到了成功的喜悦和艺术的魅力。

在“趣野美”教育的引领下，孩子们的童年不再是单纯的知识接收站，而是一场洋溢着惊喜与发现的梦幻之旅。在这里，每一步都踏着自然的节拍，每一刻都沐浴在美学的光辉中。孩子们在探索与创造中绘制着属于自己的多彩童年画卷。例如，在户外写生活动中，孩子们可以背着画板到草地上、野趣园里、小溪旁等地方，用自己的画笔记录下草地上的小花、恐龙模型，野趣园里的花卉、蔬菜、小动物，以及小溪的波光粼粼。他们或蹲或坐，或凝神观察，或挥笔涂鸦，每一个人都沉浸在自己的创作世界中。这样的活动不仅让孩子们学会了观察和表达，更让他们在大自然的怀抱中感受到了美的力量和生命的韵律。

“趣野美”教育不仅为孩子们提供了一个充满乐趣和挑战的成长环境，更在这个过程中教会了他们尊重自然、热爱生活、勇于创新。这样的教育模式不仅有助于孩子们的全面发展，更为他们的未来奠定了坚实的基础。

二、“趣野”赋予幼教的深刻变革

趣野教育打破了教室的界限,将广阔的自然作为孩子们的第二课堂,鼓励孩子们在户外游戏中探索、学习和成长。这一教育模式不仅关注知识的传授,更重视孩子们身心健康、创造力、社交能力以及情感态度的全面发展。在“趣野美”教育的引领下,孩子们的童年不再是单调地接受知识与经验,而是充满了探索与发现的奇妙旅程。从某种意义上说,这是幼儿教育的深刻变革。

(一)童年的色彩更加斑斓

在趣野教育的框架下,孩子们的童年被赋予了更加丰富而绚烂的色彩。他们不再仅仅局限于室内狭小的空间,也不再被那些单调的玩具和电子设备的屏幕所束缚。相反,他们有了更多机会去拥抱广袤的大自然,在蓝天白云下自由自在地奔跑,在绿意盎然的草地上欢快地嬉戏。在这里,他们可以感受到阳光的温度,听到风儿的低语,看到云朵的变幻,这一切都让他们的童年充满了无限的生机与活力。

自然成为他们最亲密的伙伴。每一次触摸树干、观察花朵、聆听鸟鸣,都是对这个世界全新的认识和深刻的感悟。他们在自然中学会了观察、倾听,更学会了与自然和谐共处。这种亲密无间的接触,让孩子们对这个世界充满了好奇与敬畏,他们开始用自己的眼睛去发现世界的美好,用自己的心灵去感受世界的温暖。

这样的童年充满了探索的乐趣和发现的惊喜。孩子们在自然的怀抱中,勇敢地迈出探索的步伐,每一次新奇的发现都让他们欢呼雀跃。他们学会了在观察中思考,在思考中创造,用无尽的想象力将世界描绘得更加多姿多彩。这种在快乐中学会观察、思考、创造的能力,将伴随他们一生,成为他们成长道路上最宝贵的财富。趣野教育为孩子们打开了一扇通往广阔世界的大门,让他们在自然的怀抱中快乐成长,用更加斑斓的色彩绘制属于自己的童年画卷。

(二)成长的道路更加宽广

趣野教育作为一种创新的教育模式,不仅注重孩子们的身体锻炼,让他们在户外活动中强健体魄,还更强调心智的启迪和情感的滋养,为他们的全面发展铺设了一条更加宽广的成长道路。

在户外活动中,孩子们被鼓励与同伴携手合作,共同完成任务。无论是搭建城堡、寻找宝藏,还是穿越障碍、完成挑战,每一次的合作都让他们深刻体会到团队协作的力量。他们学会了倾听他人的意见,学会了在团队中发挥自己的长处,更学会了在困难面前相互扶持、共同前进。这种团队协作精神,不仅让他们在活动中取得了更好的成绩,还让他们在未来的学习和生活中能够更好地融入集体,成为团队中不可或缺的一员。

同时,趣野教育还注重培养孩子们的社交能力。在户外这个开放的环境中,孩子们有机会与来自不同背景、不同性格和不同年龄段的伙伴进行交流互动。他们学会了如何与他人建立良好的关系,如何表达自己的观点,以及如何尊重他人的差异。这种社交能力的培养，使孩子们在未来的社交场合中更加自信、从容，能够更好地与他人建立深厚的友谊和展开合作。

更重要的是，趣野教育通过户外活动，让孩子们亲身体验到尊重生命和爱护环境的重要性。他们学会了观察自然界的奥秘，了解动植物的生存状态，感受大自然的神奇与美丽。这种亲身体验让他们更加珍惜生命、敬畏自然，培养了良好的道德品质和公民意识。他们开始意识到，作为地球的一员，我们有责任保护这个美丽的家园，使其更加繁荣和谐。

面对自然中的挑战，孩子们也学会了坚持和勇敢。无论是攀登高峰、穿越隧道，还是面对突如其来的困难，他们都能够迎难而上、勇往直前。这种坚持和勇敢的品质，将成为他们未来人生道路上不可或缺的财富。无论是在学业上遇到难题，还是在生活中遭遇挫折，他们都能够保持积极的心态，勇敢地面对一切挑战。

（三）教育的内涵更加深刻

趣野教育作为一种全新的教育模式，不仅为孩子们的成长提供了更加广阔的空间，也让幼教工作者重新审视了教育的本质。它不再仅仅局限于知识的灌输和技能的训练，而是更加注重对孩子们个性和潜能的挖掘与培养，让每一个孩子都能在自己擅长的领域发光发热。

在趣野教育的实践中，教师们不再是单纯的知识传授者，而是成为孩子们探索自然的引导者和支持者。他们鼓励孩子们勇敢地提出问题，大胆地进行尝试，即使失败了也没关系，因为每一次的尝试都是一次宝贵的学习机会。教师们为孩子们提供了更多自主探索和学习的空间，让他们在实践中发现问题、解决问题，从而培养独立思考和解决问题的能力。

这样的教育方式，不仅极大地激发了孩子们的学习兴趣和创造力，也让教育变得更加生动、有趣和有意义。孩子们在探索自然的过程中，不仅学到了知识，更学会了如何与他人合作、如何面对困难以及如何坚持不懈。这些宝贵的经验和品质，将成为他们未来人生道路上最坚实的基石。

趣野教育还强调了教育的情感价值。它让教师们更加关注孩子们的情感需求，尊重他们的个性和差异，用爱心和耐心去引导他们成长。在这样的教育环境中，孩子们感受到了被尊重、被理解和被支持，他们的自信心和自尊心得到了极大的提升。

趣野教育让教育的内涵变得更加深刻，它不仅仅是对知识的传授，更是对孩子们全面成长的关注和培养。这种教育方式，不仅再次激发了孩子们的学习兴趣和创造力，也让教育过程变得更加生动、有趣和富有意义。

三、"趣野"赋予童年的斑斓色彩

在这里，孩子们被赋予了无限的自由与可能，他们在大自然的怀抱中尽情嬉戏，用稚嫩的脚步丈量着每一寸土地，用纯真的心灵感受着世界的美好。

(一)探索未知的奇妙世界

走进趣野教育的幼儿园,你会发现,这里不再是传统意义上的“教室+操场”模式,而是一个充满生机与活力的自然乐园。孩子们在教师的引导下,穿梭于树林间,观察蚂蚁搬家和蝴蝶翩翩起舞;他们躺在草地上,仰望蓝天白云,聆听鸟鸣虫唱;他们还会亲手种植蔬菜,体验从播种到收获的喜悦。每一次探索,都是一次新奇的发现,每一次发现,都让孩子们对这个世界充满了好奇与敬畏。

在玉成幼儿园的午后,当阳光洒在草地上,形成一片金黄。孩子们午餐后会在老师的带领下进行户外散步,去喂养小鹦鹉,投喂小兔子和小松鼠等。他们或躺或坐在草地上,仰望蓝天白云,感受微风轻拂脸颊的温柔。闭上眼睛,聆听那清脆悦耳的鸟鸣虫唱,如同天籁,让人心旷神怡。在这样的环境中,孩子们的心灵得到了极大的放松与滋养,他们学会了静下心来,细细感受大自然的美好。

此外,趣野教育还特别注重培养孩子们的动手能力和责任感。例如,玉成幼儿园的野趣园里有一片属于孩子们的“小菜园”。在这里,孩子们亲手种植蔬菜,从播种到浇水、施肥,再到最后的收获,每一个环节都充满了乐趣与成就感。当孩子们看到自己亲手种植的蔬菜茁壮成长,并在野炊区加工后,最终变成餐桌上的美味佳肴时,他们的脸上洋溢着满足与自豪的笑容。这一过程不仅让孩子们体验到了劳动的艰辛与快乐,更让他们懂得了珍惜与感恩。

每一次探索,都是一次新奇的发现;每一次发现,都让孩子们对这个世界充满了好奇与敬畏。在趣野教育的幼儿园里,孩子们不仅学会了如何观察自然、感受自然,更学会了如何与自然和谐共处。他们学会了尊重生命、珍惜资源,懂得了人与自然之间的微妙联系。这样的教育经历,无疑为孩子们的成长之路铺设了坚实的基石,使他们在未来的道路上更加自信、勇敢、有担当。

例如,在玉成幼儿园的饲养角,兔妈妈因奶水不足,无法照顾到所有兔宝宝。在教师的引导下,幼儿们小心翼翼地学习照顾刚出生的兔宝宝,为它们冲奶粉、喂奶,利用柔软的布料为小兔子铺床,并为它们打扫兔窝等。在孩子们的细心呵护下,小兔子逐渐长大,变得越来越精神。这种经历不仅让孩子们学会了如何关爱生命,更让他们深刻体会到了生命的脆弱与宝贵。这样的教育,无疑比任何书本上的知识都更加生动、深刻。

(二)释放天性的快乐时光

在趣野幼儿园的童年画卷中,快乐如同一首悠扬的旋律,穿梭在每一个纯真的心灵之间。幼儿园的户外自然场所成为孩子们释放天性、拥抱自然的乐园。在这里,快乐不仅仅是嘴角上扬的弧度,更是源自心灵深处最真实的回响。

阳光洒满操场的午后,孩子们像是从笼子里放飞的小鸟,迫不及待地投入户外游戏的怀抱。他们奔跑着,仿佛在与风竞速,每一次脚下的蹬踏都充满了对自由的渴望和对未知的探索。跳跃,是他们表达喜悦最直接的方式,无论是轻盈地跃过如小溪般的跳绳,还是勇敢地尝试跳高,那份无畏和激情,让人不由自主地为之动容。嬉戏间,孩子们的笑脸如花般绽放,笑声清脆悦耳,如同夏日清晨的露珠,晶莹剔透,又带着几分清凉,回荡在幼儿园的每一个角落,编织成一首首欢快的童年歌谣。

捉迷藏,这个古老而又充满乐趣的游戏,总是能激发孩子们无限的想象力和创造力。他们或躲在树后,或藏身于滑梯之下,每一次成功的躲避和寻找,都伴随着一阵阵兴奋的尖叫和爽朗的笑声。在这个过程中,孩子们不仅学会了观察与思考,更体会到了“找到”与“被找到”之间的微妙情感变化,增强了彼此间的情感纽带。

接力赛则完美体现了孩子们的团队协作精神。孩子们分成几个小队,为了共同的目标奋力奔跑。比赛中,有的孩子因摔倒而哭泣,但更多的是队友们伸出援手,用鼓励的话语和坚定的眼神让他们重新站起来,继续前行。这种经历让孩子们深刻理解了“团结就是力量”的真谛,学会了在困难面前不放弃,勇于面对挑战,坚持到最后一刻。

体能循环不仅是一次身体上的锻炼,更是一次社会交往的实践。在体能循环的活动中,不同年龄段的幼儿被置于同一个空间内,通过“大带小、小促大”的活动方式,让他们在相互交流、互助、示范、模仿、学习等形式中开展各类体能循环运动。例如,在体能循环活动中,孩子们需要穿过一系列的障碍赛道,这些赛道包括攀爬、跳跃、平衡等各个环节。面对这些挑战,年龄较小的孩子起初显得犹豫不决,但在哥哥、姐姐的鼓励和帮助下,他们逐渐找到了自信,勇敢地迈出了步伐。特别是在攀爬环节,有的孩子起初因为害怕高度而不敢尝试,但在同伴及较大孩子的耐心指导和鼓励下,他们学会了如何寻找稳定的支点,如何调整呼吸,最终成功地爬到了顶端。这次经历不仅让他们克服了内心的恐惧,更让他们深刻体会到了团队协作的力量,以及自己在团队中的重要价值。

体能循环活动让孩子们在运动中学会了如何面对困难,如何在挑战中寻找机遇。他们开始明白,面对困难时,逃避不是解决问题的办法,只有勇敢地面对,才能找到出路。同时,他们也学会了如何在团队中发挥自己的优势,如何与他人互补,共同实现目标。这种团队精神,正是现代社会所急需的宝贵品质。更重要的是,体能循环活动让孩子们在运动中建立了深厚的友谊,他们开始懂得如何尊重他人,如何理解他人的感受,以及如何在团队中给予他人支持和帮助。这种社会交往能力对于孩子们的成长至关重要,它不仅能够帮助他们在未来的学习和工作中更好地融入团队,还能够让他们在人际交往中更加游刃有余,建立起健康、积极的人际关系。

这些看似简单的游戏,实则蕴含着深刻的教育意义。它们不仅仅是孩子们消遣时光的方式,更是成长道路上不可或缺的养分。在快乐中,孩子们学会了如何与人交往,如何在团队中找到自己的位置,如何在失败中汲取教训,以及如何在成功中保持谦逊。每一次游戏,都是一次心灵的洗礼,让孩子们在不知不觉中变得更加坚韧、更加自信,更加懂得爱与被爱。丰富多彩的童年,因为有了这些释放天性的快乐时光,而成为每个人心中最宝贵的记忆。

(三)培养独立与自信的种子

趣野教育不仅仅是一场简单的游戏,它更像是一次心灵的探险,一次成长的历练。在自然的怀抱中,孩子们被赋予了前所未有的自由与空间,去探索、去发现、去体验。他们学会了如何面对那些看似不可逾越的困难与挑战,每一次勇敢的攀爬、每一次毫不畏惧的跳跃，都是对自我极限的一次突破（图 2-2-1）。

图 2-2-1 每一次攀登跳跃都是对自我的突破

如在一次户外混龄游戏中，幼儿园增设了跑酷游戏器械。孩子们都十分好奇，纷纷想要尝试。其中不乏两个比较陡的坡和高高的跳板。面对这样的挑战，有的孩子起初显得犹豫不决，但看到同伴们一个个勇敢地迈出步伐，他们的内心也被点燃了。也许个别孩子起初因为害怕而不敢尝试攀爬那块看似又陡又高的斜坡，但在老师和同伴们的鼓励下，他鼓起勇气，小心翼翼地找到了一个稳定的支点，一步步地向上攀登。虽然过程中几次差点滑倒，但他总是能迅速调整姿势，重新站稳脚跟。当他终于成功挑战自我时，那份成就感和自豪感，让他瞬间明白了什么是真正的独立与自信。

这样的经历，不仅仅是一次身体上的挑战，更是孩子们心灵深处的一次蜕变。他们开始明白，面对困难时，逃避不是解决问题的办法，只有勇敢地面对，才能找到出路。在这个过程中，孩子们逐渐培养了独立解决问题的能力，他们学会了如何在没有大人帮助的情况下，依靠自己的力量去克服困难。这种独立，不仅体现在身体上的自主，更体现在思维上的独立；他们开始学会独立思考、独立判断，不再盲目依赖他人。

而自信，则是这份独立精神的最直接体现。在趣野的童年里，孩子们学会了如何与自己对话，如何肯定自己的价值。他们开始懂得，每一次尝试，无论成功还是失败，都是一次宝贵的学习机会。正是这些经历，让他们在面对生活中的每一个挑战时，都能保持一颗平和而坚定的心。他们不再害怕失败，因为他们知道，失败只是成功路上的一个垫脚石，只要勇敢地跨过去，前方就是一片光明的未来。

总之，趣野教育，就像一颗种子，在孩子们的心田里生根发芽，滋养着他们独立与自信的幼苗，让他们在成长的道路上，更加坚定、更加自信地前行。

(四)感受自然与生命的魅力

在趣野的童年时光里,孩子们与自然建立了深厚的情感联系。他们在教师的组织下,围绕周边生活讨论确定要种植的内容,收集相应的种子,寻找并收集适合种植的工具,在生态种植区——野趣园里种植水稻、玉米、红薯等各类农作物;在菜园里种植青菜、生菜等常见蔬菜;在百草园里种植薄荷、紫苏、金不换、迷迭香、艾草等植物;还种植了睡莲、绣球花、菊花、向日葵、月季花、多肉等。他们亲手触摸泥土,感受大地的温暖;他们观察植物的生长,体验生命的奇迹;在各自的小天地里管理、观察、探究、记录,了解植物四季生长的规律,积累种植经验,感知植物与自然及人类生活之间的关系,体会劳动的艰辛,并产生尊重、珍惜劳动成果的积极情感(图 2-2-2)。

他们聆听风声和雨声,感受自然的韵律。春天,孩子们在艺术畅想区写生,描绘美好的世界;夏天,孩子们精心种植的植物开花了,他们剪下鲜花和树枝,缠绕成花环或插在花瓶里,进行户外游戏;秋天,他们将药草捆成一束,倒挂晾干,制作成永不凋谢的干花,以延续生命之美;冬天,孩子们将捡拾的树根、枯枝、落叶、石头等组合,制作成拼贴画,尝试用这些材料制作花草纸,捣烂后提取植物中的天然汁液制作颜料,进行户外写生,动手利用树枝、树叶、落花等制作插花等。

图 2-2-2　感受自然与生命的华丽乐章

再如,幼儿亲自种植的谷物、蔬菜、瓜果和花草等收获之后,教师鼓励幼儿利用这些健康、天然的食材在野炊区亲手制作各种美食。幼儿在讨论制作方法、清洗食材、加工食材、摆盘品尝等一系列过程中,发现食物的变化,掌握基本的操作技能,进一步丰富食物知识。例如,制作紫苏饼、番茄炒蛋、蔬果沙拉、艾叶糍粑、花草冻、秋梨膏、酸梅汤、果汁等。这些充满温度和情感的活动,不仅让幼儿体验生命成长的神奇,感受劳动的艰辛,珍惜收获的果实,还实现了生命与自然的和谐对接。这些经历让孩子们更加珍惜生命,更加热爱大自然。他们学会了尊重每一个生命体,也学会了如何与自然和谐共处(图 2-2-3)。

图 2-2-3 感受自然与生命的和谐对接

第三节 在幼儿园里一切可以更“美”

美,如同空气一般,无声无息却又无处不在,渗透在人们生活的每一个角落。美育,简而言之,便是利用那些美的事物来熏陶和教育人,使人在美的环境中得到成长与提升。思想界的巨匠卢梭曾深刻指出,自然之美是最为纯粹、最为天然的,它与人性之间有着天然的契合,堪称美的至高典范,更是孩子们应当去亲身感受和体验的宝贵财富。

在幼儿园这一片属于孩子们的天地里,美育的理念得到了淋漓尽致的体现。孩子们不仅通过各种自然物品来认识这个丰富多彩的自然世界,更在生活的点滴中去感悟美、学习美、创造美。他们或许会用稚嫩的小手拼搭出五彩斑斓的图案,或许会在老师的引导下欣赏一幅幅名画,又或许会在欢快的音乐声中翩翩起舞。这些活动不仅让孩子们在美的熏陶中快乐成长,更在他们幼小的心灵里播下了对美的热爱与追求的种子。

更为难能可贵的是,孩子们在这里不仅是美的接受者,更是美的传播者。他们将对美的热爱与创造力不断传递,使得幼儿园里的每一处都充满了美的气息。无论是教室的布置,还是课外活动,都能体现出孩子们对美的独到见解与无限创意。在这样的环境中,幼儿园真正成了一个美的殿堂,孩子们在这里自由地翱翔于美的世界,感受着美带来的无尽愉悦与成长。

一、美育赋予儿童全面的发展

从整体层面来看,践行美育意味着将审美教育、情操教育和心灵教育融入孩子们的日常生活和学习之中。这种教育方式不仅关注孩子们的知识和技能培养,更重视他们的情感发展、审美素养和创造力提升。美育通过艺术、音乐、舞蹈、戏剧等多种形式,为孩子们提供了一个展示自我、表达情感的舞台。在这个舞台上,孩子们可以自由发挥想象力，创造属于自己的艺术作品，从而体验到创造的乐趣和成就感。

美育还强调对自然和环境的欣赏与保护。通过户外活动、自然观察等方式，孩子们可以近距离接触大自然，感受其美丽与神奇。这种与自然的互动不仅培养了孩子们的环保意识，还让他们学会了尊重生命、珍惜资源。

因此，从整体层面看，幼儿园践行美育将为孩子们描绘出一个色彩斑斓、充满想象与创造的童年。这种教育方式不仅关注孩子的认知发展，更致力于培养他们的审美情感、创新精神和人文素养，为孩子的全面发展奠定坚实基础。

首先，幼儿园美育旨在通过绘画、音乐、舞蹈等丰富多彩的艺术活动，为孩子们构筑一个五彩斑斓的梦幻世界。在这些活动中，孩子们得以亲身参与，用稚嫩的小手描绘出心中的色彩，用纯真的嗓音唱出对世界的热爱，用欢快的舞步跳出生命的活力。这些活动不仅让孩子们感受到艺术的无穷魅力，更为他们打开了一扇通往美的世界的大门。

以绘画活动为例，孩子们在教师的引导下，拿起画笔，蘸取颜料，在画纸上自由挥洒。他们画出了滑梯、小溪、蓝天、白云、绿树、红花，也画出了自己心中的梦想和期望。每一幅画都是孩子们内心世界的真实写照，也是他们对美的独特理解和追求。在这样的绘画活动中，孩子们不仅学会了如何运用色彩和线条来表现美，更在艺术的熏陶下，逐渐培养起了对美的敏感性和鉴赏力。

其次，美育在幼儿园中的实践始终强调孩子们的自主性和创造性。在各种艺术活动中，孩子们被鼓励勇敢地表达自己的想法和情感，发挥天马行空的想象力和创造力，创作出独一无二的艺术作品。这种自由、开放的教育方式，极大地激发了孩子们的创新精神和实践能力。

以玉成幼儿园木工坊的木工活动为例，不难发现，对于幼儿而言，木头似乎拥有一种难以抗拒的天然魅力。这种吸引力或许源于木头的质朴与多变，其独特的质地、千奇百怪的形状以及那自然流露的色泽，仿佛蕴藏着无尽的故事与奥秘，静待孩子们去探寻。每当幼儿们的小手触摸到这些木头时，他们的眼中总会闪现出好奇与渴望的光芒，仿佛在这一刻，孩了们的内心世界与大自然的馈赠产生了奇妙的共鸣。

在木工坊里，孩子们常常沉浸于自己的想象中，将一块块原本毫无生命的木头，变成形态各异的玩具、栩栩如生的模型，甚至是充满艺术感的作品。在这个创作过程中，他们不仅学会了如何运用手中的工具，更学会了如何思考和规划。每一次的拼接与搭建，都是对孩子们手眼协调能力与空间想象力的极大挑战，同时也是对他们耐心与专注力的不断磨炼。

木头，这种看似普通却充满无限可能的材料，为孩子们提供了--片广阔的创造天地。在这里，他们可以自由地挥洒自己的想象与创意，将内心的世界通过双手真实地呈现出来。更重要的是，通过与木头的亲密接触，孩子们开始逐渐认识到这种材料的来源——那些屹立在大自然中的参天大树。这样的认识，让他们在欣赏自己作品的同时，也学会了珍惜与感恩，懂得了每一块木头背后所蕴含的生命与价值。这种对大自然的热爱与敬畏之心，也将在他们成长的道路上，化作一股守护自然、爱护环境的坚定力量。

例如，在音乐活动中，孩子们可以自由选择乐器，即兴创作属于自己的音乐旋律。他们或许并不懂得复杂的乐理知识，但他们的音乐却充满了童真与创意。在这样的音乐创作中，孩子们不仅体验到了音乐的乐趣，更在无形中培养了自己的创新能力和实践能力。这些能力将伴随他们成长，为他们的未来发展注入源源不断的动力。

此外，幼儿园美育还致力于培养孩子们的人文素养。通过让孩子们接触和了解不同民族、不同地区的艺术文化，如非洲的鼓乐、欧洲的古典音乐、中国的水墨画和醒狮文化等，他们开始学会尊重并理解多元文化的独特价值。这种跨文化的学习体验，不仅拓宽了孩子们的视野，更培养了他们开放、包容的心态（图 2-3-1）。

例如，在一次以“世界各国的传统节日”为主题的美育活动中，孩子们通过查阅资料、制作手工艺品、表演节目等方式，深入了解了不同国家的文化习俗。他们在感受异域风情的同时，也学会了以欣赏的眼光去看待不同的文化现象。这种人文素养的提升，无疑将有助于孩子们在未来更好地融入社会，成为具有全球视野的优秀公民。因此，在幼儿园践行美育，为孩子们打造了一个充满艺术气息、富有创造力和饱含人文素养的童年。这样的童年不仅让孩子们在快乐中成长，更为他们的未来发展奠定了坚实的基础。

图 2-3-1 孙文文园长与幼儿参观玉律醒狮文化馆

二、美育赋予儿童更美的环境

从幼教层面来看，践行美育意味着为孩子们精心营造一个充满爱与美的成长环境。在这个关键的成长阶段，幼儿园作为孩子们接触的第一个小社会，其教育环境无疑对孩子们的成长轨迹产生深远且重要的影响。因此，幼儿园在美育实践过程中，必须高度重视并致力于营造一个温馨、和谐且富有艺术气息的氛围。

为了实现这一目标，幼教工作者们不仅倾注了无数心血，还通过精心策划与设计的活动，以及细致入微的环境布置，引导孩子们感受美、欣赏美，并进一步激发他们的创造力。例如，在教室内，色彩鲜艳的玩具、生动有趣的图画以及各式各样的装饰品被巧妙地摆放，这些元素不仅为孩子们营造了一个视觉上极具吸引力的空间，更让他们在日常生活中不断受到美的享受与熏陶。

除了视觉上的精心布置，幼教工作者们还通过播放优美的音乐和歌曲，让孩子们在听觉上也能感受到美的存在。这些音乐与歌曲往往旋律优美、节奏明快，既能够吸引孩子们的注意力，又能够让他们在聆听的过程中逐渐培养出对音乐的热爱与鉴赏能力。

当然，美育的实践并不仅仅局限于视觉与听觉的层面。为了让孩子们能够更深入地体验创造的乐趣，幼教工作者们定期组织绘画、手工、舞蹈等丰富多彩的活动。在这些活动中，孩子们可以亲手拿起画笔、剪刀、纸张以及各种自然材料，发挥自己的想象力与创造力，创作出属于自己的艺术作品。这种亲身参与的过程不仅让孩子们感受到艺术创作的魅力，更让他们在实践中不断提升自己的审美素养与创造力。

玉成幼儿园在美育实践方面取得了显著成效。为了营造一个与自然环境相协调的室内氛围，玉成幼儿园的整体班级教室环境以原木色为主色调，辅以浅色系进行搭配。这种色调的选择不仅展现了自然元素之美，更让孩子们在身处其中时，感受到大自然的温馨与和谐。

值得一提的是，玉成幼儿园在环境布置上巧妙地融入了本土资源和园所特色。树枝、树叶、鹅卵石、竹编、稻草以及干花等自然素材，在玉成幼教工作者们的巧手装扮下，变成了幼儿进行自然探究和艺术创作的重要工具。这些自然物不仅让孩子们感受到大自然的神奇与魅力，还满足了他们探索自然的浓厚兴趣。在与这些自然物的互动中，孩子们逐渐建立起与大自然的深厚情感，从而更加珍惜与热爱我们赖以生存的这个美好世界。

在户外环境的规划上，玉成幼儿园同样不遗余力。他们充分考虑了儿童的视角和需求，将游戏性与教育性完美结合。野趣园、材料之家、木育童年木工坊、玉成小食光以及璞玉农场等多个功能区的创建，不仅为孩子们提供了丰富的活动选择，更让他们在玩耍中不断成长，收获快乐。

除了在环境布置上用心良苦，玉成幼儿园的幼教工作者们还非常注重培养孩子们的审美素养和创造力。他们鼓励孩子们大胆表达自己的想法和感受，使用各种工具和材料创作属于自己的艺术作品。在这个过程中，孩子们学会了欣赏美、创造美，更重要的是，他们在艺术的殿堂里找到了自己的位置，实现了自我价值。这种对自我价值的肯定与认同，不仅让孩子们变得更加自信与独立，更为他们未来的发展奠定了坚实的基础。

综上所述，从幼教层面践行美育是一项意义深远且充满挑战的任务。它要求幼教工作者不仅要具备高度的专业素养与教育情怀，更要在实践中不断探索与创新，为孩子们营造一个真正充满爱与美的成长环境。而玉成幼儿园的成功实践无疑为大家提供了一个宝贵的借鉴与参考，让更多幼教工作者更加坚定地相信，只要用心去做，美育之花定会在每一个孩子的心中绽放出最绚烂的光彩。

三、美育赋予童年的斑斓色彩

美育，即审美教育，是培养人们认识美、爱好美和创造美能力的教育，也是培养全面发展人才的重要一环。美育涵盖了认识美、爱好美和创造美的教育形式，是幼儿走向全面发展的不可或缺的部分。在童年时期，美育的作用尤为重要，它能够赋予孩子们斑斓的色彩，让他们的生活更加丰富多彩。

幼儿园必须认识到美育对孩子们想象力和创造力的巨大推动作用。当孩子们沉浸在绘画、音乐、舞蹈等艺术作品的欣赏与创作中时，他们的内心被各种美的元素所触动，进而激发出无尽的想象和创新。这种在艺术领域内的想象力和创造力，不仅能够帮助他们在艺术的殿堂里自由翱翔，更能够助力他们在未来的人生道路和其他学习领域中实现突破和创新。

玉成幼儿园深知美育的重要性，因此在日常教育中巧妙地融入了各种美育元素。在户外活动时，幼儿园精心设置了材料之家、陶泥创作区、自然泥巴区以及野趣园等多功能区域，为孩子们提供了一个又一个亲身感受艺术、创造艺术的实践场所。孩子们在这些区域内可以自由选择自然材料，如树叶、石头、泥土等，创作出属于他们自己的艺术品。这样的教育方式不仅让孩子们充分感受到艺术带来的精神滋养，更在无形中培养了他们的创新思维和实践能力。

玉成幼儿园还巧妙地借助各种节日活动来实施美育。在每一个节日来临之际，幼儿园都会组织丰富多彩的美育活动，让孩子们在欢乐的氛围中感受美、创造美。例如，在确定节日艺术创作主题后，孩子们可以自由进行团队讨论，选择自己喜欢的创作材料和方式，以小组合作的形式完成节日展示作品。这样的活动不仅锻炼了孩子们的团队协作能力，还让他们在艺术的海洋中畅游，感受美的熏陶。

美育的另一大重要作用是显著提升孩子们的审美能力和审美情趣。在玉成幼儿园的美育课程中，这一点得到了充分体现。通过深入的美育熏陶，孩子们逐渐学会了如何细致地欣赏艺术作品，掌握了评价这些作品的方法与技巧。更重要的是，他们在这一过程中逐渐形成了自己独特的审美标准和情趣。

为了进一步提升孩子们的审美素养和鉴赏能力，玉成幼儿园每年都会定期举办美育节活动。在这个盛大的节日里，孩子们可以通过绘画展览、手工展览以及艺术表演等形式展示自己的作品和才华。这不仅增强了他们的自信心和成就感，还让他们在欣赏他人作品的过程中提升了自己的审美水平。同时，这样的活动也为家长们提供了一个了解幼儿园美育教育成果的窗口，促进了家园之间的紧密合作。

除此之外，玉成幼儿园还定期开设各类艺术工作坊，让孩子们有机会亲身体验艺术创作的乐趣。在陶艺工作坊中，孩子们在专业教师的指导下亲手揉捏陶土、塑造作品。无论是简单的小碗还是复杂的花瓶，都凝聚了他们的心血与创意。这样的实践活动不仅让孩子们感受到了艺术创作的魅力，还在实践中锻炼了自己的动手能力和创新思维。

随着孩子们审美能力的提升，他们开始更加敏锐地捕捉到生活中的各种美。无论是大自然的壮丽景色，还是日常生活中的点滴细节，都能引发他们的赞叹和欣赏。这种对美的感知与欣赏，不仅让他们的生活变得更加丰富多彩，也提升了他们的生活品质。

但美育的价值远不止于此，它更是一种精神上的滋养和满足。当孩子们在欣赏一幅美丽的画作或聆听一首动人的乐曲时，那种由内而外的愉悦与满足是任何物质都无法替代的。这种幸福感将伴随他们走过人生的每一个阶段，成为他们宝贵的精神财富。

同时，美育也在悄无声息中促进着孩子们的身心健康和全面发展。在美育的过程中，孩子们通过运用各种感官去感受和体验美，进而促进了他们的感官发展和协调能力。当孩子们在欣赏和创造美的过程中获得愉悦感和成就感时，他们的自信心和积极心态也随之增强。这种积极向上的态度，不仅有助于他们在艺术领域取得更好的成绩，更能助力他们在人生的道路上勇往直前。

值得一提的是，美育活动本身就是一种文化活动，它承载着传承和弘扬文化的重任。在玉成幼儿园中，这种文化的传承和弘扬得到了充分的体现。该幼儿园结合传统节庆，开展丰富多彩的美育活动，让孩子们在创造中激发审美体验的同时，也感受到传统文化的深厚底蕴。比如，在中秋节期间，孩子们可以参与汉服秀、手工灯笼制作等活动；在端午节时，则可以自制香包、编织五彩绳等。这些活动不仅锻炼了孩子们的动手能力，更让他们在欢乐的氛围中感受到传统文化的独特魅力。

在节日来临之际，幼儿园还结合母亲节、父亲节、重阳节等节日开展了一系列感恩活动。通过家园共育的方式，让孩子们对家里的父母和亲人实施感恩行动，例如制作贺卡送给爷爷奶奶、帮助父母做家务等。这样的活动不仅锻炼了孩子们的语言表达能力，更激发了他们的感恩之心，从而树立起真善美的人性光辉。这种对传统文化的传承和对人性真善美的弘扬，正是美育的深层价值所在。

总之，美育在童年时期具有非常重要的作用。它能够激发孩子们的想象力和创造力，提升他们的审美能力和审美情趣，促进他们的身心健康与全面发展。因此，幼教工作者应该重视美育在童年教育中的地位，为孩子们提供更多的美育机会和资源，让他们在斑斓的色彩中快乐成长。

第三章　让幼儿园更趣更野更美的路径

第一节　幼儿园更趣更野更美的思考

一、国内幼儿园环境创设中缺失的“趣野美”

在人类发展进程的千百万年历史中，人类起源于自然，在自然中成长，也在自然中挖掘野趣，感知美好。因此，自然环境作为师生学习和发展的重要资源，具有不可或缺的价值。自然环境中的“趣、野、美”之间存在着密不可分的内在联系。然而，伴随着近一个世纪以来社会的发展和城市化进程的快速推进，人们的生活水平不断提高，社会的变迁导致了我国原有居住模式的转变与更替。在这个过程中，越来越多的人在以牺牲自然环境为代价的情况下，主动或被动地迁移至人口密集的城镇，开始全新的生活方式。因此，当身边的自然资源大面积消失，虫鸣鸟叫、流水潺潺逐渐从幼儿成长的环境中“缺失”时，与自然为伴的童年已成为当今社会发展的奢侈品。人们也逐渐意识到“趣、野、美”的缺失对幼儿的成长会造成何等严重的后果。当幼儿园环境文化的打造中缺失“趣、野、美”的体现时，这些缺失往往源于对幼儿安全、教育目标、审美及儿童参与度等层面的过度解读或忽视。

（一）幼儿园环境缺失“趣”的体现

梁启超先生在《美术与生活》一文中指出：“趣是生命能量的富有，是生活的朝气与灵机。”“趣”指的是兴趣、趣味和情趣，而针对幼儿的趣味，更多的是侧重于幼儿天真童趣的表达，是幼儿对某事物或活动所产生的、带有儿童年龄阶段发展特点和积极情感色彩的倾向与表征。如果幼儿园环境创设中缺失“趣”，便会有以下的直观表现。

1. 环境设计缺乏互动性

具有趣味性的环境设计在幼儿园公共空间的可持续发展中发挥着举足轻重的作用。通过强调趣味的互动，增强幼儿与环境的自然联系，使环境变得生动、富有生命力且充满童趣。如果环境设计过于静态，就会缺乏能够激发幼儿好奇心和探索欲的互动元素。例如，墙面装饰如果仅作为展示，过分强调展示结果，过于注重单一的美感，就会固化墙面的再生性和互动性，导致墙面缺乏持续发展的生命力。如果教师未能充分留白，幼儿就无法直接参与或操作，从而使环境缺乏趣味性。

2. 环境材料缺乏童趣性

皮亚杰提出“儿童的智慧源于材料”，而环境材料更是为幼儿的成长探究提供了潜移默化的硬件支持。在城市化进程中的幼儿园，由于园所运营资金相对充裕、采购途径相对便利等先天优势，环境材料的投放往往过多依赖高结构材料或设计感高级、材料考究的成品材料。这些材料虽然可以彰显园所定位和办园品质，但同时也存在一定的局限性。一是环境材料的投放可能过于固化，材料商业气息过重，缺乏生命的张力与儿童独特的童趣，导致幼儿较难与环境材料保持长久有效的互动，进而限制了幼儿的想象力和创造力。二是环境材料的再生力过于依赖成人。环境材料的投放，常常以教师为主导，缺乏儿童视角的创新与变化。因此，难以从材料本身出发，吸引幼儿的注意和兴趣，无法体现以儿童为本的教育理念。

（二）幼儿园环境缺失"野趣"的体现

我国的城市化发展历程，在经历过一次起点较低、发展速度较快的城市化发展阶段后，已迈入城市化蝶变的后半阶段。

截至2021年底数据显示，我国常住人口城镇化率达到64.72%，城镇人口由1978年的1.7亿人上升至9.1亿人。在开启全面建设社会主义现代化国家的新征程之际，我国城市化发展同样面临着更加紧迫的提质升级要求，而教育作为城市化发展的重要配套设施，其发展趋势同样备受关注。然而近年来，由于过度城市化的发展，城市资源与自然环境的承载力已近极限，土地城市化的速度快于人口城镇化的速度，耕地减少过快、环境污染、资源浪费等问题日益凸显。这些问题导致幼儿园的硬件环境同样受到影响，首先面临的问题是自然环境的急速"退位"。城市人口密集，土地资源稀缺，地价成本较高，导致幼儿园的占地面积普遍较小，户外活动场地相对缺乏。在园所环境设计的源头上，普遍偏向于园所外观的创设，设计上凸显精致、华丽和现代感，导致幼儿园的设计风格单一，从而使幼儿园缺失了"野性"，具体表现如下。

1. 缺乏自然元素

"野"原意是指一种不受约束、自由奔放的行为或情感的外在表达方式，通常被理解为原始的自然本能。然而，幼儿园中"野性"的表达并不意味着生命的无知或未开化。实际上，许多"野性"的生活方式或行为方式都蕴含了对生命的深刻智慧和深度洞察。它们是人类与自然环境长期互动的结果，是人类与自然环境紧密相连的生活方式。在心理学中，野性可以被视为一种自由、强大、原始的本能状态。幼儿成长过程中"野"的价值取向，强调真实、自由、纯真以及旺盛、勃发的生命力。然而近年来，由于主流媒体对幼儿园硬件设计的过分渲染，导致幼儿园大量缺失"野性"。具体表现为幼儿园环境设计过分追求人为定义的华丽与高档、整洁与秩序。尤其是城镇地区的园所缺乏真实的自然场域、自然材料和植被，使得幼儿生活在钢筋水泥浇筑的环境中，难以接触到真实的自然世界，进而影响了他们对自然的感知和亲近。

2. 限制户外活动

在经济发展和城市化进程中，人们的生育成本和孩子的养育成本显著提高。人们对培养"高素质孩子"的需求增加，在低生育率持续的大环境下，孩子无疑是全社会最宝贵、最显著的财富。社会与家庭对幼儿的安全教育给予了高度关注，但部分家长对安全及风险的评估存在一定的偏差，致使大部分幼儿从小就生活在成人的娇宠中，集万千宠爱于一身，缺乏独立性，缺少自我保护的意识和能力。在幼儿阶段，孩子正处于身体发育、知识增长的关键时期，他们爱玩、好动、好奇、爱冒险的特点表现得尤为明显。在活动中，他们难免要奔跑、跳跃、钻爬、攀登等，偏爱具有一定挑战性和风险性的游戏。由于其年龄特点的特殊性，他们往往会忽视自身的安全。当面临危险时，幼儿又缺乏自我保护的能力。这就导致老师在组织开展户外活动时顾虑重重，活动区域也因安全因素的考虑，加入了过多的人工干预，从而失去了野趣感及挑战性。幼儿无法充分体验户外探险的乐趣，也难以培养对自然的敬畏心及自我保护意识。

3. 忽视生态教育

生态与野趣之间存在着密不可分的关系。当幼儿园课程中缺乏生态教育内容时，幼儿的生态认知就会出现断层，他们就没有机会通过亲身观察、种植、饲养等活动，去了解自然界中生命循环的奥秘，进而无法形成对自然生态系统的整体认知。

（三）幼儿园环境缺失"美"的体现

幼儿园作为幼儿离开家庭后接触的第一个社会场所，其优美的环境能够为幼儿的身心发展提供保障。一个经过精心打造、美观的教学环境，不仅能够为幼儿带来美的感官享受，还能够在潜移默化中激发幼儿的探究热情，培养他们的审美能力，同时也有利于培养幼儿乐观自信的生活态度。美作为一个宏观的概念，如果幼儿园环境创设中缺乏"美"的体现，具体会有以下表现。

1. 忽视幼儿的主体性地位

当今社会中，幼儿园的环境创设往往由成人主导，基于成人审美视角下的"美"的呈现。在过程及结果中，夹杂着大量成人的审美观念，因此在环境中美的样态相对单一，美的概念也趋向于窄化。幼儿作为幼儿园环境的主人，其需求和参与在环境创设的源头上却常常被忽视。这种环境可能不符合幼儿的审美和兴趣，同时也剥夺了幼儿参与环境创设的权利。二者在源头上割裂，这对幼儿的发展是不利的。

2. 缺乏整体布局与设计感

当今幼儿园的设计往往存在设计与实际落地之间较大的偏差。具体表现为设计团队对学前教育的认知存在偏差，对幼儿园真正需要呈现的美好样态存在一定的误解或局限，导致设计的顶层理念无法适配与落地。在设计中缺乏整体的布局与思考，无法形成一套完整的美学体系，因此常常出现"买家秀与卖家秀"般的笑话。例如，审美标准成人化，环境装饰过于追求成人视角下的美观与质感，往往忽略了儿童的审美偏好和感受。在色彩搭配、图案设计等方面，也未能充分考虑儿童的视觉和心理特点，或者过度解读儿童的审美，导致设计过于幼稚和直白。

3. 忽视专业美育的理论依托

在幼儿园的设计中，需要对整个三维空间进行全面把控，其中包括造型、色彩、主题、材质等元素的统一规划，使各个元素形成有机整体，达到美观和谐、童趣盎然的效果。传统幼儿园环境设计往往聚焦于局部，例如颜色、材料、某一设计元素等，在过程中缺乏专业美育的理论依托，忽视园所整体性的塑造。这样会造成环境杂乱无章、不和谐、缺乏呼应，带来的视觉效果显得杂乱零碎。

4. 过度注重装饰而忽视留白

许多幼儿园在环境创设上对美的认知存在偏差。例如，过于注重空间的装饰性，导致空间设计过于饱满，人为创设的痕迹过多，而忽视了环境中留白与空间虚实结合的重要性，使得设计缺乏节奏感。虽然过于饱满的环境在短时间内可能看起来美观丰盈，并具备强烈的视觉冲击力，但由于缺少留白，未能为幼儿留下创作的空间。因此，这类空间的创设对幼儿的成长和发展并没有实质性的帮助，无法激发幼儿持续与空间产生互动的欲望，还容易导致视觉疲劳。

5. 缺乏多元美育的沉浸体验

美是多元样态的组合，但幼儿园在美育资源的挖掘上未能营造出多元文化渗透的独特文化氛围，无法让幼儿在环境中感受到多元文化的魅力和价值。例如，环境的设计与材料的投放均缺乏与地域文化、民族文化相关的元素和符号的展示与解读，导致幼儿无法在日常环境中感受到美的熏陶和启迪。

二、带着发现的眼睛和感受的心灵去挖掘资源

（一）国家美育发展背景及政策贯彻落实

伴随着中央关于进一步加强美育的文件的发布，我国首个美育研究报告《中国美育发展研究报告（2020-2022）》也正式发布。该报告全面呈现了我国各地政府和学校美育工作的进展，深入剖析了美育工作的热点和难点问题，并总结列举了近年来基层美育创新实践的成就和经验，为我国美育事业的持续发展提供了有价值的借鉴和指导。围绕《关于全面加强和改进新时代学校美育工作的意见》中提出的“构建大中小幼相衔接的美育课程体系”，各地正积极推进跨学段学校艺术项目“一条龙”建设，以促进艺术教育特色项目的一体化培养有序衔接。文件还进一步强调了在各年龄段教育中推进美育工作的重要性，并对加强和改进美育教育的实施路径以及实现五育融合进行了全面部署。

教育部 2023 年 12 月发出了《关于全面实施学校美育浸润行动的通知》的文件。文件中明确提出将美育融入教学活动的各个环节，做到以美育浸润学生、教师与学校。在《坚持以美育人、以文化人——推动青少年全面发展》的文件中指出，美育不仅是审美教育，更是情操教育和心灵教育，对于立德树人具有不可替代的作用。习近平总书记强调，要全面加强和改进学校美育，坚持以美育人、以文化人，提高学生的审美和人文素养。落实这一重要要求，就必须下大力气改进美育工作，将其作为推动学校美育高质量发展的基础环节。

在省、市级层面，许多地方政府也意识到了生态美育的重要性，并采取了一系列措施来促进幼儿园在生态教育基础上美育教育模式的多样化探索。2022 年深圳两会期间，提出了深圳打造“美育之城”的构想。深圳市政协中国民主促进会界别委员刘致良在《关于以“国家推进校园美育”为契机，着力打造深圳全员美育观的提案》中，也强调

了美育的重要性：校园环境应该立足于一个“美”字，以美感人，以美启智，以美育人，让学生们处处感受美、享受美。纵观国家、省、市制定的相关政策和指导文件，这些举措为基于生态教育理念的幼儿园美育教育模式研究提供了良好的政策支持和资源保障。

（二）光明生态文明优势，深入挖掘区域特色

光明区作为深圳市的一个城市发展示范区，将生态文明建设与打造世界一流科学城和深圳北部中心的发展定位深度融合，走出了一条"科技·生态·幸福"生态文明建设的特色之路。区域内以生态环境保护和可持续发展为重点，为补充园所野趣提供了足够的硬件支持。而光明区2021年制定的《光明区学校美育发展三年行动计划（2021—2023年）》中提出，进一步强化学校美育育人功能，打造"美好美育"，为深圳建设"美育之城"贡献光明力量。光明区鼓励学校办出美育特色，实现"一校一品"，争取"一校多品"。区域内软硬实力兼备，为开展基于生态教育理念的幼儿园美育教育模式研究提供了得天独厚的条件。通过充分利用区域内的自然景观、公园和绿地等资源，可以打造具有生态特色的幼儿园环境，并开展相关美育教育活动，二者有机融合，促进幼儿向着更富童趣、更具野趣、更显美趣的目标全面发展（图3-1-1）。

图3-1-1　深圳市光明区生态文明建设路径

（三）园所地域校社资源，借力彰显园本特色

玉成幼儿园所在的玉律社区总面积为10.406平方千米，以其丰富多样的人文自然资源而著称。作为一个有着八百年历史的岭南古村落，玉律社区蕴藏着深厚的文化底蕴，如玉律醒狮、德贵曾公祠、弼君公家塾等，都是玉律社区历经百年沉淀的文化财富。社区家长群体以务工者为主，学历层次参差不齐，对于子女教育的关注重点也不尽相同。目前仍有小部分家长偏重于幼儿知识技能的学习，过分注重结果，缺乏正确的教育引导和支持，对于美育教育的培养意识也较为淡薄。这种“缺失”恰好形成了突破口，因此，以促进教育公平为核心，以幼儿全面发展为基础，便成了我们追求特色发展的突破口。

图 3-1-2　深圳市光明区玉律社区文化特色资源

在玉律学校一体化管理下,玉成幼儿园完成了玉文化的浸润与协同,园所发展与玉律学校的"美玉"文化一脉相承,并从"美玉"文化中凝练出"璞玉"文化,因此在生态美育教育资源上能够最大化地合理利用。园所户外面积达 3 312.11 平方米,基于场地开阔的先天优势,深耕研习自然生态美育的多种样态。园内教师团队结构完善,教学团队本科率达到 100%,设有教研员 2 名,学前教育专业教师 2 名;全日制本科及以上艺术背景教师 5 名,专业涵盖艺术设计、影视编导、舞蹈教育、服装设计等美育领域,具备较强的课程开发能力。团队尤为擅长宣传工作,由教师原创拍摄剪辑的《当深圳被按下慢行键》《我的慢慢老师》《从小璞玉到小美玉》等作品在深圳第一现场、深圳教育、光明融媒等平台转载。其中,《我的慢慢老师》被学习强国平台转载,《我们的幼儿园》案例视频获广东省学前教育宣传月首轮展播。2020 年,荣获第七届深圳教育改革创新大奖——年度最受家长欢迎幼儿园;2021 年,入围深圳市"家门口优质园"培育名单;2022 年,获光明区生态文明特色幼儿园称号;2024 年,《名校办园幼小衔接一体化管理的实践探索》项目获第九届深圳教育改革创新大奖"教育高质量发展示范项目年度奖",幼小衔接案例《美美与共 双向共融》入围广东省教育厅幼小衔接活动方案优秀案例(图 3-1-2)。

三、幼儿园更趣、更野、更美,玉成在行动

虞永平教授在《幼儿园教育环境创设与利用的问题与思路》一文中阐述了创设环境的意义:幼儿是在行动中学习的,是在与周围环境的互动中不断发展的。幼儿生长发育过程中的需求和满足依赖于适宜的环境,因此,创设幼儿园环境必须坚持以幼儿需求为中心的立场,使环境真正成为满足幼儿成长需求的场所。

第二节　幼儿园室内环境"趣野美"的呈现

幼儿园作为幼儿生活、学习、游戏等活动的重要场所,是培养儿童拥有健康完整人格、良好行为习惯以及与自然和社会进行初步联系的早期教育机构。其中,环境作为重要的教育资源,幼儿园的环境是幼儿身心发展所必须具备的一切物质条件与精神条件

的总和。精心创设的教学环境,有助于幼儿的知识建构和生活经验的获取,有利于培养幼儿的观察能力、思维能力、审美能力和创造能力。

玉成幼儿园的室内环境创设遵循室内外环境一体化的理念,从源头上突破传统的设计观念,融入了自然生态和科技现代的教育意识,旨在为幼儿的生活和学习营造一个美观、优雅且具生态园林特色的环境。园内根据教育功能划分了多个功能区和户外活动区域,这些区域的设置充分体现了科学性、儿童性、趣味性和教育性。其中,室内环境作为幼儿学习生活的主要场所,在设计及实施过程中,也充分遵循了"趣野美"的原则。

一、在幼儿园最美的空间还原孩子最爱的美工区

《幼儿园工作规程》中对幼儿园环境营造提出了明确要求:"幼儿园应当将环境作为重要的教育资源,合理利用室内外环境,创设开放的、多样的区域活动空间,提供适合幼儿年龄特点的丰富玩具、操作材料和幼儿读物,支持幼儿自主选择和主动学习,激发幼儿学习的兴趣与探究的愿望。"同时,《幼儿园保育教育质量评估指南》也将"环境创设"列为重点评价内容,明确要求对幼儿园的教育环境进行有目的、有计划的创设,使其更符合幼儿身心成长的特点,能够为幼儿的身心发育奠定坚实的基础,并对幼儿的终身发展产生深远的影响,从而推动幼儿园积极创设丰富多样、富有童趣、利于支持幼儿学习、生活和探究的教育环境。

幼儿园美工区作为幼儿园最美的"主场",其设计的顶层思考除了最大化地遵循"童年之趣、淳朴之野、自然之美"的原则外,还强调了美这一核心元素。以玉成幼儿园美工区的打造为例,美术室作为幼儿开展美术活动的重要阵地,其环境创设从提升四维空间的利用率入手,从平面视觉到立体视觉,从地面设计到墙面乃至天花板,都进行了合理的空间改造。墙面划分为四大区域,灵感来源于古今中外艺术家享誉国际的作品,如蒙德里安的格子画、各大画家最著名的肖像作品、我国著名画家吴冠中先生的水乡系列作品及我国传统书法作品。园所将大师们最具代表性的艺术作品进行了童趣化的演绎与改造,为幼儿再现了大师们的辉煌时代(图 3-2-1)。

改造后的美术室设计在视觉上更具趣味性,更符合 3~6 岁幼儿的发展特点,色彩搭配考究,视觉冲击力较强。设计改造所用的材料来源于生活中常见的物品,如废旧玩具零部件、服装辅料、瓶瓶罐罐等。这些材料经济适宜,便于园所收集和再次利用。

玉成幼儿园的室内美术室环境创设,充分考虑了趣味性、材料的多元性以及教育环境的诱导性。园方从古今中外不同时期艺术大师们最具代表性的作品中获取灵感,对美术室进行了设计与功能上的划分。

(一)低结构材料描绘多彩童年

灵感来源于蒙德里安经典的三原色格子系列作品,从桌面、墙面到天花板进行三维改造。由远及近,由高到低,全方位营造包裹性的视觉空间。桌面上,通过多重且丰富的三原色材料,进行立体构成的再次重组,层次错落有致,形态多样动人。墙面作为立面的展示空间,在视觉上具有最大化的展示效果。因此,以蒙德里安最经典的格子画为

灵感,结合低结构材料进行再创作。材料上选择了大量低结构材料,例如废旧的玩具零部件、生活中的瓶盖纸片、毛线编织物等。从色彩属性上进行划分,再针对色彩的大小比例,进行材料的填充。排列上引用了平面构成中点、线、面、体的概念,强调了比例、律动、平衡、对比、推移等手法,色彩鲜明,画面效果强烈,具有较强的视觉冲击力。而空中部分同样沿用了蒙德里安作品经典的三原色,运用大量同色系的蓝色酒瓶作为基底,用鱼丝线制造出层次,再选用 KT 板进行不同形态花卉的抽象裁剪,结合高饱和度的三原色,视觉冲击力极强。整体区域从平面、立面到空中,多维度地营造了摩登现代的美学空间(图 3-2-2)。

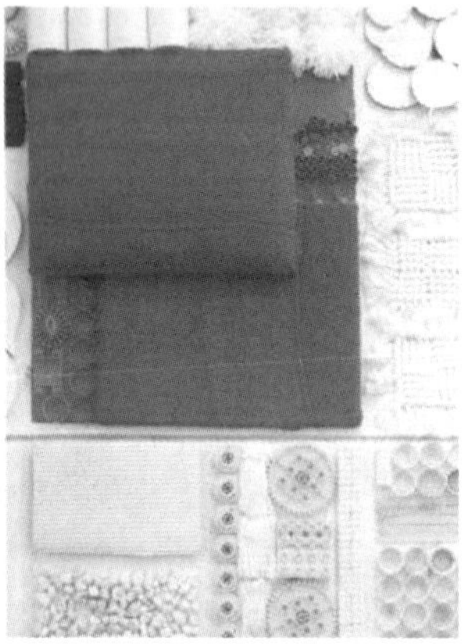

图 3-2-1　低结构材料的艺术表现

图 3-2-2　色彩与低结构材料的碰撞

(二)点线面奏响童趣乐章

肖像画作为绘画种类中必不可少的一个类别,为幼儿建立了多元的审美窗口。而西方绘画大师们笔下传统的肖像画,一般都是基于写实主义流派创作,审美取向趋向于还原被画者当下的真实状态,却往往缺乏童趣。因此,该区域灵感来源于国外艺术大师们各阶段最著名的肖像作品,例如《蒙娜丽莎的微笑》《戴珍珠耳环的少女》《抱银鼠的女子》等。通过将国外艺术大师们的经典代表作进行童趣化、扁平化的解读,在色彩上统一使用莫兰迪的高级灰色系,颜色雅致温馨,画面和谐,画风舒爽。而橘色系的波点灵感则来源于日本艺术家草间弥生,将立体的橘色球状波点与平面的圆点和半立体的圆点相结合,使画面具有了呼吸感和节奏感,视觉上更富有顿挫感,增添了童趣和故事性(图 3-2-3,图 3-2-4)。

图 3-2-3　肖像名画的别样解读

图 3-2-4　富有童趣和故事性的美工区

（三）从中华美育中汲取力量

灵感来源于我国著名艺术家吴冠中先生。吴冠中的作品最能打动观众的，是画面中蕴含的情感，这源于他对这片中华大地的热爱和深厚的情感。墙面区域选用了吴冠中先生经典的水墨作品《江南小镇》。通过对其作品的解析，我们感受到吴冠中先生对线条和形态的运用可谓出神入化，造型中透露出音乐感和节奏感，将点、线、面组合出独特的姿态，给人以耐人寻味的情趣。因此，在墙面的改造中，我们采用了大量纺织品元素，结合平面化的毛毡板对原本形态进行二次改造。利用毛毡板特有的材质属性，配合丙烯颜料，创作出模拟吴冠中先生笔触肌理的效果，将江南水乡的建筑作为基底进行排布。而水乡的植物则是吴冠中先生作品中的点睛之笔，设计上我们选择了毛线编织地毯的形式，通过缠绕、捆绑、穿插等手法，展现出层次分明的演绎和再现。色彩清新雅致，形态灵动鲜活，穿插于传统水墨的意象表达之中，使画面的节奏感更具起伏，画面感更为丰富（图 3-2-5）。

图 3-2-5　艺术根植于对中华大地的热爱与情感

邻近的美术活动区域则延续了纺织元素，为幼儿提供了丰富的纺织材料，例如毛线、纽扣、花边和各类面料。幼儿可以在这个区域进行面料改造、毛线编织、扎染、纽扣缝制以及传统刺绣等与服装设计相关的美育探索，为幼儿提供了多重创作选择的可能性（图 3-2-6）。

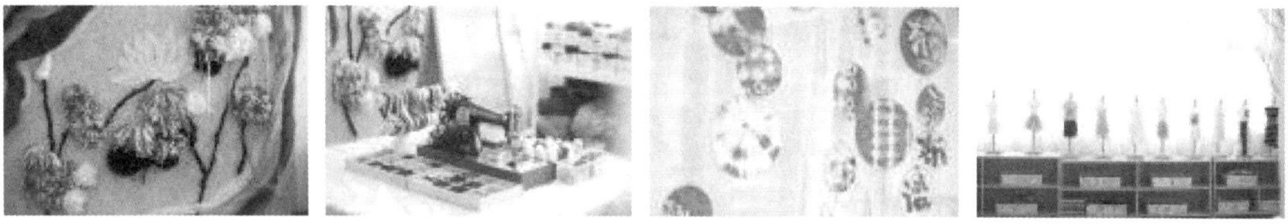

图 3-2-6　层次丰富的材料延伸出多元化的创作

（四）百家姓里的文化自信

灵感来源于中国历代著名的书法艺术家。书法作为中国传统的艺术形式，是在宣纸上通过毛笔的灵活多变运动，形成有意义的黑白构成。这是一种能够表现自我生活感受、映射个人学识、修养和个性的艺术行为。对于幼儿园阶段的孩子而言，无论是为了幼小衔接阶段前书写能力的培养，还是为了增强其民族自豪感，书法区域的设置都具有重要意义（图 3-2-7）。

因此，本区域的墙面融入了百家姓的元素，以姓氏作为该区域的切入点。姓氏是自我存在的重要标识，幼儿在自我意识萌发的过程中，逐渐觉醒为一个独立个体的存在，姓氏则是这一独特标识的体现。通过将百家姓与历代不同书法大家的字体结合进行再演绎，让幼儿能够体会到汉字之美和国学之美！汉字不仅是一种文化，对于一个民族而言，更是一种凝聚力，它涵盖了中华文化几千年的智慧与精髓。通过营造书写的环境氛围，让幼儿自发地对书法产生兴趣，使其在这个过程中与环境对话，了解和体验民族文化的深厚情感及文化底蕴，从而在心中种下一颗国学传承的种子（图 3-2-8）。

图 3-2-7　书法区域

图 3-2-8　环境营造书写的氛围感

二、为孩子们打造一座既有趣又充满野趣且美丽的绘本馆

绘本以其独特的设计形式、生动的图画和简洁的文字，为幼儿提供了丰富多彩且趣味十足的学习体验。作为一种学习资源，绘本阅读不仅可以激发幼儿的想象力和创造力，还能促进其语言表达、情感认知和社会性发展等方面的能力。绘本阅读作为一种重要的教育载体，一直备受重视。在玉成幼儿园，有两座既有趣又充满野趣且美丽的绘本馆，分别位于教学楼二楼公共区域的一代绘本馆和矗立于一楼大厅的二代绘本馆。二者互为补充，前后经历了三年的发展迭代，共同作为开放性区域为全园幼儿提供阅读活动的场所（图 3-2-9）。绘本馆的设计遵循以下三项原则。

图 3-2-9　绘本馆的迭代升级

（一）顶层设计协同风格

两座绘本馆前后经历了三年的发展迭代。为了使整体空间和谐统一、风格相互匹配，两座绘本馆在设计之初就协同确定了设计风格及文化价值取向，因此绘本馆整体的空间元素延续了园所自然舒适的氛围。无论是从顶层建筑设计还是家具材料的选择，都是基于园所"趣野美"的原则，自上而下地保持风格协同。空间的整体色彩基调以白色和木色为主，点缀着零星的彩色元素，使空间在保持宁静沉稳的基础上，增添了灵动舒展的视觉效果。

（二）整体功能有所区分

绘本馆在功能上划分为阅读区域，提供大量丰富多元的绘本阅读素材。在区域功能上，该馆结合园所课程需求，设置了独立的星主播园地，为幼儿每周录制园本星主播栏目提供硬件支持；前书写区域则融合了中国传统文化，以水墨艺术为特色进行打造，其材料投放及环境设计与班级前书写区域风格迥异，为幼儿提供了兼具美感与多样性的前书写环境（图 3-2-10）。

图 3-2-10　绘本馆的细分区域为幼儿提供多样体验

伴随着园所形象的升级，教学楼一楼大厅新增了一座集互动性、体验感和趣味性于一体的第二代绘本馆。此次形象的全面升级，设计灵感源自于我园一楼大厅开阔开放的地理优势。作为户外与室内的过渡区域，大厅布局开放且流畅，充分利用园所的落地窗设计，将充沛的自然光引入室内，使室内外景致交相辉映、互为渗透，柔和舒适的光线洒满整个空间。绘本馆坐落于大厅中央，其整体设计颠覆了传统绘本馆静态化的设计模式，巧妙地将滑滑梯融入绘本馆中，设计出富有节奏感、视觉冲击力强烈的空间。通过圆弧形的线条勾勒，加之白色与银色的鲜明对比，打破了一楼大厅单一平面空间的线性视觉感受，使得一楼大厅空间层次丰富、节奏明快。绘本馆彻底打破了传统静态阅读的固有印象，被赋予了栩栩如生的生命力。这种看似冲突的设计元素碰撞，不仅注重了空间的体验感，还增设了静动结合的游乐区域，极大地丰富了单一空间的多维度使用功能（图 3-2-11）。

图 3-2-11　绘本馆注重空间体验感

图 3-2-12　童年与书香交融汇聚

（三）整体设计强调体验

绘本馆在设计的源头，充分考虑幼儿阅读的喜好，注重幼儿丰富多样的阅读体验，以有准备的环境诱导幼儿与环境产生互动，诱发幼儿主动阅读的兴趣。因此在硬件设计上，规划了丰富多样的绘本展示方式与灵活的书架布局。例如，定期以主题阅读的形式开展活动，教学团队根据主题甄选相关绘本，通过展示绘本的封面，引导幼儿因看到丰富多彩的画面而自主阅读。其次，绘本馆设有大量的收纳空间，可以储存大量的绘本；不同的陈列柜搭配不同主题的软装物件，营造出良好的阅读氛围。在书本的陈列上，考虑了 3–6 岁幼儿个体的差异性：低矮的书架既符合儿童的身高特点，也营造了开放视野，避免产生视觉障碍，使空间显得更加宽敞；书本摆放高低错落，方便不同年龄阶段、不同身高的幼儿取阅。最后，馆内有设计感的桌椅、幼儿参与设计的读书坐垫，每一处细节都彰显了园所的细致与用心。此外，绘本馆还强调多元阅读媒介的互动，为幼儿提供了大量的电子书、故事机、点读笔等，借助人工智能等手段，挖掘多种数字媒体资源，强调人机互动，以提高阅读的效率与学习的趣味性（图 3-2-12）。

在这样一个开放而充满童趣的阅读大厅里，孩子们可以尽情地阅读、交流、创造和探索，让每一次的学习和成长都水到渠成，向美而行。这个设计不仅仅是一个传统单一的绘本馆，更是一个集趣味性、野趣与美感于一体的真实体验场域，让童年与书香在这里交融汇聚，让孩子们在每一次阅读探究中奏响趣野美的童年乐章。

三、用建构区记录那些“趣野美”的童年

近年来，伴随着幼儿园课程游戏化改革的深入推进，建构游戏在幼儿园教学活动中的优势日益显现。建构游戏不仅可以锻炼幼儿的手部精细运动能力、空间感知能力，还可以培养幼儿的团队协作能力、辩证思维能力以及自主探究和创新实践的意识。因此，合理设计室内外建构区域显得尤为重要。建构区域的设计应重点突出趣味性，以趣味打造环境，以趣味贯穿建构活动，从而吸引幼儿自主参与游戏。所以，在创设建构区域时，需要遵循“四化”原则。

（一）儿童主体化

建构区不仅仅局限于幼儿的区域活动，在设计的初始阶段就应跳出常规，站在儿童的角度，以更高的视角进行思考。幼儿作为建构游戏的主体，教师在实践中应充分认识到儿童的主体地位，尊重幼儿的身心发展规律，强调游戏的趣味性，以满足幼儿的发展需求。此外，建构区应为课程服务，为幼儿的成长提供助力。因此，建构区作为幼儿表征的重要渠道之一，教师在组织建构区域活动时，不仅要夯实常态化的平铺、围合、架空、组合等技能基础，更要关注儿童的兴趣与发展需求，以课程为抓手，以兴趣为核心，结合班本主题或项目，突出问题解决思维，将建构游戏作为拓宽幼儿学习路径的方式。同时，要将搭建活动趣味化、生活化、常态化。例如，在幼儿搭建面包窑的班本项目中，教师应明确建构主题，引导幼儿关注面包窑独特的拱顶结构与砖块的围合方式，帮助幼儿在活动前做好主题选择、材料收集、人员分工、制订工作计划、材料分布等，与班本课程目标紧密连接，促进幼儿深度学习。

（二）教师专业化

教师的专业化发展，为园所的蓬勃发展提供源源不断的动力，因此，教师的专业成长，离不开扎实的一线实践与坚实的理论支撑。玉成教学团队扎根教学一线，重视幼儿建构游戏的价值，深挖园内特色，以建构区这一小领域为切入点，夯实教师专业基础，定期为教师提供专业的教研支持，让经验丰富的教师分享建构区域的实践性经验，将可复制、可传播的经验覆盖到不同的班级。教学团队始终保持敏锐的目光，及时增添各类新型的搭建材料、辅助材料，材料属性多元，高、低结构搭配合理，组合形式多样，以此不断丰富材料种类，提高幼儿参与游戏的积极性，充分发挥幼儿的想象力和创造力，助力教师实现高质量发展。

（三）资源本土化

建构区在材料及建构主题的选择上，应最大化地挖掘周边社区及具有地域属性的显性资源。教师应挖掘幼儿园园内和周边蕴含的各类自然资源、社会资源、人力资源，并做好资源价值的调查与整理工作，做到统筹、添补、更替。园所应根据资源性质罗列周边资源，整理拍照、制作专属搭建材料。以玉成幼儿园为例，该园所在社区是典型的岭南风格社区，传统民居为广府民居，现存 110 座，大多建于清代与民国时期。这些民居一般为三开间一进或两开间一进，以砖石和三合土夯筑；屋顶为两面坡式，覆盖着青瓦，极具岭南特色。因此，教师们在创建建构区时，有意识地挖掘本土资源，根据玉律社区内的典型地标，为幼儿提供相关的搭建材料及图片参考。幼儿园还多次组织幼儿走进社区，对社区内典型的岭南风格建筑开展研学活动。教师在日常指导建构游戏时，会有意识地进行满洲窗、广府建筑等相关内容的搭建指导。通过建构游戏这个切入点，多方位联动，增强幼儿与社区的黏性。幼儿园以建构游戏与传统文化为桥梁，让幼儿在游戏中浸润传统文化，多方协同助力幼儿树立文化认同与文化自信，共筑文化根基，以传统文化滋养幼儿的童年时光。

（四）材料多元化

建构区域作为幼儿感受空间、数学和逻辑独特魅力的游戏场所（图 3-2-13）。幼儿可以在搭建过程中感知对称的美感、平衡的状态和设计的玄妙，在搭建活动中不知不觉地沉浸其中，感知事物组合的内在联系。此外，建构游戏的多种形式，如单人建构或小组游戏，对幼儿的全面发展都具有重要作用。然而，建构游戏也存在一定的局限性。例如，幼儿在园内的一日生活中，由于班级区域的限制，进入建构区游戏的时间普遍较短，其创作的作品常常难以长期保留。因此，教师在材料投放上不应拘泥于常规幼儿园建构区域的材料，而应打破常规，使用五金材料、纺织面料、自然材料等多种多样、层次丰富的材料，为幼儿提供多重感官刺激。材料的投放频次及更换频率应基于教师对幼儿真实游戏情况的观察，进行调整或更新。以多元的材料吸引幼儿的游戏兴趣，调动幼儿的游戏热情，从而促发幼儿的深度学习。

图 3-2-13 趣味盎然的建构区域

四、用班级特色环境呈现"趣野美"的新篇章

（一）生活气息，深度挖掘

幼儿园内生活区的创设旨在培养幼儿的生活自理能力和基本生活技能。通过提供各种生活场景的模拟活动，促进幼儿的全面发展，从而培养他们的独立性和自信心，激发探索欲望和形成多元的社会属性。在玉成幼儿园的每一个班级中，教师都会创设一个生活气息浓郁且充满美感的生活区域。生活区作为幼儿园生活场景的有意延伸，教师善于捕捉幼儿生活中的有效信息和有价值的问题，引发幼儿对生活区的构想，激发他们的兴趣。在设计的源头上，让幼儿成为生活区的主人，共同参与生活区的设计、材料收集、区域游戏及场地维护等，通过关注细节保持幼儿学习的动力。生活区的创设灵感来源于生活，幼儿在生活中感受到的各种细节和体验都可以成为生活区设计的灵感来源，从而创造出既实用又富有情感的生活区。

例如，玉成幼儿园坐落在典型的岭南古村落，凉茶文化对幼儿的影响根深蒂固。因此，中班的"玉成凉茶铺"诞生了。师生们通过对凉茶铺的观察，确定了适宜的创设区域，共同收集了生活区的投放材料，互相借力，共同创设出具有生命力的生活区。为了庆祝玉成凉茶铺的“开业大吉”，大班的哥哥姐姐们为凉茶铺的开业送上了祝贺牌匾，邻近班级的舞狮队也送上了专业的舞狮表演，给予孩子们真实的生活场景体验。孩子们潜心钻研凉茶配方，卖力吆喝，教师将学习内容巧妙地渗透在游戏中。幼儿通过材料的组合、配比、熬煮、售卖等游戏环节，加强了数感思维；通过不同角色的合作互动，提升了口头表达能力、逻辑思维和团队合作能力（图 3-2-14）。

图 3-2-14　玉成凉茶铺

此外，生活中的细微之处同样可以激发生活区的设计灵感。日常生活中的小物件、家具或街头景象等都可能成为设计的创意来源。将这些生活元素融入设计中，可以使空间更加富有生活气息和个性化特色。班级还结合幼儿的观察结果创设了“玉成快递站”（图 3-2-15）。幼儿观察到，幼儿园日常的快递数量众多，于是思考是否可以通过创设班级的快递站来优化园内快递的“分拣及派件”流程。于是，师生通过对社区周边快递站的观察及分析，结合班级实际情况，共同创设了玉成快递站，并在此过程中了解了快递的工作模式。在班级的生活区内，孩子们从认识快递单、区分电话号码、绘制园所线路图到最终精准地完成园内快递的分拣及派送，这一系列活动在真实生活化游戏场景的推动下，在幼儿的兴趣点及成就感的激励下，一个小小的创意，促成了班级生活区的一次重大创新，有力地促进了幼儿全方面的发展。

图 3-2-15　玉成快递站

（二）野趣童年，贯彻始终

野趣泛指山野的情趣。这个词语通常用来描述与自然、野外相关的趣味和感受，强调的是与大自然亲密接触时所体验到的独特乐趣和情感。在玉成幼儿园的每一个班级中，教师们都尽力营造野趣的氛围，强调通过投放相对“野性”的材料，为班级的室内环境呈现出更有趣味的童年样态。因此，在材料的投放上，我们秉持着“野趣童年，贯彻始终”的中心思想，大量投放了以下材料。

（1）木材类。如多种树木的树皮、树枝、藤蔓、木块、木片、木条、木棒等，可用于创意拼搭、手工制作等活动。

（2）植物类。如树叶、花朵、果实、种子等，可用于观察、分类、装饰和手工制作等。

（3）动物类。如贝壳、羽毛、昆虫等，可用于探索动物世界、制作标本和装饰品等。

（4）沙石类。如沙子、石头、岩板、卵石等，可用于沙画、石头画、搭建等创意活动。

（5）其他自然物品。如竹子、麻绳、丝线等，可用于创意创作、建构材料等。

在材料的组合上，我们追求丰富多元、层次多样，突出自然材料的天然属性。在材料的投放上，我们讲求以低结构为主，高结构为辅，突出空间与材料的关系，以及幼儿与材料的互动，以材料为支点，撬动幼儿的成长。

（三）美育特色，风格彰显

基于玉成幼儿园自然生态的课程特色，班级美工区的建设均带着统一的顶层思考进行落地实施。首先，三个年级以色彩作为源头的划分与统领；其次，教室内以大量的原木色与白色作为基底，根据各班班本主题，做到班班有特色，处处有亮点。其中，中小班以低结构材料为抓手，突出自然、纯真的野趣之美（图 3-2-16）；大班则结合园所特色及幼儿年龄发展特点，以中国传统美育为依托，结合大班幼儿的发展需求，根植中华传统文化，精选中华美育的亮点元素，通过在色彩及属性上的巧妙搭配，映衬出各班独特的美育特色。

图 3-2-16　中小班班本主题彰显野趣之美

大班级组在践行中华美育特色、彰显美育风格的实践道路上，遵循“探究—筛选—落地—复盘”的行动原则，开展相关区域的创设工作。首先，园所结合课题与实践研究，基于幼儿园教学环境及课程生成的大背景，对中华美育可利用的资源进行了初步探究。中华美育课程资源涵盖了本土特色文化、中国传统文化与美学相关的各个方面，包括民风民俗、民间艺术、传统艺术等非遗文化，内容涉及醒狮、绘画、书法、音乐、舞蹈、戏曲、建筑、园林等。其次，对美育资源进行了筛选，选出适宜园所及大班幼儿年龄发展需求的、可落地化的美育载体，例如对大班幼儿在幼小衔接前书写能力有指向性帮助的书法、国画等艺术表达形式，或有利于大班幼儿手部精细动作发展及安全意识培养的剪纸、刺绣等传统美育载体。第三步是结合各班级的美育主题，进行资源整合，构建特色区域。最后一步是进行阶段性的复盘与总结，教师通过对美育环境创设、材料投放、幼儿游戏质量等方面进行经验梳理，输出结果，形成相关案例。其中，要求案例充分展示活动过程中幼儿的思维和情感变化，展示活动的进阶过程与教师的鹰架策略，确保案例具有较强的操作性和实效性。整个过程既体现了中华美育的多元性，又展示了中华美育的共通性，充分反映了中华美育的丰富内涵和卓越成就，为后续美育教育活动的开展提供了实践参考。

图 3-2-17　大班班本主题彰显中华之美

第三节　幼儿园户外环境“趣野美”的表达

一、木育童年，木语童年——木工坊

手工木工是一种古老而实用的艺术，它利用各种工具和技法，将木材加工成各种美观且实用的物品。手工木工不仅能够锻炼身体和智力，培养创造力和耐心，还能让人体验木材的自然之美，传承木工的文化和精神。

在中国，手工木工有着悠久而灿烂的历史，与中国传统文化密切相关，是我国传统文化的瑰宝之一。我国木工的历史可以追溯到旧石器时代，早在先秦时期就已经有了木工这一工种，是我国最早的职业之一。这足以证明，木工在中国传统文化中占有重要地位，体现了国人对自然与和谐的追求。此外，中国传统木构建筑中大量使用的榫卯结构，不仅展示了前人对数学与几何学的精湛运用，也体现了对自然美感的极致追求。

玉成幼儿园重视手工木工对幼儿的教育价值，不仅因为木工游戏与园所“趣野美”的核心发展理念高度契合，更在于木工游戏极大地激发了幼儿的好奇心与动手能力。我们相信幼儿天生便与木材之间有着强烈的联系，让教育回归生活，让传统得以传承，从而从小培养孩子精益求精的匠人精神。基于此，一座专业的儿童木工坊应运而生（图3-3-1）。

图 3-3-1　玉成幼儿园木工坊

木工坊的选址依托于园所独特的实地优势。在幼儿园两栋教学楼之间，有一片较为宽阔的露天连接空地。幼儿园在第一期改造工程中，为扩大幼儿户外活动区域的面积，增加了玻璃顶棚，以保障该区域幼儿活动时有足够的采光（图 3-3-2）。木工坊场地的设计及材料投放应遵循以下原则。

图 3-3-2 一座专业的儿童木工坊

（一）安全原则，风险可控

木工坊是一个高度强调幼儿动手实践的游戏区域，由于游戏材料的特殊性，区域中存在大量可能引发安全隐患的加工工具。因此，在创设木工坊的过程中，最重要的原则是确保安全。一般来说，木工的加工工具可以分为两大类：手动工具和电动工具。手动工具是指不需要电力或其他动力驱动的工具，如锯子、刨子、凿子、锤子、钳子、尺子、笔等。电动工具则是指需要电力或其他动力驱动的工具，如电锯、电刨、电钻、电磨等。无论是哪种工具，教师在投放前都需要对幼儿进行安全规范教育，并且每次使用时，教师都要确保幼儿在严格看管和指导下进行操作。同时，要做好安全保护措施，正确佩戴防护用具，如手套、护目镜等，并确保正确使用加工工具。对于个别锋利或重型的加工工具，使用结束后应及时收纳（图 3-3-3）。

图 3-3-3 严格遵守木工坊安全制度

（二）年龄适宜，设计合理

木工坊由于其游戏形式的特殊性，较适宜面向中大班年龄段的幼儿开展活动。针对幼儿年龄的特点，投放的材料与工具需讲求适宜性。目前市面上有许多专为幼儿开发的小尺寸及小功率加工工具。此外，木工坊游戏区域的设计应充分考虑幼儿的身高、力量和协调能力，确保操作台的台面高度及尺寸能够满足幼儿的不同使用需求，如测量、锯割、钉钉、锤打、钻孔等（图 3-3-4）。

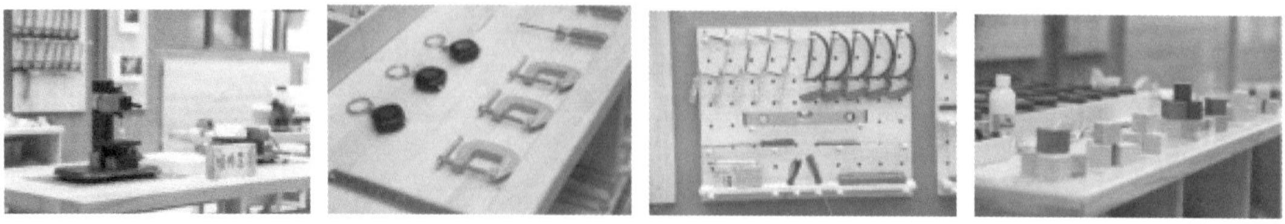

图 3-3-4 设计适宜幼儿年龄阶段的游戏区域

（三）材料多元，趣味十足

多元智能理论的提出者霍华德·加德纳曾指出：“通过与材料互动，儿童能够建构知识、发展技能，并理解周围的世界。”木工区材料投放的丰富性会直接影响幼儿对该区域的喜爱程度及游戏质量。因此，在木工区材料的投放中，教师应基于幼儿的年龄特点、兴趣爱好和安全考量，投放丰富多样、层次多元、趣味十足且确保幼儿身心安全的材料，以满足不同年龄阶段、不同游戏水平的幼儿的兴趣与探究需求。具体材料清单可参考以下内容。

（1）基础工具类。操作台、小机床、围裙、手套、护目镜、螺丝刀、钳子、手锯、电锯、手钻、曲线锯、G 型夹、游标卡尺、砂纸、胶枪、扳手、卷尺、木工钳、木工刨、铁锤、橡胶锤、木工尺等。

（2）木材原料类。常见的木材有松木、橡木、榉木、枫木、桦木等，形态上有木块、圆柱、木条、木板等各种形状的木材原料。

（3）五金配件类。钉子、铰链、拉手、锁芯、螺丝、螺母、铁丝、铁环等。

（4）安全防护类。儿童护目镜、儿童口罩、儿童围裙、防护手套。

（5）辅助材料类。木材胶水、木材油漆、刷子、丙烯颜料、丙烯马克笔、铅笔等。

二、自然教育，自然而然——趣野童年

自然环境对幼儿的发展至关重要，它不仅可以激发孩子们的好奇心、创造力和想象力，还可以培养他们对自然、对生命的热爱、敬畏和保护意识。近年来，自然生态及美育教育的热度持续不减，我国一直致力于提高教育质量和培养全面发展的人才。随着社会的进步和城市化进程的加速，幼儿园教育面临着越来越多的挑战。其中之一是，伴随着城市化进程的快速发展，幼儿园在设计的源头就面临户外面积不足的问题，幼儿缺乏天然的自然教育环境。然而，国内外大量研究表明，接触自然机会的减少会导致儿童患上“自然缺失症”。Richard Louv 在《林间最后的小孩：拯救自然缺失症儿童》一书中写道：“对于一些人来说，自然仍是‘它者’，他们生活在自然中，却不把自己当作自然的一部分。”这足以证明，现代幼儿对自然缺乏正确的认知与深入的了解。

（一）泥趣童年“泥”好时光——泥巴池

为了加强幼儿与自然之间的联系，玉成幼儿园在校门入口最显眼的区域，设计了一个尽显野趣的泥巴池（图 3-3-5）。泥巴作为大自然孕育植被的宝库，是大自然送给孩子们珍贵的礼物。泥土承载着自然的馈赠，却常常被人贴上“肮脏”的标签。然而，对于幼儿来说，泥巴却是千金不换的好玩具。由于其天然易塑性的特点，泥巴极易与幼儿产生纯粹自然的联系。泥巴具有独特的自然属性，黏糊糊的泥巴对于幼儿来说，可能是珍贵的泥巴面霜，也可以为自己画上最英勇的泥巴面具，甚至是大自然赠予的发泥，让他们轻松获得炫酷的新发型（图 3-3-6）。

图 3-3-5　尽显野趣的泥巴池

图 3-3-6　泥巴给予的新造型

玉成幼儿园作为全国足球特色示范性幼儿园，幼儿在操场踢球的机会非常多。但当绿茵球场变成绵软的泥坑，面对踢球场地的变化，幼儿的游戏热情依然不减。当爸爸妈妈和老师们一同参与泥坑足球游戏时，热烈的赛场氛围、足球翻滚带起的泥浆，以及大家的欢声笑语，共同奏响了野趣的童年时光合唱曲，构建了大家心中最美好的玉成回忆（图 3-3-7）。

图 3-3-7　泥巴池里的别样足球赛

泥坑还有更野性与热闹的玩法，例如打泥巴仗。幼儿在泥坑中三三两两组队，商讨战略，通过对泥巴的挖掘和塑形，制造泥巴炸弹或各类新型泥巴武器，不同团队之间展开竞赛，你追我赶，场面十分热闹（图 3-3-8）。

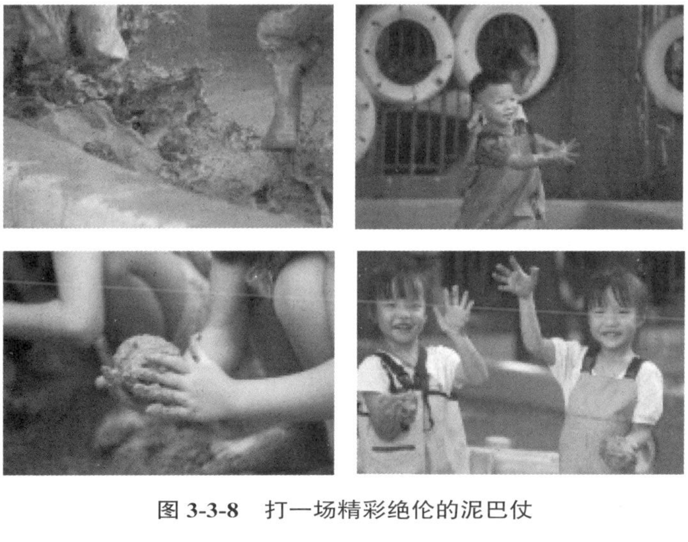

图 3-3-8　打一场精彩绝伦的泥巴仗

此外，玉成幼儿园的泥巴池不仅为师生和家长提供了动态的快乐，还开发出了自然美育的功能。泥土作为大自然最纯粹的馈赠，与传统的扎染技法相结合，碰撞出独特的美育价值。幼儿将扎染经验进行迁移，利用常用的棉、麻、丝绸等纯天然织物，结合扎、缝、缚、缀、夹等技法，将扎坯布埋入泥坑中，与泥巴零距离接触，从而激发美妙的创作灵感，期待自然与时间带来的惊喜（图 3-3-9）。

大自然和社会都是活教材，泥土是自然美好的产物，是大地宝贵的元素，是万物生长的根基。泥巴池在师生心目中，自然有 N + 1 种可供探究的可能性，因为玉成幼儿园始终坚信，总有一些童年最本真的快乐，应该是在山野中奔跑、在泥潭中翻滚、在活动中欢笑、在自然中探索（图 3-3-9）。

图 3-3-9　泥土是大自然最纯粹的馈赠

（二）野趣园——真野真趣真好玩

野趣园，作为玉成幼儿园户外活动区域的重要组成部分之一，是一个集动物饲养、生态种植、食育体验、低结构材料游戏等多功能于一体的综合户外活动区域。园所结合园内硬件资源，开拓了园内开阔的户外活动空间，为幼儿提供了一个与自然亲近的真实环境。在为幼儿提供生态自然教育的同时，培养幼儿对生态环境的保护意识和可持续发展的思维，通过环境结合课程，以实际行动践行玉成幼儿园的生态美育教育。

1. 璞玉生态农场——践行生态教育，我们是认真的

玉成幼儿园户外有一个相对独立的区域，位于大型滑滑梯旁边。由于位置偏僻，这里曾经属于幼儿园的活动"死角"，较难吸引幼儿前往游戏。因此，基于"盘活"这一区域，增强幼儿活动种类、丰富游戏形式及提高园所户外空间利用率的需求，幼儿园重新审视了园内幼儿户外活动场所的设计及具体分布情况，结合园内特色进行了优化设计（图 3-3-10）。

图 3-3-10　璞玉生态农场一角（前后对比）

(1)复盘区域现状,剖析发展需求。

璞玉生态农场设计之初,是基于园所发展实际需求及园所先天条件的优劣势进行考虑的。首先,教学团队对区域进行了定点观察,记录幼儿进入该区域的频次、游戏时间、游戏内容等,并开展相关教研反馈。得出的结论是,该区域位置较为偏僻,原本作为自然感官区使用时,材料投放单一,游戏形式单调,空间缺乏互动性,幼儿兴趣度不高,导致该区域鲜有幼儿进行游戏。结合调研结果,园内决定"盘活"该区域,首先要关注幼儿真正的需求和兴趣,因此在源头上更改区域属性,注入幼儿最喜欢的元素——小动物饲养。同时,结合光明区科技生态自然的发展特色,更科学、生态、自然地满足璞玉生态农场中饲养小动物的要求。当需求愈发清晰,行动便更具方向性。

(2)确定饲养品种,优化饲养路径。

当环境创设及改造的目标确定为打造一个饲养方式更科学、动物生活环境更生态、整体设计更自然的户外饲养区时,园所首先确立了饲养品种,并结合饲养品种的生活习性及幼儿养护的便利性进行了筛选。由于是户外饲养区,受限于该区域的条件,无法饲养体型较大的生物。其次,为了丰富园内小动物的种类,选择的小动物需要较为安静、温和,且具有一定的观赏性、互动性和趣味性,以利于"趣野美"课程的开展。最终,通过筛选决定饲养小型禽类,例如鹌鹑、贵妃鸡等品种。这些品种体型较小、叫声较轻,具有观赏性,性格温和,能够与幼儿产生良好的互动(图 3-3-11)。

图 3-3-11 精选饲养品种

确定饲养品种后,园内针对饲养生物的生活习性及饲养场地特性,开展了第二轮调研。例如,为了保证小型禽类的生存环境,需要优化粪便处理方式,减少后期师生养护的难度,确保在有限的场地内为小动物提供最大的活动区域,同时保证幼儿与小动物之间有良好的互动空间。

(3)开展场地设计,迁移园所经验。

通过两轮调研,园所将需求与构思相结合,充分利用了场地方正的先天优势,首先确定了鸡舍的居中位置。其次,考虑到禽鸟类动物排泄的特点,结合园所过往饲养箱增高架的实践经验,决定将小鸡活动区域设计成空中跑道的形式。这种设计具有以下几个优点:首先,最大化利用了场地空间。鸡舍居中后,空中廊道与鸡舍相连,并呈左右两个分支的走向,包围了饲养区的四周,最大限度地扩展了活动区域。在保证禽鸟类活动空间的基础上,为幼儿预留了足够的活动空间。此外,廊道的高度从鸡舍向四周逐渐升高，在幼儿活动区域的廊道高度保持在100厘米，便于小鸡日常行走，也更有利于幼儿的日常观察与养护。其次，将小鸡活动的廊道增高，并铺上了尺寸适宜的垫网。地板通过石头、泥巴等垫料的阻隔，排泄物落地后会迅速分解，从源头上隔离了小鸡与其排泄物。经过发酵后，这些排泄物变成极佳的生态肥料，为种植区的瓜果蔬菜提供养分。而鸡舍内的垫料选择了可重复利用的核桃砂，颗粒呈绵密沙砾状，不仅满足了小鸡们爱刨坑卧沙的习性，还为后续的产蛋孵化提供了条件。小鸡在鸡舍内的排泄物也会通过添加了益生菌的核桃砂进行有机分解，减少异味，保持养殖环境的干净卫生，从多方面满足了饲养需求，减轻了养护难度(图3-3-12)。

图3-3-12　小鸡们五星级的生态鸡窝

在所有硬件设计落地后，园内开展了小鸡乔迁新居的活动。幼儿参照传统乔迁的风俗，为鸡舍打扫，准备乔迁对联，欢欢喜喜地迎接小鸡入住新居。小鸡们终于住进了五星级的“大别墅”，幼儿对这个曾经的“冷宫”倾注了大量的热情，每天迫不及待地来喂鸡、观察，这个区域已然被彻底“盘活”了！

(4)生成课程资源，促进幼儿发展。

在生态鸡舍投入使用后，鸡舍硬件设计的问题也初步显现。例如，当初在设计鸡舍时，未充分考虑户外的科学喂养方式，幼儿在使用传统的喂食盆时，缺乏合理的分量安排，导致了饲料的浪费和污染。因此，结合这一观察，师生开展了《小鸡喂食器》班本项目，将问题解决作为切入点放大，将环境中真实存在的问题转化为课程资源。幼儿在这个过程中通过实地走访鸡舍、观察其他幼儿的投喂状态、找出问题的核心，进而通过STEM项目的路径解决问题，真正解决了鸡舍的喂养问题，优化了喂养流程。师生双方通过项目均得到了能力提升。尤其是幼儿的成长尤为显著，幼儿通过自身的努力，切实为幼儿园这个大家庭解决了问题，不仅感受到了强烈的自豪感，还与该区域产生了更强的连接。通过环境的改造，彰显了课程的价值。

2. 野趣天地——生态种植，美美共育

白居易曾说：“持钱买花树，城东坡上栽。但购有花者，不限桃李梅。”中国作为传统农业大国，种植历史可以追溯到12 000年前。中国人自古便与土壤、种子、播种建立了亲密的联系。大地萌发绿意，绿意滋养生命。这足以证明，绿意从古至今都是生活中的重要组成部分。绿色作为大自然中最重要的构成之一，是万物勃发的底色。在学前阶段幼儿成长过程中，种植活动对于促进幼儿的科学探索能力和观察能力、领略自然常识和培养科学品质方面具有举足轻重的作用。幼儿通过参与播种、浇水、施肥等过程，感受合作的魅力，培养责任心。幼儿通过种植活动，直接体验植物的生命循环过程，从而理解自然界的规律，并在照顾植物的过程中培养了坚持不懈的精神，激发了对大自然的热爱，形成了尊重生命和保护环境的态度。这种积极的情感发展有助于幼儿形成良好的人格和三观。玉成幼儿园结合生态美育的发展特色，设计了野趣园的种植区域，完善了野趣园的生态循环链条（图 3-3-13）。

图 3-3-13　野趣园的种植区

（1）动物之家，生态园地。

种植区的边角区域因位于连排大树之下，地势靠近斜坡，且光照不足、土壤深度有限，无法开展多样化的种植活动。因此，园所依据场地的特殊属性，设计了百鸟园和松鼠之家。这两个饲养区域有效规避了场地的劣势，充分利用了场地的优势，将大树资源进行整合串联。结合大树的特殊结构，营建了生态树屋，既满足了小松鼠、小鹦鹉等小动物的生活需求，又为设计增添了趣味性。此外，动物的粪便可以直接落入土壤中，经过有机降解后转化为生态肥料，回施于种植区，为植物提供养分，实现了资源的再生利用，形成了完整的生态循环（图 3-3-14）。

图 3-3-14　种植与养殖的强强联手

(2)品种丰富,活动多元。

根据幼儿园的实际面积和地形,在设计上尽量模仿自然环境。为了在有限的空间内营造更丰富、更自然的生态环境,我们扩大了种植种类,并划分为莲花池、多肉花园等观赏区。同时,根据种植植被的生长属性,我们划分了深耕区和浅耕区,分别用于种植根茎瓜果和蔬菜、香草等实践作物。每个区域都设置了相应的标识牌,标注了种植区域的相关负责班级、植被的名称以及生长属性等信息。师生在日常的种植活动中,通过种植、浇水、施肥、观察记录等,开展了丰富多彩的主题教育。当发现菜地中出现菜青虫时,我们启动了《菜青虫口味调研》活动。通过对菜青虫口味的调研,幼儿们品鉴了不同蔬菜的口感,并推断出菜青虫的口味偏好,为后续花园蔬菜种植的防虫害工作积累了宝贵的实践经验。随着项目的进展,孩子们还亲眼见证了菜青虫蜕变成蛹、再羽化成蝶的神奇转变过程,趣味盎然,惊喜连连。在发现菜地肥力不足的情况后,我们开展了《厨余行动小分队》班本项目。幼儿们通过项目化的学习,了解了厨余沤肥的原理,并积极回收园内的厨余垃圾资源。他们将厨房中剩下的菜叶、果皮、鱼骨、蛋壳等有机废弃物,通过发酵腐熟,制成了液体或固体肥料。这些自制的肥料被赠送给全园各班的小朋友们使用,实现了资源的有效再生利用,提高了土壤的肥力,促进了植物的吸收和生长。通过一系列班本活动的开展,玉成幼儿园的种植区如今瓜果飘香,草木茁壮,郁郁葱葱,充满了生机与活力(图3-3-15)。

图3-3-15 瓜果飘香、郁郁葱葱的野趣园

(3)食育教育,玉成食光。

"民以食为天,教以育为先"。人间烟火气,最抚凡人心。幼儿教育更是离不开生活中的烟火气,而食育则蕴藏在幼儿对美好生活的期盼中,也蕴藏在生活平凡的烟火气里。幼儿园的食育教育不仅是味蕾的盛宴,更是培养幼儿健康饮食习惯、促进其全面发展的重要环节,为他们的健康成长奠定坚实的基础(图3-3-16)。园所的户外设计注重区域之间的功能性与教育性的联动。因此，玉成食光——野炊区作为野趣园种植区域的延伸，在设计上遵循“趣野美”的核心理念，在功能上实现了从种植到烹饪的教育联动（图3-3-17）。幼儿在种植区域亲自播种、照料、采摘，感受劳动带来的价值；而在野炊区，他们则了解各种食材及其营养价值，树立正确的饮食观念，并逐步形成健康的饮食习惯。在活动中，幼儿通过团队合作提升了社交技能。例如，在共同完成一道菜品的分工过程中，孩子们学会了合作互助、倾听他人意见和分享成果。一年四季中，结合不同的节气，开展种植烹饪活动还可以让幼儿感受文化认知并获得多元文化体验。清明前后，幼儿前往百草园采摘新鲜艾叶，制作艾叶糍粑；秋收时节，他们感受菜地丰收的喜悦，品尝花生和地瓜。不同的烹饪活动展示了不同的地域文化和传统节日习俗，增强了孩子们的包容性与文化认同感。

图 3-3-16　从菜地到餐桌的双向奔赴

图 3-3-17　玉成食光

在玉成幼儿园，野趣园的作用不仅限于教育和科研。通过观察和研究园中的动植物，人们可以增进对自然界的了解，培养环保意识。同时，野趣园还为教师和学生提供了开展"野趣课程"和"野趣游戏"的机会，让幼儿与大自然亲密接触，在游戏中学习成长，提升对自然环境的适应能力和身心素质。野趣园作为幼儿认知自然生态中万物轮回、生命循环的启蒙之地，让幼儿在这里见证每一颗种子的萌芽，品尝劳动带来的满足，感受生命循环往复的过程。这份美好的情愫在幼儿心田种下了一颗真善美的种子，任其生根发芽……

（三）材料之家——材料之家，童趣满溢

图 3-3-18　给材料们一个美丽的家

儿童的智慧源于材料，操作则依赖于不同的环境和材料。材料是幼儿认知和学习的桥梁。《幼儿园保育教育质量评估指南》对玩具材料的投放提出了具体的评估要求："玩具材料种类丰富，数量充足，以低结构材料为主。"在幼儿园的环境创设中，强调避免奢华浪费和形式主义，不追求设置专门的功能室，而是以低结构游戏材料为主，且设备设施需安全环保。中共中央国务院发布的《关于学前教育深化改革规范发展的若干意见》第 26 条明确表示："支持引导幼儿园充分利用当地自然和文化资源，合理布局空间和设施，为幼儿提供有利于激发学习探索欲望的、安全的、丰富的、适宜的游戏材料和玩教具。"

低结构材料的投放研究已成为近年来幼儿教育的一大热点话题，幼儿的成长经验在很大程度上来源于日常的游戏活动。低结构材料具备常见性、经济性、灵活性、多样性和创造性等特点，因其固有的不确定性和随机性，深受师生喜爱。以低结构材料为抓手，不仅为幼儿提供了更多样态、多层次、多维度的游戏学习机会，也为教师提供了多元观察和学习研究的机会。因此，为了助力幼儿全面发展，玉成幼儿园结合场地特色，深入挖掘低结构材料的属性，定制了一座充满童趣的多元户外材料之家（图 3-3-18）。而材料之家的创设需满足以下特性。

1. 确定目标，突出价值

材料之家的创设基于幼儿园环境打造与利用的深入思考，以幼儿视角为依托，合理高效地将场地与低结构材料有机结合，为幼儿的游戏探究和深度学习提供沃土。因此，在源头设计之初，玉成幼儿园便确立了定制一座可开展多样化游戏活动的材料之家的目标。在这里，幼儿园为幼儿提供了丰富的、具有一定视觉美感的、可操作性强的低结构材料，为每个幼儿通过调动多重感官和采用多种方式进行游戏活动提供了硬件条件。其次，幼儿园要以材料之家为依托，促进幼儿自主游戏，提升幼儿游戏的质量和深度学习的效果。

2. 目标分解与计划安排

材料之家作为户外相对大型的游戏场地，在确定设计目标后，园所进行了目标分解，并制定了可行的计划安排。

（1）与幼儿及教学团队进行研讨，初步提出材料之家的创设思路。

（2）对园所户外场地进行实地走访，选定材料之家的具体位置。

（3）确定具体创设材料之家的场地，并进行场地测量。同时，与幼儿、教师、设计公司沟通改造想法，对所需改造材料进行初步预估。

（4）结合测量尺寸，绘制材料之家的初步效果图和平面结构图，推算材料之家可承载的低结构材料数量，并初步确定相关的陈列和收纳方式。

（5）制定低结构材料清单，并确定不同低结构材料投放的基本原则。

（6）采购和收集低结构材料（包括收集和采购相应的收纳器具）。

（7）实施材料之家的建设（根据材料属性，进行有序且美观的陈列）。

（8）持续跟进幼儿进入材料之家游戏的情况，并根据幼儿实际游戏情况，及时优化材料的更换和投放策略。

3. 项目实施，有序推进

（1）前期准备阶段。

①在材料之家创设前，园内主要针对低结构材料开展了系列教研活动，分别探讨了什么是低结构材料、幼儿喜欢什么类型的低结构材料、低结构材料如何促进幼儿深度学习，并观察了三个年龄段幼儿对低结构材料的接受程度，以及幼儿对已有低结构材料游戏学习经验的总结。

②对小、中、大班三个年龄段的幼儿进行了随机访谈，收集了幼儿对低结构材料的喜爱程度、对目前开展低结构材料游戏的场地现状的满意度，以及对新增低结构材料游戏区域的需求。通过分析得出结论：幼儿非常喜欢低结构材料，虽然目前在班级区域也

能进行低结构材料游戏，但由于班级场地有限，幼儿对新增独立的低结构材料游戏区域有强烈的期望。

③基于前期调研及背景资料的收集与分析，园所开展了实地走访，发现主教学楼落地玻璃前的一侧空地基本属于设计的死角，几乎没有幼儿与该区域产生互动。然而，该区域的面积和采光条件都非常适合进行材料之家的设计，因此初步将材料之家选址于此处。

④恰逢暑期工程改造，园所结合前期的调研结果及初步设定的创建思路，将改造的意愿及场地的硬件条件需求与设计师进行了沟通，共同明确了优化设计的方向。

⑤在暑期，我们制定了低结构材料清单，教师思考了低结构材料的种类属性（按照色彩、材质、尺寸等分类）以及材料收集的渠道（园所采购、师生收集、社区捐赠等）。

（2）具体实施阶段。

伴随暑期改造工程的结束，材料之家进入实操阶段。在这个过程中，我们从源头设置到材料投放，再到观察游戏质量，最后回归源头进行优化调整，形成了有效的闭环。具体过程如下。

①材料之家硬件改造完成，采购和收集的低结构材料已抵达园所，并对材料进行了清点和分类。我们尝试了按照色彩属性和材料属性两种方式进行收纳，最终发现以色彩属性进行陈列更便于幼儿的实际操作。从空间布局上，我们将有色彩的低结构材料与相对无色彩的低结构材料进行了划分，投入比例各占区域的50%。

②在材料之家的规划上，区域按有彩色与无彩色进行了划分。彩色区域主要投放人工材料，例如纽扣、亚克力积木、马赛克瓷砖、扭扭棒等；无彩色区域则主要投放自然材料，如树枝、干果、木片、干花等。为了创设相对自由宽松的游戏环境，第一版设计铺设了人造草坪并搭建了帐篷，使幼儿的游戏状态更加舒展。边角通过大型树枝的介入向上延展，利用树枝满足悬挂陈列的要求，尽量将空间最大化利用。经过一段时间的观察和幼儿游戏测试反馈，我们发现幼儿更喜欢在低结构材料区进行搭建游戏，而人造草坪由于其表面的特殊性，会对搭建造成一定影响。因此，我们投放了一张白色矮桌子，其作用类似于一张巨型白纸，更便于幼儿开展低结构游戏。

③由于低结构材料种类繁多、细碎零散，因此在收纳工具的选择上，需要兼顾实用性、便捷性、美观性和经济性。为了满足低结构材料的多样性需求，我们在单一材料的投放上，采取了"量少品种多"的原则。此外，为了便于幼儿进行收纳和整理，我们主要采用了三种尺寸的透明带盖亚克力收纳盒，这些收纳盒可以整齐叠放，内部材料一目了然（图3-3-19）。我们还额外搭配了木头、藤编等自然材质的收纳篮，用于收纳体积稍大的低结构材料，便于幼儿搭配使用。

④在低结构材料的选择上，我们需要跳出幼儿园常态化的思维模式，引入不同领域的材料，例如五金材料、面料材料等。材料种类的多样性可以激发幼儿的好奇心，吸引他们前往材料之家，与低结构材料产生互动（图3-3-20）。

图 3-3-19　材料收纳清晰美观、整洁有序

图 3-3-20　丰富多样、层次分明的低结构材料

4. 关注游戏，及时复盘

伴随着材料之家的投入使用，日常生活中随处可见甚至是毫不起眼的“小家伙们”都能激发幼儿们的游戏兴趣。一段丝带、一个纽扣、一颗石子、一朵干花……它们已然成为孩子们心目中的“宝贝”（图 3-3-21）。而低结构材料由于其开放性、包容性和多变性的特点，有效地支持幼儿进行深度探究，激发他们的好奇心和想象力。

图 3-3-21　童趣盎然的作品

沿着孩子们的兴趣和思路，我们感受到了幼儿探索的乐趣，真切地接触并体验了低结构材料的神奇魅力。通过本次“材料之家”的创建，园所尝试回归材料本身，回归教学的本真，以低结构材料为切入点，让材料代替园所环境来讲述故事（图 3-3-22）。我们深入挖掘了低结构材料的价值，并以一种美观的形式将其呈现，为低结构材料打造了一个专属的教育空间，重塑了其多面性。同时，我们建立了幼儿与低结构材料之间对话的可能性，激发了幼儿的想象力、创造力、表达能力和动手能力等。幼儿的游戏因此变得更加自主、自由、自信和自发。“材料之家”更像是一个供幼儿自由创作的艺术殿堂，幼儿在这里自由奔放，大胆昂扬，创作欲望被极大地激发，脑洞大开。他们在想象力和创

造力的双向驱动下，进行艺术创作，对每一种材料的多种玩法、多种表达方式和多种组合进行了深度和广度的探索与思考。

图 3-3-22 在“材料之家”感受创作的快乐

第四章　儿童视角下“趣野美”课程的实施

第一节　创新课程设计，践行“趣野美”的浸润教育

一、创新引领，启智育人

在“趣野美”的浸润教育理念下，课程设计需不断创新，以启迪儿童智慧，促进其全面发展。玉成幼儿园倡导一种寓教于乐的教学方式，将知识的传授与趣味性活动相结合，让儿童在轻松愉快的氛围中学习和成长。创新课程设计是践行“趣野美”浸润教育的重要途径，需要不断探索和实践新的教学理念和方法，让教育如璞玉般纯真自然，让儿童如色彩般与众不同。

（一）课程愿景

根据《3–6岁儿童学习与发展指南》，秉承文化理念和课程愿景，园所精心构建了与儿童学习特点以及身心发展规律高度契合的“趣野美”课程。以“灼灼璞玉，大美天成”为核心理念，深入挖掘“趣、野、美”三字的深刻内涵，体现课程的趣味性、互动性以及勇敢尝试和自由探索的过程，并将审美教育有机渗透，互生共长，交融创新。这不仅是玉成幼儿园办园理念的核心，更是园所教育实践的灵魂。

每个孩子都像未经雕琢的璞玉，蕴藏着无限的潜力和可能性。我们重视自然生态的熏陶，通过有趣的教学方法、丰富的内容以及亲身接触大自然中的材料和艺术手段，激发幼儿的学习兴趣。让幼儿在轻松愉快的氛围中主动学习和探索，同时提高他们的审美感受力、审美创造力和审美情趣。在“趣野美”的背景下，确保幼儿与小学阶段的平稳过渡，并通过足球运动进行体能训练。我们的目标是通过这三大特色课程，实现“学以求真，行以至善，臻以尚美”的高尚教育目标。

幼儿园课程的愿景是让课程回归儿童、回归生活、回归自然、回归传统文化，同时承载幼儿与教师的发展。这一愿景源于对教育本质的深刻理解：教育应当尊重儿童的主体地位，贴近他们的实际生活，引导他们在大自然和传统文化的熏陶中自由成长。

（二）课程背景

1. 基于文件政策指导思想与引领

党的二十大报告强调要全方位、全地域、全过程加强生态环境保护，深入推进绿色、可持续、低碳的发展路径。同时，报告也倡导完善科技创新机制，培养创新文化，传承科学家精神，培养优良学风，并营造积极的创新环境。更为重要的是，报告提出要推进文

化自信,努力铸就社会主义文化的新篇章。这些理念不仅体现了国家对生态环境、科技创新以及文化传承的高度重视,也为幼儿园的课程设计提供了坚实的理论支撑和政策指导。

《深圳市幼儿园课程建设指引(试行)》中强调:幼儿园、家庭与社会的协同育人机制,以实现文化的共同建设。鼓励深耕中华优秀传统文化,同时注重多元文化的交融。此外,指引还特别提到了科技与创新的融合,展现了深圳这座城市的独特气质和发展方向。

光明区所倡导的“科技、生态、幸福”教育理念与幼儿园课程设计理念不谋而合。尊重自然法则,尊重每个孩子的成长轨迹和发展规律,倾力打造富有生态美育特色的幼儿园环境,让孩子们在真实的大自然情境中快乐玩耍、亲身体验,致力于全面提升孩子们的综合素质。

在这样的背景下,幼儿园紧密结合国家及地方的指导思想,以“回归生活、回归自然、回归传统文化”为核心理念,精心构建了“趣野美”课程,旨在为孩子们提供一个更为丰富、多元和有意义的学习环境。

2. 鉴于大自然蕴含的深厚教育价值

众多学者纷纷指出,儿童是大自然之子,儿童的教育应当与大自然紧密相连,与生活息息相关。杰出的教育家陈鹤琴先生曾言:“大自然、大社会,便是最生动的活教材。”

因此,为孩子们打造一个充满生态美育元素的环境,让他们能够在真实的大自然中自由探索、亲身体验。鼓励孩子们走出教室,走进自然,让他们在玩耍中学习,在体验中成长。这样的学习方式,不仅使课程更加贴近自然、贴近生活,还能够让孩子们在快乐中获取宝贵的知识和经验。

3. 基于幼儿园内外丰富的课程资源

幼儿园坐落于光明区与宝安区石岩的交界地带,地理位置得天独厚,拥有丰富的自然和文化资源。所在的玉律村有着800多年历史的古老村落,是曾了的后裔聚居之地。村内保留着历史悠久的曾氏祠堂、风景如画的新安八景、温泉等自然景观,更有非物质文化遗产——玉律民间麒麟醒狮,这些都为孩子们提供了丰富的学习素材。每逢节假日,村内还会举办传统的粤曲表演和美食节等活动,让孩子们能够亲身感受到传统文化的魅力。

此外,社区还拥有多家工厂企业,其中不乏规模宏大的企业。这些企业聚集了来自五湖四海的人才,为当地带来了经济的繁荣和文化的多样性。在这种多元文化的碰撞与融合中,孩子们可以接触到更加广阔的知识领域和思维方式。

(三)课程理论基础

1. 陈鹤琴“活教育”思想

陈鹤琴先生提出:“大自然、大社会都是活教材,运用天然材料开展教育活动,可以让幼儿获得真实的感受。”这是玉成幼儿园生态“趣野美”课程中自然生态与社会生态两大分支的重要理论依据。此外,陈鹤琴先生的文集中关于家庭教育的论述,有利于幼儿园家园共育和亲子活动案例的开发。他指出：“幼儿的教育是一件很复杂的事情，不是家庭一方面可以单独胜任的；也不是幼儿园一方面可以单独胜任的；必定要两方面共同合作，方能得到充分的效果。”

2. 瑞吉欧教育理念

瑞吉欧儿童中心的先驱马拉古兹所提到的“一百”并不是具体的数字，而是一种“无限可能”的表达方式，意味着孩子们天生就有无限多种学习、探索和表达的方式。我们应该相信他们的能力，支持他们用各种独有的方式去学习和思考。同时，瑞吉欧教育强调“互动关系”和“合作参与”。“互动合作”是瑞吉欧教育取向的一个重要理念，也是贯穿整个教育活动过程的一项原则。“互动合作”包括教师与学习者之间的相互沟通、关怀和控制的不断循环，以及教育活动相互引导的过程。

3. 皮亚杰建构主义学习理论

皮亚杰认为，儿童的认知发展经历了四个阶段，分别是感知运动阶段、前操作阶段、具体操作阶段和形式操作阶段。每个阶段都有其特征和发展任务。教育者应尊重儿童的发展规律，避免拔苗助长。每个儿童的发展速度和特点都是不同的，教育者应尊重儿童的个体差异，提供个性化的教育方案。

皮亚杰认为儿童的学习是在与环境的互动中完成的。教育者应创设丰富的学习环境，提供多样化的学习材料和活动，以激发儿童的学习兴趣。儿童天生具有好奇心和探索欲望，教育者应引导儿童主动探索周围的世界，培养他们的观察力和思考能力。儿童逻辑思维的发展是认知发展的核心，教育者应通过各种活动和游戏来培养儿童的逻辑思维能力，提高他们的分析和解决问题的能力。

建构主义学习理论强调学习者的主动性，认为学习是学习者基于原有知识经验生成意义和建构理解的过程。儿童的学习是在与环境相互作用中产生的，利用同化和顺应的方式逐步构建对外部世界的理解，使自己的认知结构得到发展。

4. 卢梭的自然主义理论

自然主义教育思想对当今教育界有着深远的影响。自然主义理论的主要代表人物是卢梭，他阐述的自然主义教育核心是“归于自然”（Back To Nature）。在教育上，“自然的状态”更侧重于人性中的原始倾向和天生的能力，它与人类的“自然状态”紧密联系：善良的人性存在于纯洁的自然状态之中。此外，自然主义要求教育遵循自然天性，强调儿童在自身的教育和成长中应取得主动地位，无需成人的灌输、压制或强迫，教师只需创造学习环境，防范不良影响。应将幼儿置于主体地位，尊重幼儿的身心发展规律。基于自然主义理论的影响，幼儿园作为教育主体，应尽可能为幼儿提供自然的教育环境，尊重幼儿发展的天性，给予他们足够的自主空间。

卢梭认为教育要“归于自然”，教育必须顺应儿童天性发展的自然历程，同时还要尊重儿童的个性特点。合理的教育来源包括自然的教育、人的教育和事物的教育。玉成幼儿园的“趣野美”课程建设本着自然主义原则进行课程构建，将自然环境的支持与课程内容的设定融为一体。

5. 布朗芬布伦纳的生态系统理论

生态系统理论是由布朗芬布伦纳提出的个体发展模型，强调个体的发展嵌套在一系列相互影响的环境系统之中。在这些系统中，系统与个体相互作用并影响个体的发展，该系统由四个层次和一个维度构成。布朗芬布伦纳将两者的互动关系用同心嵌套圆的结构分为五个系统：微观系统（Microsystem）、中间系统（Mesosystem）、外层系统（Exosystem）、宏观系统（Macrosystem）和时间系统（Chronosystem）。其中，微观系统是个体可以直接体验的活动、角色和人际关系的系统层次；中间系统则是个体所处的两个或两个以上微观系统要素之间的关系；外层系统虽然不直接接触或参与，但会影响中间因素和微观要素；宏观系统主要从整个社会环境、文化传统、风俗习惯、意识形态、教育改革和政治政策等宏观背景出发，影响人们的思维习惯、生活方式和价值体系，进而影响个体内在身心的发展与成长。宏观系统的要素影响所有子系统。在这四大层次的系统中，时间系统贯穿于其他四大系统之内，并影响个体成长的过程，促进个体与环境的相互塑造与再塑造。在生态系统理论的指导下，幼儿园作为微生态中的重要一环，玉成幼儿园的生态“趣野美”课程以幼儿为主体，构建以幼儿为本的生态系统，在各层级间的互动中给予幼儿最优支持，形成良性循环。

二、目标明确，全面发展

依据《幼儿园教育指导纲要》《3~6 岁儿童学习及发展指南》（以下简称“指南”）的精神，结合各领域发展关键经验以及园本文化对幼儿发展的愿景，制定课程总目标及分目标。

（一）课程总目标

幼儿园以“学以求真，行以至善、臻以尚美”为育人目标。我们希望培养具有终身幸福力的新时代儿童，使他们在求真、至善、尚美的过程中成长。遵循“育于趣，拾于野，成于美”的办园理念，自然延展自主游戏和主动学习的场域，倾力为幼儿打造有准备的生态美育环境。让孩子们在真实中孕育，在自然中撒野，在探索中成长，在兴趣中学习，在情趣中滋养。

“趣野美”课程首先注重激发孩子们的学习兴趣。以“以趣为始，向野而生，向美而行”为课程发展目标，通过设计富有趣味性的教学活动，吸引孩子们的注意力，并引导他们主动探索未知，培养对周围世界的好奇心和探索欲。让孩子们亲近自然，体验野外的乐趣与挑战。这不仅能够锻炼孩子们的体质，增强他们的免疫力，还能培养他们勇敢、坚韧不拔的品质。同时，课程注重培养孩子们的审美情趣，引导他们学会欣赏自然之美和艺术之美。让孩子们在创作与欣赏的过程中感受美的力量，激发创造力与想象力。在美的熏陶下，形成积极向上的生活态度，更加热爱生活、珍惜自然。综上所述，趣野美课程旨在为幼儿园的孩子们打造一个充满乐趣、探索与美的成长环境。

（二）课程分目标

在课程总目标下，分别制定了五个维度的分领域目标，包含野趣运动、妙趣语言、启趣社交、稚趣科学和童趣艺术。

1. 野趣运动

野趣运动目标如表 4-1-1 所示。

表 4-1-1 野趣运动目标

一级指标	二级指标	三级指标（阶段目标）		
		3~4 岁	4~5 岁	5~6 岁
身心状况	具有健康的体态	身高和体重适宜，参考标准如下： 男孩： 身高：94.9~111.7 厘米 体重：12.7~21.2 千克 女孩： 身高：94.1~111.3 厘米 体重：12.3~21.5 千克 在提醒下能自然坐直、站直	身高和体重适宜，参考标准如下： 男孩： 身高：100.7~119.2 厘米 体重：14.1~24.2 千克 女孩： 身高：99.9~118.9 厘米 体重：13.7~24.9 千克 在提醒下能保持正确的站、坐和行走姿势	身高和体重适宜，参考标准如下： 男孩： 身高：106.1~125.8 厘米 体重：15.9~27.1 千克 女孩： 身高：104.9~125.4 厘米 体重：15.3~27.8 千克 经常保持正确的站、坐和行走姿势
	情绪安定愉快	1. 情绪比较稳定，很少因一点小事哭闹不止 2. 有比较强烈的情绪反应时，能在成人的安抚下逐渐平静下来	1. 经常保持愉快的情绪，不高兴时能较快缓解 2. 有比较强烈情绪反应时，能在成人提醒下逐渐平静下来 3. 愿意把自己的情绪告诉亲近的人，一起分享快乐或求得安慰	1. 经常保持愉快的情绪。知道引起自己某种情绪的原因，并努力缓解 2. 表达情绪的方式比较适度，不乱发脾气 3. 能随着活动的需要转换情绪和注意
	具有一定的适应能力	1. 能在较热或较冷的户外环境中活动 2. 换新环境时情绪能较快稳定，睡眠、饮食基本正常 3. 在帮助下能较快适应集体生活	1. 能在较热或较冷的户外环境中连续活动半小时左右 2. 换新环境时较少出现身体不适 3. 能较快适应人际环境中发生的变化。如换了新老师能较快适应	1. 能在较热或较冷的户外环境中连续活动半小时以上 2. 天气变化时较少感冒，能适应车、船等交通工具造成的轻微颠簸 3. 能较快融入新的人际关系环境。如换了新的幼儿园或班级能较快适应
动作发展	具有一定的平衡能力，动作协调、灵敏	1. 能沿地面直线或在较窄的低矮物体上走一段距离 2. 能双脚灵活交替上下楼梯 3. 能身体平稳地双脚连续向前跳 4. 分散跑时能躲避他人的碰撞 5. 能双手向上抛球	1. 能在较窄的低矮物体上平稳地走一段距离 2. 能以匍匐、膝盖悬空等多种方式钻爬 3. 能助跑跨跳过一定距离，或助跑跨跳过一定高度的物体 4. 能与他人玩追逐、躲闪跑的游戏 5. 能连续自抛自接球	1. 能在斜坡、荡桥和有一定间隔的物体上较平稳地行走 2. 能以手脚并用的方式安全地爬攀登架、网等 3. 能连续跳绳 4. 能躲避他人滚过来的球或扔过来的沙包 5. 能连续拍球

续表

一级指标	二级指标	三级指标(阶段目标)		
		3~4岁	4~5岁	5~6岁
动作发展	具有一定的力量和耐力	1. 能双手抓杠悬空吊起10秒 2. 能单手将沙包向前投掷2米 3. 能单脚连续向前跳2米 4. 能快跑15米 5. 能行走1千米(途中可适当停歇)。	1. 能双手抓杠悬空吊起15秒 2. 能单手将沙包向前投掷4米 3. 能单脚连续向前跳5米左右 4. 能快跑20米 5. 能连续行走1.5千米左右(途中可适当停歇)	1. 能双手抓杠悬空吊起20秒 2. 能单手将沙包向前投掷5米 3. 能单脚连续向前跳8米 4. 能快跑25米 5. 能连续行走1.5千米以上(途中可适当停歇)。
	手的动作灵活协调	1. 能用笔涂涂画画 2. 能熟练地用勺子吃饭 3. 能用剪刀沿直线剪,边线基本吻合	1. 能沿边线较直地画出简单图形,或能边线基本对齐地折纸 2. 会用筷子吃饭 3. 能沿轮廓线剪出由直线构成的简单图形,边线吻合	1. 能根据需要画出图形,线条基本平滑 2. 能熟练使用筷子 3. 能沿轮廓线剪出由曲线构成的简单图形,边线吻合且平滑 4. 能使用简单的劳动工具或用具
生活习惯与生活能力	具有良好的生活与卫生习惯	1. 在提醒下,按时睡觉和起床,并能坚持午睡 2. 喜欢参加体育活动 3. 在引导下,不偏食、挑食。喜欢吃瓜果、蔬菜等新鲜食品 4. 愿意饮用白开水,不贪喝饮料 5. 不用脏手揉眼睛,连续看电视等不超过15分钟 6. 在提醒下,每天早晚刷牙、饭前便后洗手	1. 每天按时睡觉和起床,并能坚持午睡 2. 喜欢参加体育活动 3. 不偏食、挑食,不暴饮暴食。喜欢吃瓜果、蔬菜等新鲜食品 4. 常喝白开水,不贪喝饮料 5. 知道保护眼睛,不在光线过强或过暗的地方看书,连续看电视等不超过20分钟 6. 每天早晚刷牙、饭前便后洗手,方法基本正确	1. 养成每天按时睡觉和起床的习惯 2. 能主动参加体育活动 3. 吃东西时细嚼慢咽 4. 主动饮用白开水,不贪喝饮料 5. 主动保护眼睛。不在光线过强或过暗的地方看书,连续看电视等不超过30分钟 6. 每天早晚主动刷牙,饭前便后主动洗手,方法正确
	具有基本的生活自理能力	1. 在帮助下能穿脱衣服或鞋袜 2. 能将玩具和图书放回原处	1. 能自己穿脱衣服、鞋袜、扣纽扣 2. 能整理自己的物品	1. 能根据冷热增减衣服 2. 会自己系鞋带 3. 能按类别整理好自己的物品
	具备基本的安全知识和自我保护能力	1. 不吃陌生人给的东西,不跟陌生人走 2. 在提醒下能注意安全,不做危险的事 3. 在公共场所走失时,能向警察或有关人员说出自己和家长名字、电话号码等简单信息	1. 知道在公共场合不远离成人的视线单独活动 2. 认识常见的安全标志,能遵守安全规则 3. 运动时能主动躲避危险 4. 知道简单的求助方式	1. 未经大人允许不给陌生人开门 2. 能自觉遵守基本的安全规则和交通规则 3. 运动时能注意安全,不给他人造成危险 4. 知道一些基本的防灾知识

2. 妙趣语言

妙趣语言目标如表 4-1-2 所示。

表 4-1-2　妙趣语言目标

一级指标	二级指标	三级指标（阶段目标）		
		3~4 岁	4~5 岁	5~6 岁
倾听与表达	认真听并能听懂常用语言	1. 别人对自己说话时能注意听并作出回应 2. 能听懂日常会话	1. 在群体中能有意识地听与自己有关的信息 2. 能结合情境感受到不同语气、语调所表达的不同意思 3. 方言地区和少数民族幼儿能基本听懂普通话	1. 在集体中能注意听老师或其他人讲话 2. 听不懂或有疑问时能主动提问 3. 能结合情境理解一些表示因果、假设等相对复杂的句子
	愿意讲话并能清楚地表达	1. 愿意在熟悉的人面前说话，能大方地与人打招呼 2. 基本会说本民族或本地区的语言 3. 愿意表达自己的需要和想法，必要时能配以手势动作 4. 能口齿清楚地说儿歌、童谣或复述简短的故事	1. 愿意与他人交谈，喜欢谈论自己感兴趣的话题 2. 会说本民族或本地区的语言，基本会说普通话。少数民族聚居地区幼儿会用普通话进行日常会话 3. 能基本完整地讲述自己的所见所闻和经历的事情 4. 讲述比较连贯	1. 愿意与他人讨论问题，敢在众人面前说话 2. 会说本民族或本地区的语言和普通话，发音正确清晰。少数民族聚居地区幼儿基本会说普通话 3. 能有序、连贯、清楚地讲述一件事情 4. 讲述时能使用常见的形容词、同义词等，语言比较生动
	具有文明的语言习惯	1. 与别人讲话时知道用眼睛要看着对方 2. 说话自然，声音大小适中 3. 能在成人的提醒下使用恰当的礼貌用语	1. 别人对自己讲话时能回应 2. 能根据场合调节自己说话声音的大小 3. 能主动使用礼貌用语，不说脏话、粗话	1. 别人讲话时能积极主动地回应 2. 能根据谈话对象和需要，调整说话的语气 3. 懂得按次序轮流讲话，不随意打断别人 4. 能依据所处情境使用恰当的语言。如在别人难过时会用恰当的语言表示安慰
阅读与书写准备	喜欢听故事，看图书	1. 主动要求成人讲故事、读图书 2. 喜欢跟读韵律感强的儿歌、童谣 3. 爱护图书，不乱撕、乱扔	1. 反复看自己喜欢的图书 2. 喜欢把听过的故事或看过的图书讲给别人听 3. 对生活中常见的标识、符号感兴趣，知道它们表示一定的意义	1. 专注地阅读图书 2. 喜欢与他人一起谈论图书和故事的有关内容 3. 对图书和生活情境中的文字符号感兴趣，知道文字表示一定的意义

续表

一级指标	二级指标	三级指标（阶段目标）		
		3~4岁	4~5岁	5~6岁
阅读与书写准备	具有初步的阅读理解能力	1. 能听懂短小的儿歌或故事 2. 会看画面，能根据画面说出图中有什么，发生了什么事等 3. 能理解图书上的文字是和画面对应的，是用来表达画面意义的	1. 能大体讲出所听故事的主要内容 2. 能根据连续画面提供的信息，大致说出故事的情节 3. 能随着作品的展开产生喜悦、担忧等相应的情绪反应，体会作品所表达的情绪情感	1. 能说出所阅读的幼儿文学作品的主要内容 2. 能根据故事的部分情节或图书画面的线索猜想故事情节的发展，或续编、创编故事 3. 对看过的图书、听过的故事能说出自己的看法 4. 能初步感受文学语言的美
	具有书面表达的愿望和初步技能	1. 喜欢用涂涂画画表达一定的意思	1. 愿意用图画和符号表达自己的愿望和想法 2. 在成人提醒下，写写画画时姿势正确	1. 愿意用图画和符号表现事物或故事 2. 会正确书写自己的名字 3. 写画时姿势正确

3. 启趣社交

启趣社交目标如表4-1-3所示。

表4-1-3　启趣社交目标

一级指标	二级指标	三级指标（阶段目标）		
		3~4岁	4~5岁	5~6岁
人际交往	愿意与人交往	1. 愿意和小朋友一起游戏 2. 愿意与熟悉的长辈一起活动	1. 喜欢和小朋友一起游戏，有经常一起玩的小伙伴 2. 喜欢和长辈交谈，有事愿意告诉长辈	1. 有自己的好朋友，也喜欢结交新朋友 2. 有问题愿意向别人请教 3. 有高兴的或有趣的事愿意与大家分享
	能与同伴友好相处	1. 想加入同伴的游戏时，能友好地提出请求 2. 在成人指导下，不争抢、不独霸玩具 3. 与同伴发生冲突时，能听从成人的劝解	1. 会运用介绍自己、交换玩具等简单技巧加入同伴游戏 2. 对大家都喜欢的东西能轮流、分享 3. 与同伴发生冲突时，能在他人帮助下和平解决 4. 活动时愿意接受同伴的意见和建议 5. 不欺负弱小	1. 能想办法吸引同伴和自己一起游戏 2. 活动时能与同伴分工合作，遇到困难能一起克服。 3. 与同伴发生冲突时能自己协商解决 4. 知道别人的想法有时和自己不一样，能倾听和接受别人的意见，不能接受时会说明理由

续表

一级指标	二级指标	三级指标（阶段目标）		
		3~4 岁	4~5 岁	5~6 岁
人际交往	愿意与人交往	1. 愿意和小朋友一起游戏 2. 愿意与熟悉的长辈一起活动	1. 喜欢和小朋友一起游戏，有经常一起玩的小伙伴 2. 喜欢和长辈交谈，有事愿意告诉长辈	1. 有自己的好朋友，也喜欢结交新朋友 2. 有问题愿意向别人请教。 3. 有高兴的或有趣的事愿意与大家分享
	具有自尊、自信、自主的表现	1. 能根据自己的兴趣选择游戏或其他活动 2. 为自己的好行为或活动成果感到高兴 3. 自己能做的事情愿意自己做 4. 喜欢承担一些小任务	1. 能按自己的想法进行游戏或其他活动 2. 知道自己的一些优点和长处，并对此感到满意 3. 自己的事情尽量自己做，不愿意依赖别人 4. 敢于尝试有一定难度的活动和任务	1. 能主动发起活动或在活动中出主意、想办法 2. 做了好事或取得了成功后还想做得更好 3. 自己的事情自己做，不会的愿意学 4. 主动承担任务，遇到困难能够坚持而不轻易求助 5. 与别人的看法不同时，敢于坚持自己的意见并说出理由
	关心尊重他人	1. 长辈讲话时能认真听，并能听从长辈的要求 2. 身边的人生病或不开心时表示同情。 3. 在提醒下能做到不打扰别人	1. 会用礼貌的方式向长辈表达自己的要求和想法 2. 能注意到别人的情绪，并有关心、体贴的表现 3. 知道父母的职业，能体会到父母为养育自己所付出的辛劳	1. 能有礼貌地与人交往 2. 能关注别人的情绪和需要，并能给予力所能及的帮助 3. 尊重为大家提供服务的人，珍惜他们的劳动成果。 接纳、尊重与自己的生活方式或习惯不同的人
社会适应	喜欢并适应群体生活	1. 对群体活动有兴趣 2. 对幼儿园的生活好奇，喜欢上幼儿园	1. 愿意并主动参加群体活动 2. 愿意与家长一起参加社区的一些群体活动	1. 在群体活动中积极、快乐 2. 对小学生活有好奇和向往
	遵守基本的行为规范	1. 在提醒下，能遵守游戏和公共场所的规则 2. 知道不经允许不能拿别人的东西，借别人的东西要归还 3. 在成人提醒下，爱护玩具和其他物品	1. 感受规则的意义，并能基本遵守规则 2. 不私自拿不属于自己的东西 3. 知道说谎是不对的 4. 知道接受了的任务要努力完成 5. 在提醒下，能节约粮食、水电等	1. 理解规则的意义，能与同伴协商制定游戏和活动规则 2. 爱惜物品，用别人的东西时也知道爱护 3. 做了错事敢于承认，不说谎 4. 能认真负责地完成自己所接受的任务 5. 爱护身边的环境，注意节约资源

续表

一级指标	二级指标	三级指标(阶段目标)		
		3~4 岁	4~5 岁	5~6 岁
社会适应	具有初步的归属感	1. 知道和自己一起生活的家庭成员及与自己的关系,体会到自己是家庭的一员 2. 能感受到家庭生活的温暖,爱父母,亲近与信赖长辈 3. 能说出自己家所在街道、小区的名称 4. 认识国旗,知道国歌	1. 喜欢自己所在的幼儿园和班级,积极参加集体活动 2. 能说出自己家所在地的省、市、县(区)名称,知道当地有代表性的物产或景观 3. 知道自己是中国人 奏国歌、升国旗时能自动站好	1. 愿意为集体做事,为集体的成绩感到高兴 2. 能感受到家乡的发展变化并为此感到高兴 3. 知道自己的民族,知道中国是一个多民族的大家庭,各民族之间要互相尊重,团结友爱 4. 知道国家一些重大成就,爱祖国,为自己是中国人感到自豪

4. 稚趣科学

稚趣科学目标如表 4-1-4 所示。

表 4-1-4 稚趣科学目标

一级指标	二级指标	三级指标(阶段目标)		
		3~4 岁	4~5 岁	5~6 岁
科学探究	亲近自然,喜欢探究	1. 喜欢接触大自然,对周围的很多事物和现象感兴趣 2. 经常问各种问题,或好奇地摆弄物品	1. 喜欢接触新事物,经常问一些与新事物有关的问题 2. 常常动手动脑探索物体和材料,并乐在其中	1. 对自己感兴趣的问题总是刨根问底 2. 能经常动手动脑寻找问题的答案 3. 探索中有所发现时感到兴奋和满足
	具有初步的探究能力	1. 对感兴趣的事物能仔细观察,发现其明显特征 2. 能用多种感官或动作去探索物体,关注动作所产生的结果	1. 能对事物或现象进行观察比较,发现其相同与不同 2. 能根据观察结果提出问题,并大胆猜测答案能通过简单的调查收集信息 3. 能用图画或其他符号进行记录	1. 能通过观察、比较与分析,发现并描述不同种类物体的特征或某个事物前后的变化 2. 能用一定的方法验证自己的猜测 在成人的帮助下能制定简单的调查计划并执行 3. 能用数字、图画、图表或其他符号记录 4. 探究中能与他人合作与交流

续表

一级指标	二级指标	三级指标(阶段目标)		
		3~4 岁	4~5 岁	5~6 岁
科学探究	在探究中认识周围事物和现象	1. 认识常见的动植物,能注意并发现周围的动植物是多种多样的 2. 能感知和发现物体和材料的软硬、光滑和粗糙等特性 3. 能感知和体验天气对自己生活和活动的影响 4. 初步了解和体会动植物和人们生活的关系	1. 能感知和发现动植物的生长变化及其基本条件 2. 能感知和发现常见材料的溶解、传热等性质或用途 3. 能感知和发现简单物理现象,如物体形态或位置变化等 4. 能感知和发现不同季节的特点,体验季节对动植物和人的影响初步感知常用科技产品与自己生活的关系,知道科技产品有利也有弊	1. 能察觉到动植物的外形特征、习性与生存环境的适应关系 2. 能发现常见物体的结构与功能之间的关系 3. 能探索并发现常见的物理现象产生的条件或影响因素,如影子、沉浮等 4. 感知并了解季节变化的周期性,知道变化的顺序 5. 初步了解人们的生活与自然环境的密切关系,知道尊重和珍惜生命,保护环境
数学认知	感知生活中数学的有用和有趣	1. 感知和发现周围物体的形状是多种多样的,对不同的形状感兴趣 2. 体验和发现生活中很多地方都用到数	1. 在指导下,感知和体会有些事物可以用形状来描述 2. 在指导下,感知和体会有些事物可以用数来描述,对环境中各种数字的含义有进一步探究的兴趣	1. 能发现事物简单的排列规律,并尝试创造新的排列规律 2. 能发现生活中许多问题都可以用数学的方法来解决,体验解决问题的乐趣
	感知和理解数、量及数量关系	1. 能感知和区分物体的大小、多少、高矮长短等量方面的特点,并能用相应的词表示 2. 能通过一一对应的方法比较两组物体的多少 3. 能手口一致地点数 5 个以内的物体,并能说出总数。能按数取物 4. 能用数词描述事物或动作。如我有 4 本图书	1. 能感知和区分物体的粗细、厚薄、轻重等量方面的特点,并能用相应的词语描述 2. 能通过数数比较两组物体的多少 3. 能通过实际操作理解数与数之间的关系,如 5 比 4 多 1;2 和 3 合在一起是 5。 4. 会用数词描述事物的排列顺序和位置	1. 初步理解量的相对性 2. 借助实际情境和操作(如合并或拿取)理解“加”和“减”的实际意义 3. 能通过实物操作或其他方法进行 10 以内的加减运算 4. 能用简单的记录表、统计图等表示简单的数量关系
	感知形状与空间关系	1. 能注意物体较明显的形状特征,并能用自己的语言描述 2. 能感知物体基本的空间位置与方位,理解上下、前后、里外等方位词	1. 能感知物体的形体结构特征,画出或拼搭出该物体的造型 2. 能感知和发现常见几何图形的基本特征,并能进行分类 3. 能使用上下、前后、里外、中间、旁边等方位词描述物体的位置和运动方向	1. 能用常见的几何形体有创意地拼搭和画出物体的造型 2. 能按语言指示或根据简单示意图正确取放物品 3. 能辨别自己的左右

5. 童趣艺术

童趣艺术目标如表 4-1-5 所示。

表 4-1-5　童趣艺术目标

一级指标	二级指标	三级指标（阶段目标）		
		3~4 岁	4~5 岁	5~6 岁
感受与欣赏	喜欢自然界与生活中美的事物	1. 喜欢观看花草树木、日月星空等大自然中美的事物 2. 容易被自然界中的鸟鸣、风声、雨声等好听的声音所吸引	1. 在欣赏自然界和生活环境中美的事物时，关注其色彩、形态等特征 2. 喜欢倾听各种好听的声音，感知声音的高低、长短、强弱等变化	1. 乐于收集美的物品或向别人介绍所发现的美的事物 2. 乐于模仿自然界和生活环境中有特点的声音，并产生相应的联想
	喜欢欣赏多种多样的艺术形式和作品	1. 喜欢听音乐或观看舞蹈、戏剧等表演 2. 乐于观看绘画、泥塑或其他艺术形式的作品	1. 能够专心地观看自己喜欢的文艺演出或艺术品，有模仿和参与的愿望 2. 欣赏艺术作品时会产生相应的联想和情绪反应	1. 艺术欣赏时常用表情、动作、语言等方式表达自己的理解 2. 愿意和别人分享、交流自己喜爱的艺术作品和美感体验
	喜欢进行艺术活动并大胆表现	1. 经常自哼自唱或模仿有趣的动作、表情和声调 经常涂涂画画、粘粘贴贴并乐在其中	1. 经常唱唱跳跳，愿意参加歌唱、律动、舞蹈、表演等活动 2. 经常用绘画、捏泥、手工制作等多种方式表现自己的所见所想	1. 积极参与艺术活动，有自己比较喜欢的活动形式 2. 能用多种工具、材料或不同的表现手法表达自己的感受和想象 艺术活动中能与他人相互配合，也能独立表现
表现与创造	具有初步的艺术表现与创造能力	1. 能模仿学唱短小歌曲 2. 能跟随熟悉的音乐做身体动作 3. 能用声音、动作、姿态模拟自然界的事物和生活情景 4. 能用简单的线条和色彩大体画出自己想画的人或事物	1. 能用自然的、音量适中的声音基本准确地唱歌 2. 能通过即兴哼唱、即兴表演或给熟悉的歌曲编词来表达自己的心情 3. 能用拍手、踏脚等身体动作或可敲击的物品敲打节拍和基本节奏 能运用绘画、手工制作等表现自己观察到或想象的事物	1. 能用基本准确的节奏和音调唱歌 2. 能用律动或简单的舞蹈动作表现自己的情绪或自然界的情景 3. 能自编自演故事，并为表演选择和搭配简单的服饰、道具或布景 能用自己制作的美术作品布置环境、美化生活

三、野美融合，趣味探索

“趣野美”课程内容整体上由基础课程和特色课程两部分组成。充分挖掘“趣、野、美”三字办园理念的核心价值，以看见儿童回归本真为原则，将中国优秀文化与美育教育有机渗透，互生共长，交融创新。

基础课程由主题优化调整和生成性项目两部分组成，涵盖野趣运动、妙趣语言、启趣社交、稚趣科学和童趣艺术等领域。在野趣运动中,孩子们亲近自然,挑战自我;妙趣语言活动激发孩子们对语言学习的兴趣;启趣社交活动培养孩子们的人际交往能力;稚趣科学活动激发孩子们的好奇心;而童趣艺术活动则培养孩子们的审美能力和创造力。优化调整的课程内容是基于原有预设审定的课程资源,在实施过程中,会根据园本实际、幼儿兴趣和经验进行选择、优化和调整。生成性项目是根据幼儿的即时需求和兴趣,经团队审议确认后生成的课程内容,是趣野美课程内容的补充,具体内容呈现不确定性。

特色课程由生态美育、幼小衔接和玉娃足球三部分组成。生态美育课程作为连接人与自然的桥梁,不仅传授生态知识,还通过喂养动物、耕种、垃圾分类和厨余堆肥等实践活动,让幼儿深刻理解环境保护的重要性。对于即将踏入小学的孩子们,幼小衔接课程如同一座平稳过渡的桥梁。通过身心准备、生活准备、社会准备和学习准备,让孩子们在园本课程的学习与探索中,逐步衔接小学的学习生活。玉娃足球作为趣野美课程的明星项目,以其独特的魅力吸引着孩子们。在绿茵场上,孩子们在专业教练的指导下学习足球技能、战术布局和比赛规则,通过体能训练和比赛对抗,提升身体素质,学会沟通与协作,培养坚韧不拔的竞技精神。让幼儿亲近生活,亲近自然,走向社会,感悟人生。锻炼其体魄,丰富其人生(图 4-1-1)。

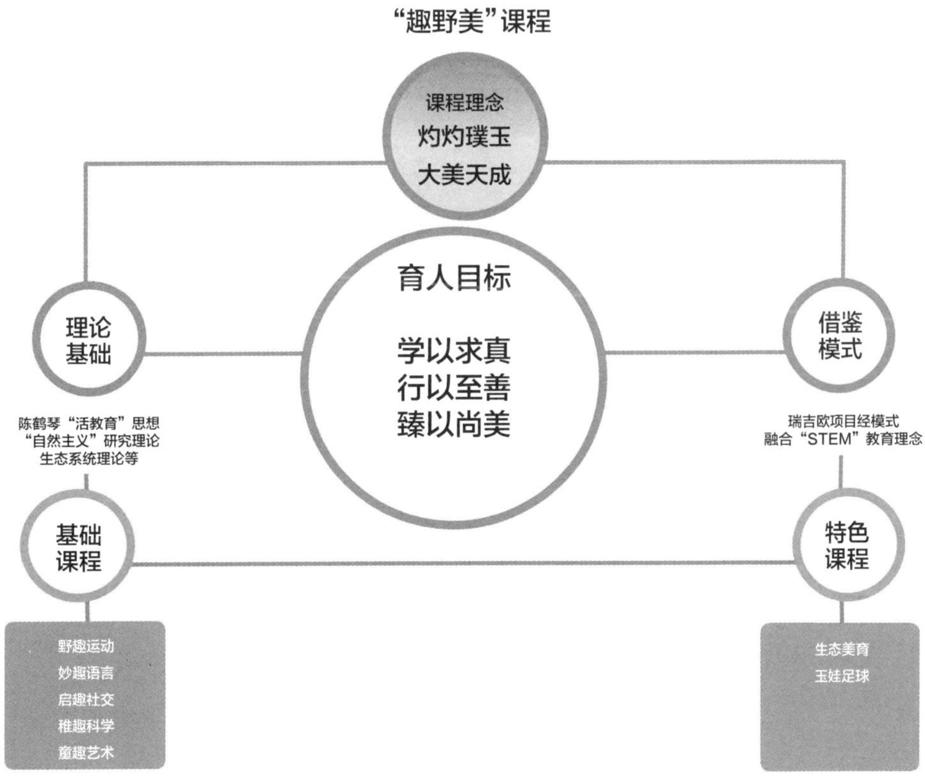

图 4-1-1 “趣野美”课程架构

第二节　探索创意实践，激活“趣野美”的灵动智慧
——平衡车停车支架改造计划

本实践适合4~5岁年龄段的幼儿，执教老师为廖梨帆、黄千露。

一、项目简介

（一）活动缘起

幼儿在骑行区归位车辆时，发现平衡车停放容易倒、支架摆放不整齐，较难停放。教师以此为契机，基于优化平衡车支架改造为主要线索，展开了本次《平衡车停车支架改造计划》项目。

（二）前期经验及资源支持

通过小班时期的项目教学，幼儿不仅积累了测量与建构的经验，还逐渐形成了项目式思维的习惯。进入中班后，幼儿又积极参与木工活动，在这一过程中，加深了对动手制作物品的理解，并有效掌握了材料使用的技巧。

（1）经验准备。亲子调查问卷。

（2）材料准备。纸箱、PVC管、尺子、木板

（三）发展水平及教育价值

该项目遵循“发现问题-分析问题-解决问题”的探究路径，旨在培养幼儿的观察能力、辩证思维以及工程意识。首先，教师通过实验的方式为幼儿提供关于形状与稳定性关系的初阶知识，帮助他们理解三角形稳固性等关键概念，以及优化停车支架的重要性。其次，幼儿开始尝试针对安全、耗时、耗材、稳固等因素对现有停车支架进行优化改造。教师则引导他们梳理现有经验，进行经验迁移，并分析材料的优缺点，以做出最优选择。这一过程中，幼儿了解了不同材质的属性及优劣对比，并通过探究获得了阶段性最优的加工材料及固定方式。最后，幼儿将成品投入使用，并探讨使用标准，同时继续寻求更美观、更优化的方案。教师则通过家校社多方联动，挖掘资源，扩大研究受众面，并寻求专业资源支持，以支持幼儿的进一步探究和迭代。这一过程不仅提升了幼儿解决问题的能力，还培养了他们的辩证思维和资源调度能力。

二、项目实施过程

（一）实地调研

1. 问题

调研园所平衡车停车支架不稳的原因。

2. 活动实录

（1）幼儿进入区域进行实地调研，直观感受平衡车支架不稳的原因。停车支架太轻

容易晃动(图 4-2-1);一个支架倒下就会影响其他支架(图 4-2-2)。

图 4-2-1 停车支架太轻

图 4-2-2 一个支架倒下影响其他支架

通过调查,师幼们共同了解到生活中存在着多种多样的停车支架,如车身自带支架、卡位式支架、脚撑支架以及纸箱凹槽平衡支架等,它们各自适用于不同的场景。其中,卡位式支架以其整体性强、稳定性好以及摆放整齐美观等优点受到关注,但其形态笨重,与幼儿园现有停车场不匹配。固定架则具有单个可移动、灵活轻便以及可按需增减等优点,但需要先摆放好固定支架才能确保整齐,且稳定性有待考虑。脚撑支架为平衡车提供了像自行车一样的单边支架,停车便利且稳定性加强,但因其技术性强,幼儿目前难以动手操作,且对低龄段幼儿来说停放有一定难度,也存在一定的安全隐患。而纸箱凹槽平衡支架则以其环保便利、成本低廉、材料常见以及幼儿可操作性强等优点受到青睐,不过它不防水,易变形,使用周期相对较短。

结合园所的实际情况(图 4-2-3),幼儿围绕平衡车停车支架设计展开了讨论。思妍率先提出可以设计一个能放很多平衡车的支架。对此,熠辰提出了不同见解,他认为不适合采用连体式停车支架,建议为每辆平衡车单独配置停车支架。随后,多多提出了更具创新性的方案,主张摒弃传统停车支架结构,参考自行车侧边支架的安装方式,为平衡车设计新型侧边停车装置。而安安则结合材料特性,提出利用木板制作三角形停车支架的构想,通过三角结构的稳定性来确保平衡车稳固停放。

图 4-2-3 现平衡车停车区

(二)探究平衡车停车支架的稳固形状

1. 问题

探究平衡车停车支架的形状。

2. 活动实录

了解几何图形的稳定性(图 4-2-4 至图 4-2-7)。

图 4-2-4　常见几何图形特性

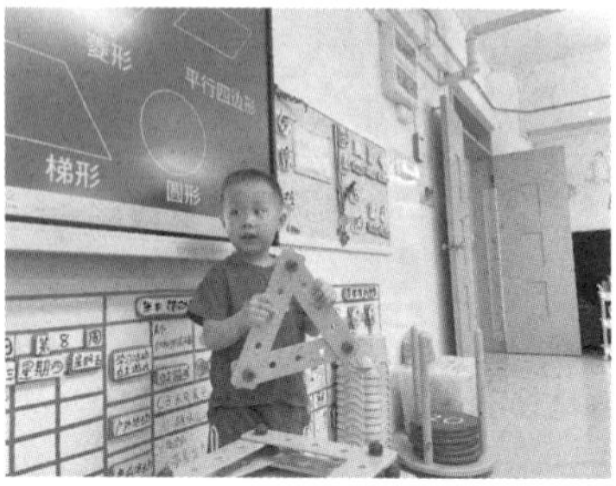

图 4-2-5　感受三角形的特性

图 4-2-6　幼儿投票选择

图 4-2-7　幼儿选择三角形作为停车支架

在本次"探究平衡车停车支架的形状"探究过程中,幼儿对稳固支架的形状形成了一定的认知基础。在对由螺栓和螺母组装成的三角形结构进行形状改变的尝试中,圣烜和轩轩仔细观察,发现其变形后的形态特点,将其与菱形、平行四边形联系起来。在探讨哪种图形用料最少且最稳固的过程中,曼琳准确地指出平行四边形容易变形的特性,不适合作为停车支架的图形选择。通过对不同图形的比较分析,幼儿们综合考虑图形的稳定性和用料多少,排除了适合车轮的圆形以及四条边的图形。最终,幼儿基于支架需要稳固性,同时又力求节约用材的原则,一致选定了用料最少且稳固的三角形作为停车支架的设计雏形。

(三)探索原支架

1. 问题

寻找原支架不稳的原因。

2. 活动实录

(1)幼儿通过拼插材料的实践,了解到三角形具有稳固且节省材料的特性。然而,他们发现现有的停车支架虽也是立体三角形,却仍存在稳定性不足的问题。基于此,幼儿对支架不稳的原因展开了深入探究。通过观察与讨论,熠辰提出支架高度过高的问题,导致平衡车轮胎无法接触地面,车体支撑不充分;宇晗提出现有支架材质轻便,支架重量不足,易受外力影响晃动;奕桐提出了摆放间距过近以及停放时未将前轮车轴准确卡入支架中心位置，都易引发连锁倾倒现象。

针对上述问题，幼儿寻找资料，观察不同的平衡车，了解平衡车特性，从而引出车轴距也是影响平衡车不易维持平衡原因之一（图 4-2-8，图 4-2-9）。园内的平衡车轴距较短，在无法改动平衡车的前提下，幼儿提出可以改造平衡车支架使其稳固。

图 4-2-8　师幼共同查阅资料了解平衡车结构

图 4-2-9　平衡车轴距影响平衡车稳定

在本次关于改造平衡车支架的探讨中，师幼共同结合实际对现有支架进行了全面分析。从优点来看，现有支架具有轻便的特性，它采用单个铁材料且运用了镂空设计，使得支架整体重量较轻，便于移动和操作；同时，其美观度也值得一提，支架结构对称，能够将平衡车架空摆放，视觉上较为整齐、美观。

然而，现有支架也存在一些明显的缺点。由于它是铁材料制成，并且常常摆放在室外，容易受到雨水的侵蚀，进而导致生锈问题，影响支架的使用寿命和外观；另外，由于平衡车本身较重，而支架过轻，这就使得支架在支撑平衡车时不利于平衡车的平稳停放，存在一定的安全隐患。

通过这次对现有平衡车支架优缺点的分析，幼儿对其有了更清晰的认识，也为后续对支架进行改进或重新设计提供了重要的参考依据，幼儿基于这些分析，积极思考，提出增强平衡车支架稳定性的解决方案，让平衡车支架更加完善。

（四）改造支架

1. 问题

如何增强平衡车支架的稳定性。

2. 活动实录

（1）幼儿讨论如何增强平衡车支架的稳定性。

在关于如何增强平衡车支架稳定性的讨论中，幼儿积极思考，各抒己见，提出了许多富有创意和实用性的想法。宇晗提出可以加重支架，从增加支架自身重量的角度来提升其稳定性；熠辰想到可以固定把手，有效避免平衡车的晃动，还提出把平衡车的距离放远一些，或者将平衡车倒立放，从改变平衡车放置方式的方面来增强稳定性；奕桐则关注到放车时的位置细节，指出加大距离摆放可以保证平衡车停放时的平衡。

（2）幼儿与教师共同分析加重支架、固定把手、倒立放和加大距离摆放四种方法的可行性。

①加重支架。幼儿提议通过增加支架重量提升稳定性，师幼认为此方案目前可行，需在支架上加装重物实现。

②固定把手。幼儿担心固定把手会影响骑行灵活性和转弯功能，此方法不可行。

③倒立放。幼儿认为小班弟弟妹妹力量不足，难以倒立放置平衡车，教师分析此方法对小班幼儿不便利，不可行。

④加大距离摆放。幼儿指出场地空间有限，无法隔开足够距离摆放车辆，此方案不可行。

（3）如何加重平衡车支架。

在讨论如何加重平衡车支架时，阳阳先提出用重一些的东西，师宇说用砖块，阳阳补充说水管，赵轩强调铁制水管更重，飞扬认为石头可行，宇晗则提议用木头。经过师幼的共同分析，他们确定了各种加重材料的优缺点。铁制水管具有耐磨、与原支架同材料、硬度高、易延展以及价格低廉等优点，但其获取渠道相对单一，容易生锈，且对幼儿来说操作较为困难。相比之下，塑料水管则具有轻质、加工性能好以及化学稳定性好等优点，然而它也存在易老化、易燃以及回收利用困难等缺点。自然材料石头在耐久性、抗震性和抗风性方面表现出色，属性稳定，但其重量大、难以加工，且需要维护，容易掉碎渣。另一种自然材料木头则具有比强度大、轻质高强、易获取装饰性强以及易加工和安装等优点，但木头容易遭受腐蚀和虫蛀。

幼儿的想法天马行空，对于材料的认知丰富多样。教师协助幼儿进行材料优缺点分析，结合园内特点，筛选出石头和木头等自然材料，这些材料在园内目前易于获取，木头更易加工。因此，幼儿决定通过实验对比木头和石头两种增重材料，最终筛选出适宜使用的材料。

（五）筛选加重支架的材料

1. 问题

将现有材料进行对比，筛选加重支架的材料。

2. 活动实录

（1）园内寻找可以加重的材料：石头和木头。

在园内为平衡车支架寻找加重材料的过程中，宇泽在木工区找到重木板，安安在植物之家发现大石头。针对如何为支架加重，宇泽和安安提出用材料压住支架的方法，随后幼儿进行了实践操作。幼儿通过让篮球间隔三米远撞击加重后支架上的平衡车，发现石头并不能有效起到加重作用；安安发现，木板虽能增加支架重量，却影响平衡车摆放，且未固定时会晃动；不过，木板可以在平衡车要倒时为支架加重，从而使平衡车没有侧翻（图 4-2-10，图 4-2-11）。

图 4-2-10 石头压住

图 4-2-11 木头压住

（2）现阶段支架加重方式存在的不足。

现阶段幼儿选择在支架上压木板增加重量，这种方法为支架增加了重量，但也存在不足，有以下四个方面：①幼儿自行收纳时，在拿取平衡车容易碰到木板，存在安全隐患 ②木板过长，欠缺美观度 ③一个支架需 2~4 块木板载，耗材较多 ④木板和支架是分离的，若需移动位置，操作不便综上所述，考虑美观、安全等因素，决定再寻找其他加重材料。

（六）配重木板与铁平衡支架连接

1. 问题

加重木板如何与铁平衡支架相连接呢？

2. 活动实录

幼儿重新寻找到新的木板后，发现了新的问题：如何将木板与铁平衡支架相连接呢？在探讨木板与铁平衡支架如何连接的问题上，幼儿展开了讨论。仔仔提出比量木板大小，瑶瑶认为大木板放上面影响放车，应放下面。桂斌提议粘连，瑶瑶、阳阳等分别提出用钉子、螺丝钉、胶水、胶枪等方式。仔仔详细阐述了用钉子固定的数量和方式，还提出不同钉法。泽军提议用胶水尝试。最终，幼儿通过对比方便性和美观性，选择胶水搭配钉子或螺丝钉的方式（图 4-2-12，图 4-2-13）。

图 4-2-12 竖着钉

图 4-2-13 黏合剂粘木板

在尝试将木板与金属铁平衡支架连接并为支架加重的过程中，宇晗、仔仔、泽军等幼儿积极实践。从最初想用四枚钉子固定长木板却发现诸多问题，如钉子位置不当、木板挡住平衡车放置空间等，到提出锯木板、换小木板，以及采用不同的固定方式（钉八枚钉子竖着固定)。在使用胶水连接时,幼儿耐心地等待胶水晾干。最终幼儿制作出了三个支架,决定先使用钉钉子的支架,发现效果良好,于是将另两个黏好的支架也投放使用(图 4-2-14)。

三种改造后的支架对比

	1	2	3
耗时耗材	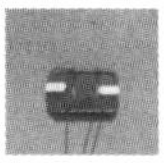	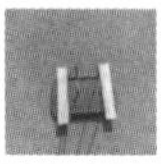	
使用材料	大木板 1 块、小木板 2 块、钉子 4 枚	大木板 1 块、长木板 2 块、钉子 8 枚	大木板 1 块、黏合胶 1 瓶
花费时间	2 分钟	5 分钟	24 小时
对比	用材少、用时少	材料增加、耗时加长	用材少、易上手,等待时间长

图 4-2-14　三种加固对比

图 4-2-15　投入使用第三天倒了

幼儿通过三种固定方式,成功将支架与木板连接,但是在投放使用的过程中发现,效果仅维持三天,三个改造后的支架都倒了(图 4-2-15)。师幼通过讨论继续挖掘更优的改造方式。

(七)联排式支架

1. 问题

单个支架加固会倒,还有没有更好的方式进行改造?

2. 活动实录

(1)经验迁移:轮胎放置的联排式支架。

在本次关于支架的讨论中,老师首先引导幼儿认识“联排式”支架并了解联排式支架存在的问题,宇晗等幼儿积极思考,提出加长支架、分设支架等解决办法。随后,讨论延伸到平衡车支架,大家通过类比提出制作联排式平衡车支架,并探讨其稳定性,宇晗认为三个支架组合更稳,熠辰提出固定方法。针对可能出现的问题,仔仔、熠辰提出根据车把手的距离来确定平衡车支架的位置。最后,幼儿通过对比,选择出较为适宜的长木板作为三个平衡车支架的底板(图 4-2-16,图 4-2-17,图 4-2-18,图 4-2-19,图 4-2-20)。

图 4-2-16　把手错位导致摆放不整齐

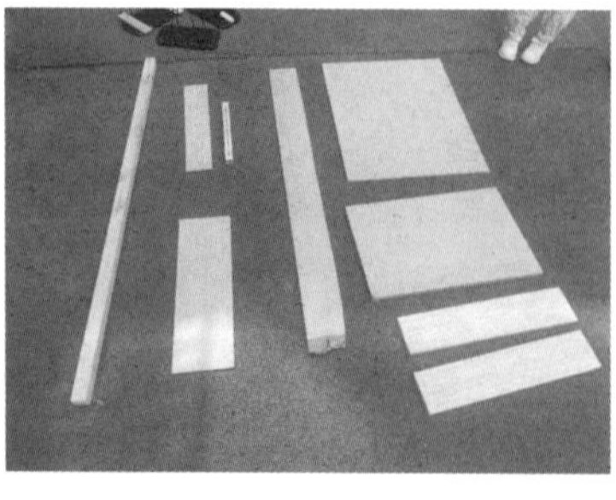

图 4-2-17　木工区寻找到的木板

图 4-2-18 确定平衡车摆放位置

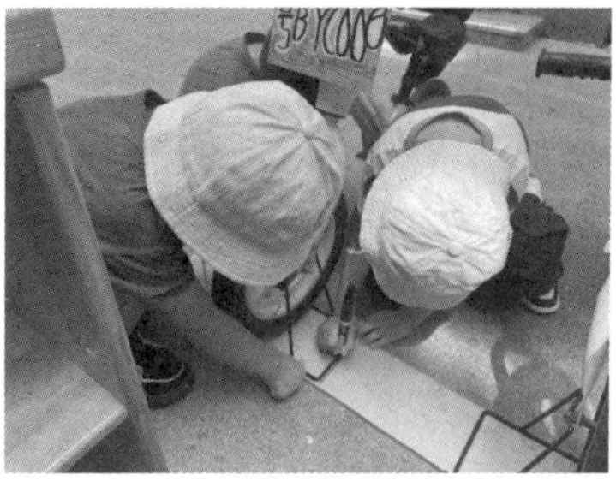

图 4-2-19 绘制辅助线

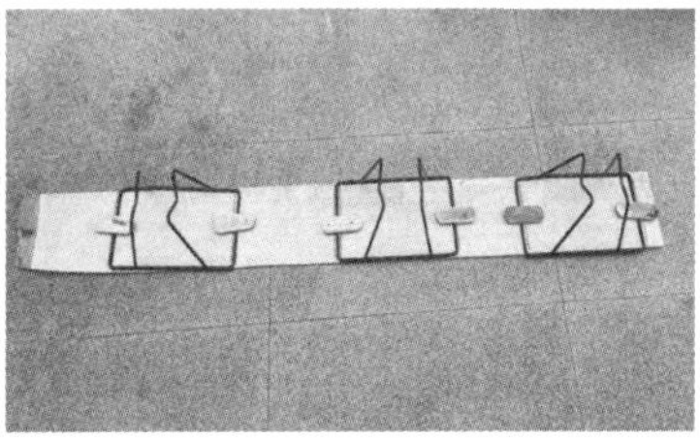

图 4-2-20 联排卡位式支架

在平衡车支架与木板固定的实践过程中,奕桐提出先摆放平衡车确定位置,仔仔认为用钉子将两块小木板横着钉是最省时的方法,且因支架阻挡无法竖着钉。在动手前,仔仔和奕桐意识到要先画线标记,以便确定支架位置。计算得出三个支架需六块小木板后,幼儿准备好工具开始操作,却遇到小木板易翘起的难题。本次活动体现了 STEM 中科学与工程的关系,以工程设计为核心,幼儿在实践中虽遇困难但主动思考,决定向专业人士请教以寻求更优方案,展现了积极探索的学习态度和工程思维的初步运用。

(八)支架投入使用

1. 问题

为什么在木板钉稳的情况下,支架还会歪?

2. 活动实录

在联排式支架与改造单个支架投入使用后,发现即便木板钉稳,支架仍会歪。幼儿们积极分析原因,阳阳、熠辰等分别指出小木板有缝隙、会翘起来,支架边圆易滑等因素,并提出压平小木板、用多块木板夹住支架边等解决办法,有的方案因烦琐被否。宇晗、赵轩则提出新设想,赵轩还求助了木工叔叔。木工叔叔带来角码,但其操作费力不符合幼儿需求被淘汰。最终幼儿仍想在小木板开洞,教师适时补充"榫卯结构"全过程经验,整个过程幼儿积极探索,教师及时引导,体现了幼儿主动学习与解决问题的能力,如图 4-2-21 至 4-2-29 所示。

图 4-2-21　第二天三联排不倒

图 4-2-22　投入第五天，有一个支架歪了

图 4-2-23　海绵拱门和半圆形组合

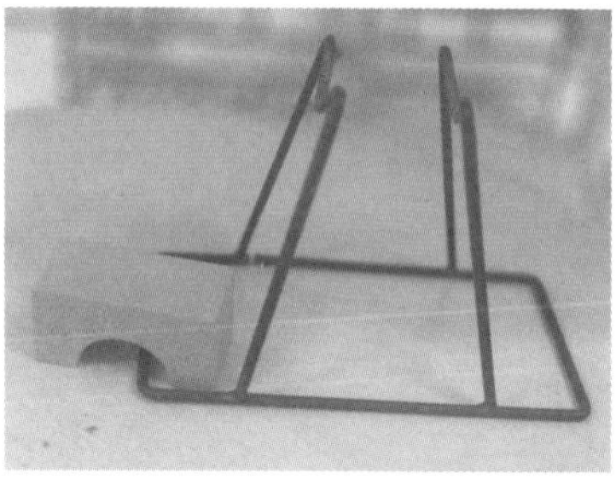

图 4-2-24　让支架边穿过支架

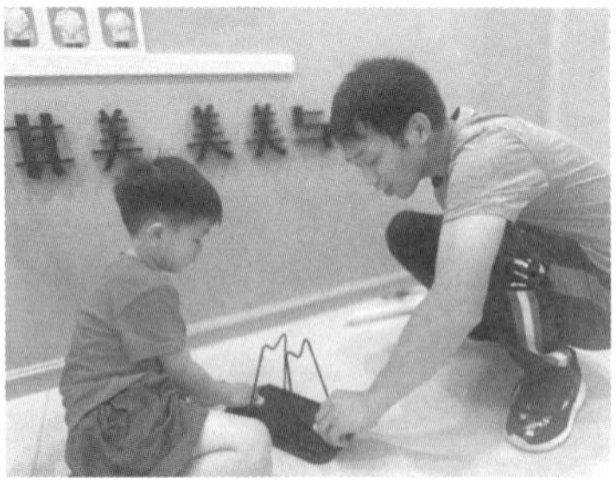

图 4-2-25　幼儿告知木工叔叔想法

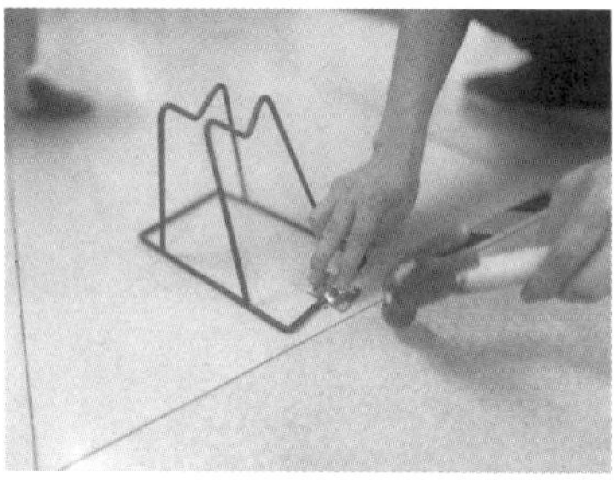

图 4-2-26　锤扁的角码

图 4-2-27　教师经验支持图

图 4-2-28　榫卯结构原理进行支架固定

图 4-2-29 利用榫卯结构固定成型的支架

三、项目总结

(一)项目亮点

(1)针对幼儿年龄特点解决生活实际问题。

(2)幼儿能够在探究中认识周围的事物和现象。

(3)培养幼儿的独立思考能力。

(4)培养幼儿的比较能力。

(5)将枯燥复杂的科学原理融入项目,让幼儿得以实践。

(6)当幼儿的想法与专业人士的答案相悖时,幼儿能够坚持自己的想法,展现出初步的独立思考和选择意识。

(二)项目难点

(1)改造类活动设计涉及较多数理知识,教师如何通过深入浅出的方式引导幼儿理解事物原理。

(2)中班幼儿在木工类活动中更多是提供想法,成品制作仍需成人的帮助。

(3)为了改造材料成本过高,前期多次进行材料对比,导致走了许多弯路。

(三)项目反思

1. 阶段一:探究平衡车支架不稳固的原因及三角形稳固

教师在自己的认知受限,未能及时支持和帮助幼儿解决所提出的“为什么?”时,应多查阅资料或寻找专业人士等资源,帮助幼儿解决问题。站在巨人的肩膀上更容易成功。这一阶段主要围绕探究平衡车支架不稳固的原因,并引入三角形稳固的原理进行讨论和学习。

2. 阶段二:初次尝试改造平衡车支架

阶段二的关键词是“有效试错”。在问题聚焦阶段,教师协同幼儿,借力思维导图(图表)助推中班幼儿深度学习。通过罗列问题,筛选出具有价值且可探究的问题,引导幼儿对事物进行更细致的观察、对比和思考,从而使教师的指导更加具有针对性。

试错是助力孩子提升经验必不可少的路径。但如何让幼儿在试错中提高学习能力,教师需要谨慎把握。教师应避免盲目试错,不能只是一味地“尊重”孩子,而应在积极鼓励试错与盲目试错之间找到一个最佳的平衡点,助力幼儿逐步形成辩证思维。

3. 阶段三:优化停车支架

阶段三的关键词是"迭代"。教师适时介入,帮助幼儿了解榫卯结构的原理,更好地鹰架幼儿探讨及优化平衡车支架的设计。

在优化过程中,教师要为幼儿建立批量生产及迭代优化的工程思维。例如,在幼儿通过不断地试验时,引导他们发现可能发生的潜在问题,并有针对性地予以优化,如考虑每辆车之间、每个支架之间应相隔多少才是合适而又省材的距离。

四、项目评价

幼儿的学习是在探究具体事物和解决实际问题的过程中,尝试发现事物之间的异同和联系。幼儿在对自然事物的探究以及运用数学解决实际生活问题的过程中,不仅获得了丰富的感性经验,充分发展了形象思维,而且初步尝试判断和推理,逐步发展逻辑思维能力,为其他领域的深入学习奠定了基础。

(一)幼儿评价

幼儿学习的核心在于激发探究兴趣,体验探究过程,发展初步的探究能力。幼儿在探究中通过思考、质疑,以辩证的思维看待问题,积极发表自己的观点和看法,提高了幼儿深入探究事物的能力。本次项目源于幼儿园内真实生活问题。平衡车是在上学期最后一个月采购进园的,幼儿喜欢接触新到的平衡车这一新事物,活动中乐于玩耍平衡车,但常常无法自主整理摆放,需要教师的帮助。进入新学期后,中班幼儿能够自主摆放整齐,但仍存在摆完一辆车后转身不小心碰倒其他平衡车的情况。在某次户外活动中,询问幼儿最喜欢哪个户外场地及原因时,幼儿提出了平衡车摆放不稳的问题。幼儿在探究活动中对事物或现象进行观察比较,发现其相同与不同之处。幼儿根据简单的调查收集信息,观察结果提出问题,并大胆猜测答案。在本次案例中,幼儿辩证地看待三角形的稳固性问题,提出疑问:"为什么已有三角形的支架,还是不稳固?"随后决定优化支架,使其更加稳固。

(二)教师评价

《幼儿园教师指导纲要》中提出:"教师是幼儿学习活动的支持者、合作者、引导者。"基于支持幼儿探究学习的要求,教师应抓住幼儿提出的疑问,为他们提供一些有趣的探究工具,激发幼儿的探究欲望,与幼儿一起发现并分享周围新奇、有趣的事物或现象,共同寻找解决平衡车不稳问题的方法。通过拍照和幼儿的表征等方式,保留和积累有趣的探索与发现。教师在整个探索过程中应给予幼儿真诚地接纳、多方面的支持,并鼓励他们的探索行为。认真对待幼儿的问题,引导他们进行猜测和思考,条件允许时与幼儿一起进行一些简易的调查或有趣的小实验。多为幼儿提供一些可操作性强、变化多样的废旧材料,在保证安全的前提下,鼓励幼儿进行拆装或动手改造支架。

第三节　探索创意实践，激活“趣野美”的灵动智慧——小鸡喂食器

本实践适合5~6岁年龄段的幼儿，执教教师为张琼。

一、项目介绍

（一）活动缘起

在户外活动休息的间隙，幼儿发现了园内璞玉生态农场的小鸡喂食器。由于投放及设计形式不合理，导致鸡舍地板上有大量遗落的饲料，这不仅造成了饲料的浪费，还对环境造成了污染，不利于小鸡的健康生长。因此，班级的幼儿萌生了制作一个可以解决浪费问题的小鸡喂食器的想法。师生针对这个问题开展了相关的项目式探究。

（二）前期经验及资源支持

大班幼儿对世界有着积极的求知态度，热爱学习、好问，具有极强的求知欲望。随着手部精细动作及小肌肉运动的发展，他们的创造欲望也大大增强。对于项目式学习，幼儿表现出较好的理解能力和实践能力。在交往过程中，该年龄段的幼儿开始具备合作意识和规则意识，表现与表达的方式也更加多样化，有利于项目的深度探究。作为生态文明教育特色幼儿园，园所结合光明区“生态、科技、幸福”的理念，立足园情，本土创生，创设了自然探索区、野趣园等多个生态特色户外区域。此次幼儿发起的自制小鸡喂食器项目正是生态环境下衍生出的具有自然教育价值的活动，能够促进幼儿的学习与发展，符合园所的生态教育理念。

（三）发展水平及教育支持

幼儿对设计小鸡喂食器产生了浓厚的探究兴趣；大班幼儿的问题意识增强，能够发现问题并探究解决方案，且具有很强的自发性。同时，大班幼儿的认知能力、动作技能和合作能力不断增强，身心准备也已充分。此外，幼儿园正在实施探究式的科学教育，鼓励孩子自主探究和发现，支持孩子大胆猜想并运用实验的方式进行验证，让幼儿在探究动物的活动中充满爱与发现。园内设有专业木工区，并配备木工老师和电工师傅等教师资源，可以共同支撑项目的实施，助力项目的有序推进。

二、项目实施过程

（一）第一阶段：调查与探讨

璞玉生态农场是幼儿户外活动常去的场地，在户外活动时间，幼儿常会去观察、投喂小鸡。在发现喂食器设计及实际使用的问题后，幼儿实地观察和收集了自己及同伴喂食时是否遇到同样或更多的问题，为后续确定需要一个精准投喂、不会被啄手、杂物不会掉进饲料里的小鸡喂食器提供数据。

1. 调研准备

预设调研问卷，协助幼儿开展实地走访调研。

2. 活动实录

通过实地走访，观察幼儿的喂食过程，收集幼儿喂食时遇到的问题，并尝试分析问题、找出解决路径。

经过幼儿的实地走访和调查表统计分析（图 4-3-1），所得如下。

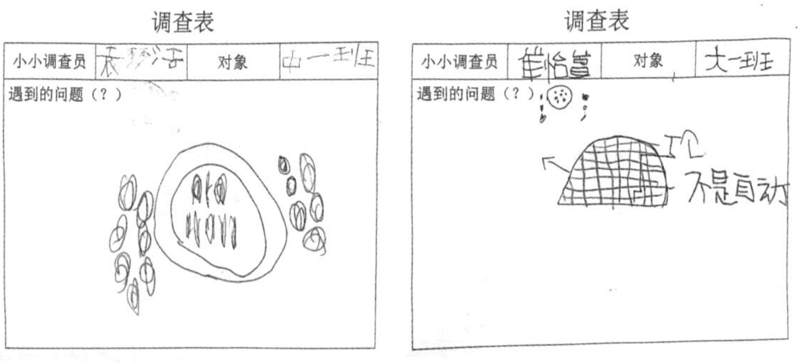

图 4-3-1　调查表

（1）喂食时小鸡会啄手；由于“紧张”，幼儿投喂时饲料容易扔到地上，造成饲料浪费现象。

（2）现有喂食器不干净等问题，如果饲料不及时更换，可能增加小鸡生病的风险。

（3）放假期间，小鸡喂食责任得不到落实，幼儿们希望喂食器能够自动投喂。

为解决目前遇到的这些问题，实现幼儿们的愿望，幼儿们计划设计一个可以精准投喂、不会被啄手、杂物不会掉进饲料里的小鸡喂食器。

在家长的配合下，亲子共同查阅资料，完成亲子调查表的填写工作（图 4-3-2）。通过这一过程，幼儿们了解了不同小鸡喂食器的样式及所需材料和材质。

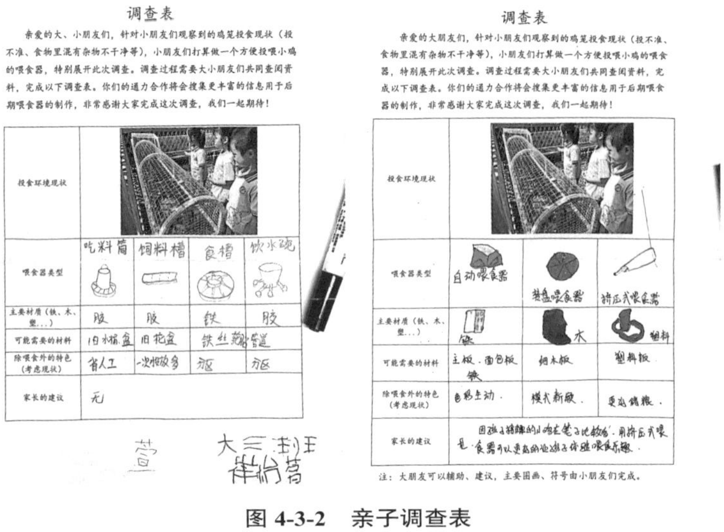

图 4-3-2　亲子调查表

幼儿开展组内研讨（图 4-3-3），针对搜集的不同样式的喂食器进行优劣势分析，通过对比筛选出适宜的喂食器样式，寻找材料，准备制作。

图 4-3-3 分享探讨

讨论过程中，幼儿们提出了多种设计方案：书瑶根据自己喂鸡的生活经验提出使用吃料筒；轩轩考虑到鸡笼的曲面设计，计划使用多块 PVC 管进行拼接；武旺和梓潼则从塑料瓶入手，打算将瓶子割出洞口进行食物投放；梓烨出于想让所有小鸡都能进食的想法，提出用木板做一个长长的喂食器。面对多种选择，幼儿们难以抉择，最终决定带来塑料瓶、细木板、铁片、PVC 管进行实验对比，筛选出最适宜幼儿园加工的材料。

3. 教师小结

以往的调查多由幼儿讨论投票，结合教师的意见，得出相关的结果，但实际上部分幼儿并不完全理解为何某些选项被排除。此次教师尝试"放手"，让幼儿成为深度学习的主体，幼儿通过直观感受，验证猜想，明确猜想结果是否契合设计需要。并且通过亲身体验、亲子调查表的分享讨论以及观看关于喂食器设计的相关视频，幼儿对于项目的热情高涨，动手操作的兴趣愈加浓烈。

（二）第二阶段：材料的选择

1. 问题

选用什么材料？不同材料制作喂食器有什么优缺点？

2. 活动实录

新的一周，幼儿们带来了各自的材料，甚至有的幼儿已经赶超项目进度，制作了一些喂食器，他们迫切地想将新的小鸡喂食器投入使用。幼儿们沉浸在项目中，都很雀跃，却忽视了制作之初需要解决的核心问题。于是，教师提出来，通过真实投放，对比观察大家带来的不同样式的喂食器，看是否能够解决问题，并找出各自的优缺点。

经过测试和比较（图 4-3-4），大家实实在在地感受到了不同材料之间的差别，幼儿们也开始对彼此的喂食器进行实验对比（图 4-3-5）。幼儿们发现，书瑶带来的吃料筒和幼儿园的一样，不能解决问题；而轩轩选择的 PVC 管太细，小鸡挤在一起会发生抢食；武旺制作的瓶子如果不小心很容易割伤手，存在安全隐患；最终，梓烨的木板喂食器得到了大家的认可，但仍需进一步完善。结合实践，幼儿们完成了分析对比表，针对喂食器需要解决的核心问题，结合实践进行判断，筛选出可以借鉴的设计参考。

图 4-3-4　测试

对比表

样式	不掉地	不啄手	不易掉杂物
	✓	×	×
	×	×	✓
	×	×	×
	✓	×	✓

对比表

样式	不掉地	不啄手	不易掉杂物
	×	✓	✓
	✓	×	✓

图 4-3-5　幼儿实验对比表

3. 教师小结

适当的试错，对于幼儿的成长极具价值！教师支持幼儿的亲身实践与探索，在活动中渗透相关的科学经验，支持幼儿探究物体和材料的物理特性及相互关系，学会在制约的关系中寻求最优解。小组成员分享了自己搜集到的关于小鸡喂食器的资料，其中也包含着已有的喂食器样式。他们在统计后发现，每个喂食器都有不足之处，没有办法解决所有问题，于是决定综合每种的优点，重新设计。在这个过程中，幼儿们不仅对比了解了这些不同喂食器的优缺点，还明确了可以结合园所木工区的优势，采取木板来制作小鸡喂食器。

（三）第三阶段：设计与测量

1. 问题

设计要考虑实际数据。

2. 活动实录

（1）设计图纸。

经过实践，师生决定重新设计，聚焦核心问题和前期测试的结果，设计组的幼儿代表绘制出了大家一致同意的设计图（图 4-3-6）。图纸包含四个重要部分：食槽、管道口、漏斗状投食口、遮挡板。

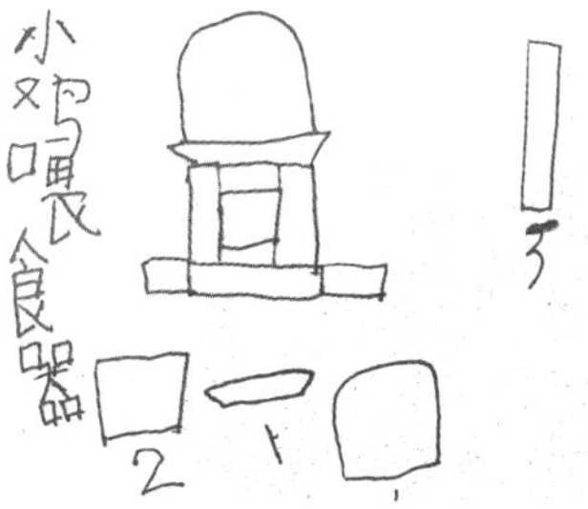

图 4-3-6　设计图

（2）鸡笼长度测量。

确认材料、图纸之后，要做一个多大的喂食器呢？幼儿们觉得需要测量具体的数据，喂食器要多高才合适呢？他们进行实地测量（图 4-3-7），得出投放位置的鸡笼长为 42 厘米，弧线最高点高度为 53 厘米。

图 4-3-7　幼儿测量过程

3. 教师小结

在设计图纸的过程中，幼儿结合鸡笼的外部结构进行设计，并在测量及记录数据时，有意识地知道自己所制作的喂食器不能超过测量的数据。由此，幼儿在活动的进行过程中，已经逐步形成了多维度、多角度思考的意识。

（四）第四阶段：开始制作

1. 问题

制作过程中遇到长短不同、固定问题、大小适配、材质等一系列问题。

2. 活动实录

在确定使用材料和设计图后，幼儿们到木工区寻找材料，进行初步搭建固定。木工区有很多废旧木板，幼儿们很快就按照图纸找到了需要的木板。食槽部分最先建构完成，在后续管道口的建构过程中遇到了一些问题。

（1）解决制作管道口的细木板长短不一的问题。

在制作过程中，幼儿们发现寻找的细木板的长度不一样（图 4-3-8，图 4-3-9）。为使喂食器管道口木板长度一致，梦洁将木板靠在短的木板旁边做了一个记号，然后取下来用记号笔画上一条直线。画完后，淇林就使用锯进行切割。完成后，轩轩还特意用尺子量了一下，确保木板长度一致（图4-3-10，图4-3-11）。

图 4-3-8　初步模拟

图 4-3-9　长短不一

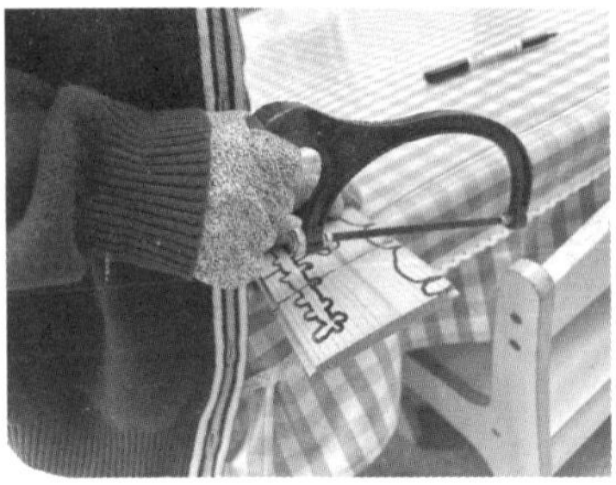

图 4-3-10　确定标记

图 4-3-11　进行切割

（2）解决长方体管道口的木板固定时留有空隙的问题。

经过对比和测量，四块木板长度基本一致。下一步，幼儿们将这个输送饲料的管道口的四块木板拼合成一个长方体。一开始，他们基于常识，尝试用绳子绑（图4-3-12），但还没绑两圈木板就都松散了。接着，他们又想到了木工区有工具可以使用，立即说：“我们可以用钉子钉，把两块木板钉在一起。”但细木板太细了，钉不进去，木板被钉裂了（图4-3-13）。

图 4-2-12　绳子测试

图 4-2-13　钉子测试

经过两轮实验，木板还是没办法拼合出长方体。于是，教师进行引导，启发幼儿思考平时做手工需要将两个物体粘牢的时候会运用什么工具。幼儿根据自己经验分别提出使用双面胶、酒精胶、透明胶、泡沫胶四种。

幼儿对胶体选择存在异议，于是将四种都进行测试。其中双面胶、酒精胶粘合的木板一拿就脱落，而透明胶和泡沫胶粘合的木板易歪曲、不稳定（图 4-3-14）。这时，一个经常和爸爸妈妈一起在家做手工的幼儿提出可以尝试使用胶枪。于是在教师的协助下幼儿使用胶枪黏合木板（图 4-3-15），长方体管道口制作完成（图 4-3-16）。活动到此，幼儿迫不及待进行试验验证投喂效果。

图 4-3-14 胶水测试

图 4-3-15 胶枪测试

图 4-3-16 初步完成

图 4-3-17 测量调整

（3）解决模拟喂食时饲料堆在中间拥堵的问题。

喂食器的初步组装完成后，由于园内饲料暂缺，教师引导可以用沙子替代饲料进行测试。在模拟投食时，由于喂食器管道口太宽，幼儿们发现沙子都集中在管道口下，只有满了才会往两边走。于是幼儿们对长方体管道口再次进行切割，再次测试。在后续测试的过程中，幼儿发现，只要将足够的饲料储存在管道口，就可以保证小鸡可以在几天无人照看的情况下有食物吃。原先长方体管道口饲料堆积拥堵的问题得到解决（图 4-3-17）。

（4）解决投食口拼接时大小不适配的问题。

由于鸡笼的网格很小，导致漏斗状的投食口无法放入固定。于是最后还是回到寻找一个比雪糕筒小的漏斗状投食口的问题上。幼儿寻求园内资源，找到电工师傅将瓶装空奶瓶进行改装，从而适配尺寸。

（5）解决喂食器遮挡板材质问题。

完成前三部分的制作后，成员们开始着手制作遮挡板。在这个过程中，成员们打算还是采用木片制作。使用之后发现，遮挡下面是很容易的，但投食口在鸡笼外面，如何保证能够遮挡住投食口呢？在遮挡板的制作过程中，幼儿们习惯性地提出用木板来完成遮挡板部分，第一时间就到木工区寻找木板（图 4-3-18）。

图 4-3-18 木板材料

图 4-3-19 发现不合适

实践之后，他们发现自己忽略了鸡笼外围是一个曲面，放在上面摇摇晃晃容易掉下来，不好固定（图 4-3-19）。幼儿想到没有遮挡板的情况下，可能会有叶子和小树枝掉进去，而且下雨了就会把饲料全部弄湿。幼儿总结出，他们需要选一些软的、可弯曲的，还能防雨的材料。于是他们开始在身边寻找可替代品。

很快他们找到了可替代材料（图 4-3-20），针对材质他们选择了塑料袋。但在进行遮盖的时候又发现，会出现三种情况：第一种是遮挡非投食口的部分，第二种是遮挡投食口和喂食器，第三种是只遮挡投食口。在实施自己的想法时，教师对他们的方案进行记录，并对方案的可行性进行分析。于是，他们得出遮挡需要分为两个部分，只遮挡投食口和只遮挡管道口和食槽都是不行的。在遮挡管道口和食槽的基础上，还需要给投食口制作一个遮挡棚顶。

图 4-3-20 测试遮挡的材料

(6)解决投食口突出部分的遮挡问题。

幼儿使用的遮挡顶棚需要可弯曲的东西进行支撑,于是幼儿思考有什么可以弯曲的东西进行支撑。有一位幼儿很快将百变扭扭棒活动的经验迁移到支架的需要上,于是拿来扭扭棒进行支架制作。但在实际操作后发现,一根扭扭棒没有办法支撑起塑料袋。于是通过叠加扭扭棒,完成了支撑(图4-3-21)。小鸡喂食器,正式投入使用!

图 4-3-21 完成遮挡顶后拼接完成制作

3. 教师小结

这是一个相对传统的制作类项目,但重点不在于制作的技术,不在于最后呈现的成果,而在于引导幼儿在循序渐进的探究过程中学习科学思维能力(观察、判断、推理、比较、提出解决办法、进行决策、批判性思考等),并促进反思。

三、项目总结

(一)项目亮点

真实情境与经验的整合。幼儿的问题源自户外农场喂食过程中真实存在的困境,通过问题引发幼儿的疑问和讨论,激发了他们解决问题的内在动力。为了解决这些真实面临的投食问题,幼儿计划制作一个能够解决问题的喂食器。在真实情境中,幼儿经历了试错的过程,但在教师的引导下,他们学会了通过实验、对比、筛选等方式,找到问题的最佳解决方案,始终保持解决问题的信心和深入学习探究的热情。其中,跨学科学习的融合也得到了充分体现。例如,在完成小鸡喂食器长方体管道口部分的过程中,幼儿积累了剪刀、锤子、锯子等工具的使用经验;在制作长方体管道口时,通过使用各种胶水,幼儿了解了不同胶水的属性,对材料科学有了初步认识;制作小鸡喂食器的过程中,幼儿也进行了测量,积累并运用了数学知识。

(二)项目难点

明确幼儿的发展水平,灵活调整活动设计。基于真实情境下的问题,幼儿产生了内在驱动力去探究制作小鸡喂食器。由于幼儿对长度的测量与记录没有准确的认识,教师带领他们进行长度测量与记录的学习。因此,在过程中,幼儿会遇到一些需要“跳一跳才能迈过”的门槛,这时教师需要适时停下来分析原因并提供支持,而不是一味追求最终结果的呈现。活动的主体应以幼儿为主,关注他们在活动中的真实状态和反馈,以灵活调整活动策略。

(三)项目反思

1. 教师角度

教师应提高对问题捕捉的敏感性。作为新手教师,在第一次带领 STEM 项目的过程中,常常受到对问题捕捉不足的困扰。由于成人的惯性思维,教师往往习惯性地忽略幼儿的问题,甚至直接预设答案,而没有给予幼儿思考的空间,失去了为幼儿提供支架学习的机会,导致幼儿无法深入学习,无法获得扎实的实践体验。

2. 幼儿角度

在此次活动中,幼儿在活动开始前想到要调查全园的幼儿是否面临相同或更多的问题,这使他们能够从他人的角度考虑问题,并确立了一个具体的目标:制作一个可以精准投喂、不会被啄手且杂物不会掉进饲料里的小鸡喂食器。然而,在活动接近尾声时,幼儿沉浸于制作成功的喜悦中,同时由于学期末临近,未能对小鸡喂食器的实际使用情况进行跟踪反馈。

四、项目评价

促进反思,迁移经验,在“小鸡喂食器”项目中,幼儿通过前期讨论、调查、样式与材料选择、测量、制作探究、反思优化等一系列步骤,逐步完成了喂食器的设计与制作。这一过程不仅培养了幼儿的动手能力,更重要的是通过反思与经验迁移,促进了他们的深度学习和问题解决能力的发展。

1. 反思与问题解决的循环

在项目的每个阶段,幼儿们都会遇到不同的问题,例如材料选择不当、设计尺寸不符、制作过程中固定困难等。面对这些问题,教师并没有直接给出解决方案,而是引导幼儿通过观察、实验、对比和讨论,逐步找到问题的根源并提出改进措施。例如,在制作长方体管道口时,幼儿们最初尝试用绳子和钉子固定木板,但均未成功。通过教师的引导,他们最终选择了胶枪作为固定工具,成功解决了问题。这一过程不仅让幼儿学会了如何应对挑战,还培养了他们的批判性思维和问题解决能力。

2. 经验迁移与跨学科学习

在项目进行过程中,幼儿们不仅学习了如何设计和制作喂食器,还通过实际操作积累了丰富的跨学科经验。例如,在测量鸡笼长度时,幼儿们运用了数学知识;在选择材料时,他们了解了不同材料的物理特性;在使用工具时,他们掌握了锯子、胶枪等工具的使用方法。这些经验不仅帮助幼儿完成了当前的项目,还为他们在未来的学习和生活中提供了宝贵的知识储备。通过经验迁移,幼儿们能够将在一个情境中学到的知识和技能应用到其他情境中,从而形成更加全面的认知结构。

3. 尊重幼儿的想法,验证幼儿的猜想

在整个项目中,教师始终尊重幼儿的想法,鼓励他们大胆猜想并通过实验验证。例如,在讨论喂食器样式时,幼儿们提出了多种设计方案,教师并没有直接否定任何想法,而是引导他们通过实验对比,筛选出最合适的方案。这种“放手”的教学方式,不仅让幼儿感受到自己的想法被重视,还激发了他们的探究热情和创造力。通过验证自己的猜想,幼儿们不仅获得了成功的喜悦,还增强了自信心和自主学习的能力。

4. 从“动手”到“动脑”:培养深度思维能力

传统的幼儿教育往往强调动手操作,而忽视了思维能力的培养。然而,在“小鸡喂食器”项目中,教师通过引导幼儿不断反思和优化设计方案,帮助他们从“动手”转向“动脑”。例如,在解决饲料堆积问题时,幼儿们通过观察和实验,发现喂食器管道口太宽导致饲料堆积在中间。经过多次调整和优化,他们最终通过切割管道口解决了这一问题。这一过程不仅锻炼了幼儿的动手能力,更重要的是培养了他们的观察、分析、推理和决策能力。

5. 反思与优化的持续循环

在项目的最后阶段,幼儿并没有因为喂食器的完成而停止思考。相反,他们继续对喂食器的实际使用效果进行观察和反思。例如,幼儿发现喂食器在雨天可能会受潮,于是他们进一步优化了遮挡板的设计,增强了防雨功能。这种持续的反思与优化过程,不仅让幼儿学会了如何不断完善自己的作品,还培养了他们的持续改进意识和创新精神。

6. 教育启示:从“做中学”到“思中学”

“小鸡喂食器”项目提供了一个重要的教育启示:幼儿教育不应仅仅停留在“做中学”的层面,而应进一步引导幼儿“思中学”。通过反思与经验迁移,幼儿们不仅能够掌握具体的知识和技能,还能够培养出深层次的思维能力,如批判性思维、创造性思维和问题解决能力。这种能力将为他们未来的学习和生活奠定坚实的基础。

第四节 探索创意实践,激活“趣野美”的灵动智慧
——避风港之“兔”如其来

本实践适合3~4岁年龄段的幼儿,指导教师为陈华华、龚冬霞。

一、项目简介

(一)活动缘起

清明假期后,幼儿园的户外活动中,小班孩子们在饲养角兴奋地发现兔宝宝出生

了。这一惊喜让大家都手忙脚乱,孩子们纷纷跑去围观并热烈讨论兔宝宝的外观特征,有的孩子甚至因此激动得难以入睡。面对孩子们的好奇和兴趣,根据《3–6岁儿童发展指南》的指导,我们决定追随他们的脚步,以游戏化的方式开展了一系列围绕“兔宝宝”的活动。通过这些活动,孩子们不仅有机会近距离观察兔宝宝,还积累了许多直接经验和感性认识,进一步激发了他们对周围事物的好奇心和探索欲。于是,我们和孩子们一起走进了兔宝宝的世界,共同探索生命的奥秘。

(二)前期经验及资源支持

1. 幼儿对兔子的初步认知

幼儿在日常生活中可能通过绘本、动画片、动物园等途径对兔子有初步认识,但这些认识通常表面且零散。为此,活动前教师可通过谈话、提问了解幼儿对兔子的认知水平,以便为接下来的教学活动提供有针对性的参考。

2. 养殖小动物的经验

部分幼儿在家庭中参与过养殖小动物的活动,如养鱼、养乌龟等。这些经验可以帮助他们更好地理解动物的生活习性和照顾方法,为养殖兔子打下基础。

3. 观察和记录的能力

在幼儿园教学中,幼儿已掌握初步的观察和记录方法。在兔宝宝项目中,他们将运用这些方法观察兔子的行为、饮食及生长,并进行记录。教师可提前引导幼儿复习这些方法,以提升他们的科学素养。

4. 物质资源支持

(1)图书和影像资料。收集与兔子相关的图书、绘本、动画片、纪录片等,为幼儿提供丰富的学习资源,帮助他们更全面地了解兔子的种类、生活习性、繁殖方式等知识。

(2)观察和记录工具。准备放大镜、相机、笔记本、画笔等观察和记录工具,方便幼儿对兔子进行细致的观察和记录。

5. 人力资源支持

(1)教师团队。教师是项目的组织者和引导者,需要具备丰富的动物养殖知识和教学经验。在活动开展前,教师团队应进行充分的备课和研讨,制定详细的教学计划和活动方案。

(2)家长志愿者。邀请家长参与项目,作为志愿者为幼儿提供帮助和支持。

(三)发展水平及教育价值

1. 发展水平

(1)情感层面。幼儿从最初对兔子的好奇和喜爱开始,逐渐发展出对兔子的关心和爱护之情。他们会主动关注兔子的健康状况,为兔子的快乐而快乐,为兔子的不适而担忧。这种情感的深化有助于培养幼儿的同情心和责任感。

(2)认知层面。在最初阶段,幼儿可能仅能通过外表特征识别兔子,如长耳朵、短尾巴等。随着活动的深入,他们能够了解兔子的生活习性,包括饮食习惯、睡眠规律、繁殖特点等。

(3)技能层面。在照顾兔宝宝的过程中,幼儿学会了基本的饲养技能。同时,通过观察和记录兔子的行为,他们的观察力和记录能力得到了锻炼。在与同伴交流关于兔子的发现时,语言表达能力也有所提高。

2. 教育价值

(1)生命教育。兔子的成长、繁殖和生命周期直观地向幼儿展示了生命的奥秘和珍贵。这有助于幼儿理解生命的多样性和脆弱性,从而培养他们尊重生命、珍惜生命的意识。

(2)科学探索。观察兔子的行为、生活环境以及生理特征等,激发了幼儿对科学的兴趣。

(3)情感社交。与兔子的互动以及在项目中与同伴的合作,促进了幼儿情感的表达和社交技能的发展。他们学会了分享、互助、协商,增强了自信心和人际交往能力。

二、项目实施过程

(一)第一阶段:初遇兔宝宝

1. 喜添兔宝宝

幼儿园的母兔生了一窝兔宝宝,幼儿们可以近距离观察它们。在观察兔宝宝时,孝安说它们看上去好小,就像小猪;欣妮则发现它们身上红红的,还没有毛发;沁柠觉得它们看上去软绵绵的,眼睛也没有睁开;怡晓提到小兔子的家太高了,陈老师还需要抱起大家才能看到。通过师幼对话,教师引导幼儿去留心观察生活以及自然现象中那些常见的事物,进而充分激发幼儿对周围事物怀有的好奇与浓厚兴趣。鉴于幼儿在见到兔宝宝之后所表现出来的强烈好奇心和探索欲望,我们将从幼儿的讨论中精心提取出课程的驱动性问题,在不断积累认知经验的过程中,教会幼儿学会主动进行思考,共同踏入那神秘的兔子的世界之中(图 4-4-1)。

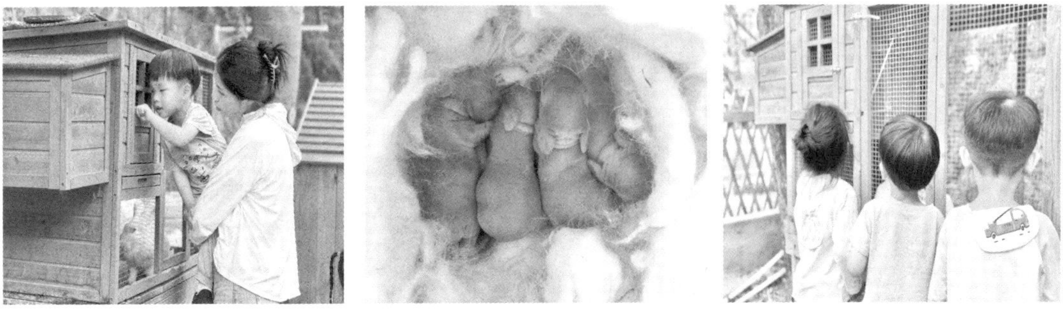

图 4-4-1　初遇兔宝宝

2. 兔子的新家

通过初次相遇兔宝宝谈话讨论发现,幼儿对于探究刚出生的兔宝宝相关知识积极性很高。在照看兔宝宝时,发现兔宝宝的家太高了,每一次幼儿观察兔宝宝都需要被老师抱起。基于幼儿的思考,兔宝宝的新家之旅开始了。(图 4-4-2,图 4-4-3)。

图 4-4-2　探讨兔宝宝的家

图 4-4-3　搭建兔宝宝的家

幼儿通过思考，找到木工叔叔并提出诉求，探讨究竟怎样的新家才适合兔宝宝居住，同时也能让幼儿直接观察并照顾兔宝宝（图 4-4-4）。

图 4-4-4　寻求木工叔叔的帮助

图 4-4-5　参观兔宝宝新家

幼儿热烈讨论着兔宝宝的新家，泽宇希望它空间大些，让兔宝宝能自由活动，尽情玩耍。瀚辰好奇，能不能把兔宝宝家的门设计成可开启的，方便大家随时看望兔宝宝，和它们亲密互动。稚嫩的语言提出诉求，扣动心门。在与孩子们同行的路上，实现他们心中所想，漂亮的新房子受到了幼儿的一致喜爱（图 4-4-5）。

3. 乔迁之喜

孩子们深入探究问题，通过看、想、做，对小兔新家有了全新认识。新房备好后，他们发挥创意，为兔宝宝策划了一场别出心裁的搬家仪式，充满乐趣与创意。搬新家调查问卷如图 4-4-6 所示。

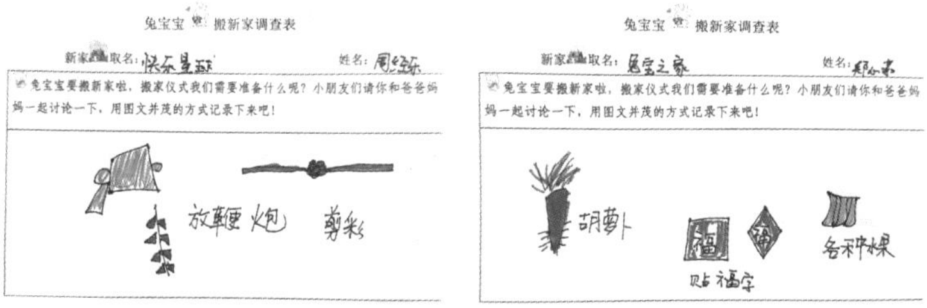

图 4-4-6　调查问卷

在讨论如何为兔宝宝搬家时，安安分享见闻，提到隔壁邻居搬家时放了鞭炮，显得格外隆重。佑佑表示通过和家长上网查阅资料，得知搬家还有剪彩的习俗。易烊从照顾兔宝宝的角度出发，想到要为兔宝宝准备蔬菜、水果等食物，确保小兔子能健康快乐地成长。经过对幼儿的调查统计，得出一系列常见的搬家习俗：要挑选良辰吉日，举行特定的准备仪式，邀请亲朋好友来暖房，大家相互送上祝福。

基于以上认知，幼儿积极投身到小兔子搬家仪式的筹备工作中，自发组建了仪式队、筹备组和场地布置组。在调查期间，通过家园之间的紧密协作，幼儿成功把自身积累的生活经验迁移到兔子搬家一事上，对搬家习俗有了更透彻的理解。不仅如此，面对琐碎复杂的搬家准备任务，他们充分发挥创造力，借助年级组的力量，通过宣传让其他班级的幼儿也热情参与到这场为兔宝宝搬家的活动中来（图 4-4-7，图 4-4-8，图 4-4-9）。

图 4-4-7　搬家仪式（筹备组）

图 4-4-8　搬家仪式（场地布置组）

图 4-4-9　搬家仪式（仪式队）

孩子们在日常对话中萌发了帮小兔子“搬家”的想法，这体现了他们对小动物的关爱。通过发现问题、分析并解决问题，孩子们积累经验、展现自信与自主，成为课程的主体。教师关注并合理利用资源，拓展课程，进一步培养了孩子们的关爱之情，激发了他们的深度学习，使课程充满意义。

4. 兔宝取名

为了更好的区分和介绍四只小兔子，孩子们提议为小兔子分别取一个名字。随着孩子们的想法越来越多且各不相同，我们便举行了一场“小兔取名的投票活动”（图 4-4-10）。

图 4-4-10　投票结果

幼儿围绕给小兔了取名展开讨论。萱萱发现小兔子眼睛周围是黑的，提议叫它“黑眼圈”，觉得这个名字契合小兔子的外貌特征，生动形象。宇辰联想到新学的歌曲《小二郎》，兴致勃勃地建议取名“小二郎”，认为如此称呼充满趣味。铭麟留意到小兔子毛色有黑有白，便提出“小黑”与“小白”的名字，简洁又易记。

5. 制作名字牌

经过投票，兔宝宝的名字已确定。幼儿热烈讨论如何让其他班的幼儿区分这四只兔子。结合生活实际，孩子们想到制作名字牌的方法，目前这一创意正在逐步变为现实，以帮助大家更好地识别每一只小兔子。

在与小兔子的亲密相处中，幼儿用多种感官探索其外形特征，并据此为兔子取名，加深了对它们的了解。取名和制作身份牌的活动，进一步激发了孩子们对动物的喜爱与尊重之情（图 4-4-11，图 4-4-12，图 4-4-13）。

图 4-4-11　制作名字牌

图 4-4-12　兔宝宝名字牌

图 4-4-13　悬挂名字牌

（二）第二阶段：见证成长

1. 兔妈妈奶水不足

兔宝宝出生一周后，幼儿每天在照看兔宝宝时惊奇地发现，兔宝宝的生长速度极快，兔妈妈的奶量供应不足。结合幼儿已有经验，大家展开讨论，想到给兔宝宝食用奶粉。在讨论兔宝宝的喂养问题时，泽宇提出可以给兔宝宝喝奶粉和牛奶，心茹认为可以喂胡萝卜。子珩表示兔宝宝太小，不能吃食物，只能喝奶。教师提出疑问，用什么工具给兔子喂奶呢？很快，沁柠想到可以用宝宝喝奶的奶瓶。基于孩子们的生活经验，大家提出了各种喂养相关的问题。之后，大家一起查阅资料，了解到刚出生的兔宝宝就能喝奶，初期每天喂一次，每次大概 5 分钟。等兔宝宝慢慢成长、开始长毛后，就要增加到每天喂两次。而且，为确保兔宝宝能良好地吸收营养，只能喂羊奶。为满足兔宝宝的喂养需求，在家长的协助下，准备了适宜的羊奶、奶瓶以及针管。

2. 准备喂奶工具

在讨论兔宝宝喂养工具的清洁时，静尧联想到在娃娃家照顾宝宝时需要洗奶瓶。教师抛出问题：每次兔宝宝食用后，该如何清洗消毒用过的工具呢？安安给出了用放洗手液清洗，再放在太阳下晒来消毒的办法。在交流探讨中，能看出大家对消毒方式的了解比较有限。于是，大家一起查阅资料，找到了正确答案：奶瓶需高温消毒，可以用开水煮，也能用专门的奶瓶消毒器（图 4-4-14，图 4-4-15，图 4-4-16）。

图 4-3-14　准备羊奶粉

图 4-3-15　清洗喂奶工具

图 4-3-16　高温消毒

3. 冲奶

幼儿们为了给兔宝宝喂奶，进行了奶粉冲制，包括接水，倒入奶粉，搓奶等一系列操作（图 4-4-18，图 4-4-19，图 4-4-20）。

图 4-4-17　接入温度适宜的直饮水

图 4-4-18　刮平奶粉

图 4-4-19　倒入奶粉

图 4-4-20　搓奶

4. 初次喂奶

幼儿初次尝试给兔宝宝喂奶时，发现奶瓶的奶嘴并不合适。瀚辰指出奶瓶口太大，不利于兔宝宝进食；欣妮注意到兔宝宝无法像人类婴儿一样吸吮奶瓶；美颜发现兔宝宝嘴巴太小，很难与奶瓶奶嘴匹配。在这次体验中，幼儿不断发现问题，通过积极提问、热烈讨论，思维不断碰撞。在探索过程中，逐渐明确了方向：必须找到更合适的喂奶工具，才能让兔宝宝顺利进食，于是幼儿找来了针管为兔宝宝喂奶（图 4-4-21）。这种主动发现和解决问题的过程，也是幼儿成长与学习的宝贵经历。

图 4-4-21 初次尝试喂兔宝宝

5. 再次尝试

在给兔宝宝喂奶的过程中，幼儿逐渐积累起经验。铭麟发现使用针管喂奶每次只能挤出两滴，要是挤太多，小兔子就喝不下去了。瀚林觉得寻找小兔子的嘴巴不太容易，增加了喂奶的难度。梦怡强调抱小兔子的时候一定要轻拿轻放，避免弄伤它们。基于前期用奶瓶喂养兔宝宝的经历，幼儿在喂奶这件事上有了明显进步。在老师的悉心引导与帮助下，经过反复尝试，幼儿在体验过程中都逐渐掌握了给兔宝宝喂奶的技巧，不仅动作更加熟练，对小兔子的照顾也愈发细致周到(图 4-4-22)。

图 4-4-22 针管喂奶

6. 熟练喂奶

幼儿在喂奶体验探究过程中，经过前期经验的累积，相互讨论，总结出三个注意事项：一是兔宝宝年幼，要轻拿轻放；二是一名幼儿要托着兔宝宝的屁股，按住身体；三是另一名幼儿要端着喂奶器，放进小兔子的嘴巴里，一点点地推奶，过程中要有足够的耐心和爱心(图 4-4-23)。

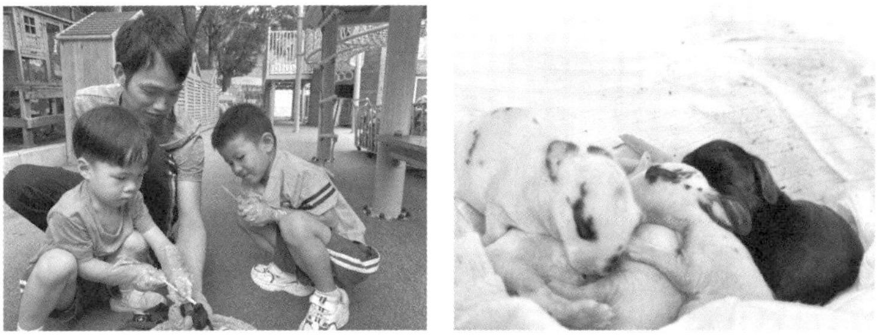

图 4-4-23 掌握喂奶技巧

幼儿科学教育的核心在于激发探究兴趣，体验过程，发展能力。照顾小兔子对孩子们而言并非易事，他们面临诸多挑战，如寻找适宜的奶嘴和奶粉，确保奶的恒温与适量等。通过观察、比较、操作和实验，孩子们在实践中学习发现问题、分析问题并解决问题，体验科学探究的乐趣。

7. 探寻身体的秘密

在照顾兔宝宝的过程中，孩子们通过细致的观察与比较，慢慢发现兔宝宝身体的秘密（图 4-4-24）。

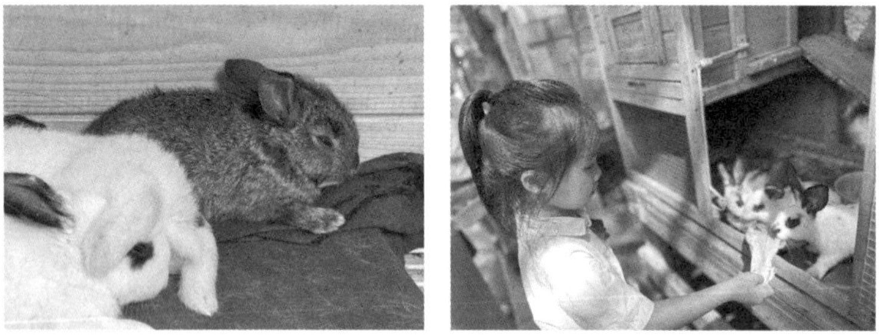

图 4-4-24　喂食兔宝宝

在活动的过程中，我们发现幼儿对兔子的认识是片面的、零碎的，于是，我们追随孩子的兴趣，鼓励孩子和家长一起运用多种方式进行调查，探索兔子的秘密，并记录相关内容（图 4-4-25）。

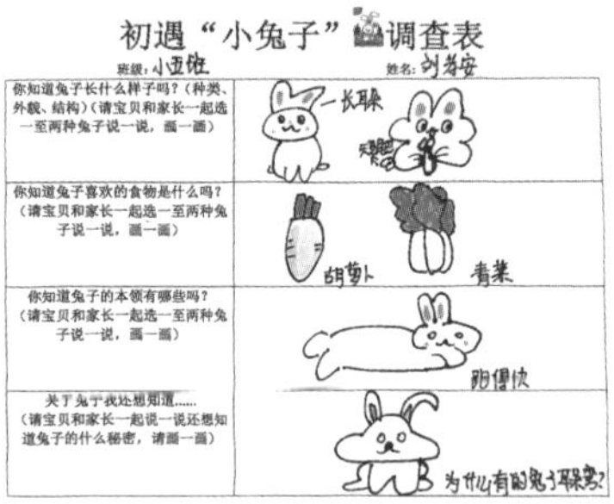

图 4-4-25　调查问卷

幼儿对小兔知识的探究热情高涨，家园共育模式鼓励幼儿与家长共同搜集、调查兔子生长习性的资料，以此积累认知经验并培养主动思考能力，同时加强亲子互动。幼儿间的表达交流也促进了经验的共享与传递。

（三）第三阶段：喜迎满月宴

1. 解锁满月—前期经验调查

好朋友兔宝宝们就要过满月啦！但孩子们对于“满月”一词并不是太了解，于是通过爸爸、妈妈讲述给自己过满月的故事，从而萌发出对兔宝宝满月的更多想法。教师抛出问题：“什么是满月？”美颜积极回应，称满月就是刚出生的宝宝来到这个世界满一个月了。教师追问道：“那什么又是满月宴呢？”佑佑表示在满月宴这一天大家会吃很多食物。在了解满月和满月宴的概念后，幼儿凭借前期给兔宝宝乔迁搬家积累的经验，着手制定小兔满月计划书。随后，师幼进行了热烈的讨论与分享，还开启了筹备工作，将人员分成设计组、宣传组、仪式队、筹备组、后勤组以及场地布置组，各小组分工明确，为小兔满月宴的顺利举办做着精心准备。

2. 如何过满月宴

教师询问幼儿打算如何给兔宝宝办满月宴。心茹第一个想到，要给兔宝宝准备丰盛的食物，让它吃得开心。梦怡兴致勃勃地提议，邀请校长妈妈、园长妈妈，还有所有老师和幼儿都来参加，热热闹闹地庆祝。静尧表示一定要布置漂亮的环境，这样才能吸引大家来参加，让满月宴更有氛围。教师提出举办地点的问题，安安马上想到幼儿园露营的地方，觉得那里有很多座椅，方便大家就座。但教师又提出疑问，这几天天气不稳定，一直下雨，如果满月宴当天也下雨可怎么办？佑佑机灵地表示，可以选择幼儿园晨会表演节目的地方，那里能避雨，不怕天气不好影响满月宴（图 4-4-26）。

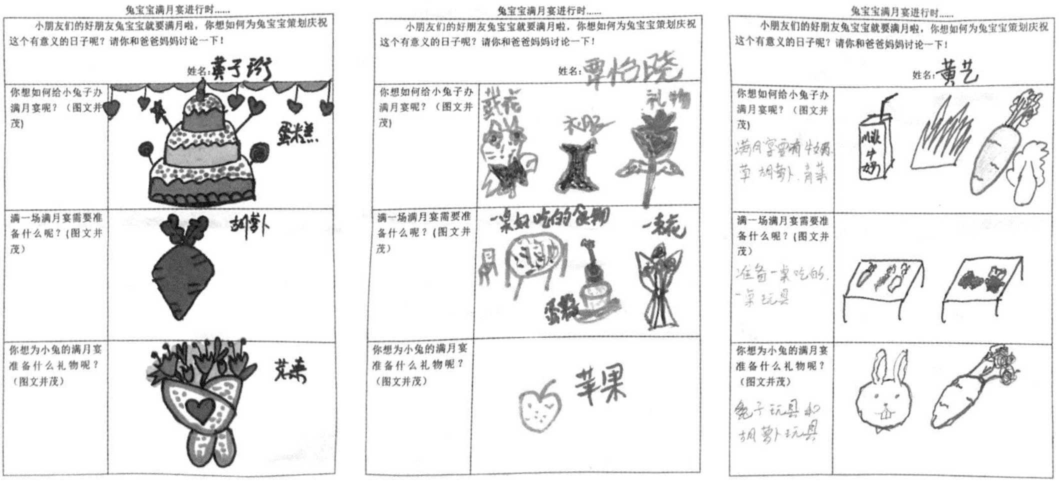

图 4-4-26 满月宴调查表

3. 开始筹备满月宴

为了兔宝宝的满月宴，我们一起制作了精美的邀请函（图 4-4-27）！孩子们发挥奇思妙想，邀请卡上诉说着孩子们和兔宝宝的精彩故事以及满月宴的举办时间和地点。幼儿们为兔宝宝准备了礼物，并积极布置满月宴会场（图 4-4-28，图 4-4-29）。

幼儿的兴趣和问题常是主动学习的起点。教师支持幼儿在真实情境中表达需求、解决问题，通过观察幼儿聚焦问题，捕捉学习价值，帮助幼儿积累测量等科学认知，同时提升他们的观察与表达能力。

图 4-4-27　设计邀请函

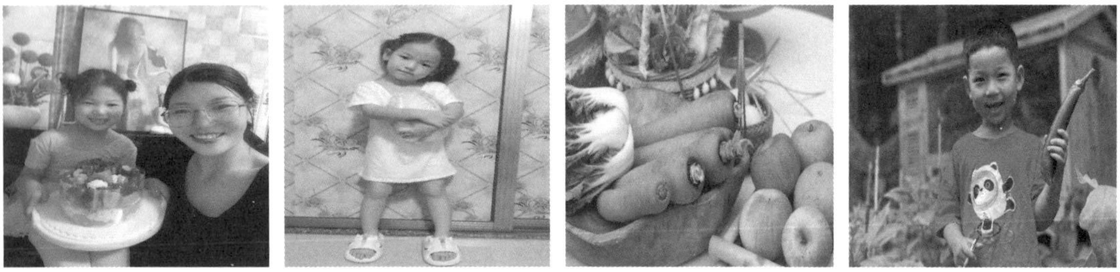

图 4-4-28　为兔宝宝准备礼物

图 4-4-29　布置满月宴会场

4. 满月宴进行时

幼儿在给兔宝宝举办满月宴，从装饰满月宴现场让幼儿与生活经验相结合，满月仪式感让幼儿体验到了喜庆与欢快。与小动物相处，是孩子探究世界的良好方式，在饲养、照顾的过程中，人类和小动物变成了“一家人”，这份特殊的和谐给予了孩子舒适的安全感(图 4-4-30，图 4-4-31，图 4-4-32，图 4-4-33，图 4-4-34)。

图 4-4-30　客人入场随礼

图 4-4-31　戴福

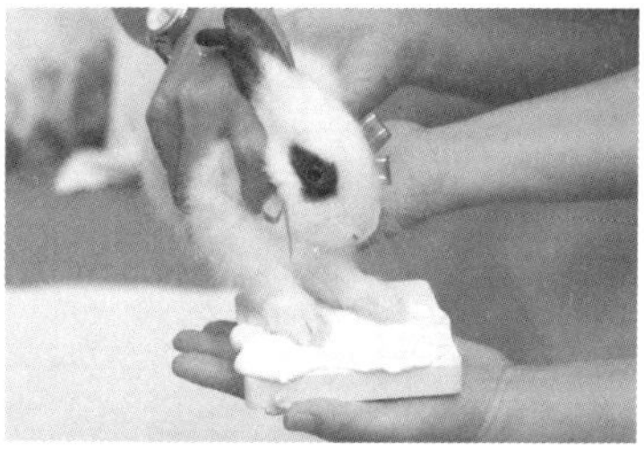
图 4-4-32　印足

图 4-4-33　食福

图 4-4-34　拍全家福

5. 兔宝宝去小学

心茹认为兔宝宝和小朋友们一样在成长，安安紧接着兴奋地提议，不如把兔宝宝安置在玉律学校的小别墅里，让它陪伴哥哥姐姐们一同学习（图 4-4-35）。在幼儿的讨论中，不难看出他们与兔宝宝之间建立起了深厚的情感纽带。从“小璞玉”到“小美玉”，这不仅是成长蜕变的过程，更是一个精雕细琢、承上启下的心路历程。在这个过程中，孩子们与兔宝宝心心相印，这更是一种精神文化的传承。当成人的大手牵起孩子的小手，便如同许下一份约定，在这漫长的成长道路上，大家携手相伴，缓缓前行。

图 4-4-35　传承交接

三、项目总结

（一）项目亮点

项目可以激发幼儿的爱心与责任感，让幼儿亲身参与兔子的照顾，涵盖喂食、清洁及抚摸等活动，能触动他们内心的关爱，培养对生命的尊重与责任感，这种情感的滋养在幼儿的成长道路上具有深远的影响。

1. 促进多领域学习

本次活动涵盖了科学、数学、语言、艺术等多个领域。幼儿可以通过观察兔子的生活习性学习科学知识，通过喂食兔子的奶量练习数学，通过讲述与兔子的故事提高语言表达能力，通过描绘兔子发挥艺术创造力。

2. 增强观察力和探索欲

兔子可爱的外形和独特的行为容易引起幼儿的注意，激发他们的好奇心。幼儿会更加主动地观察兔子的一举一动，发现细微的变化，从而培养敏锐的观察力和强烈的探索欲望。

3. 培养团队合作精神

在活动中，幼儿需携手完成兔子照护任务，分享所见所想。这不仅给予他们团队合作的契机，还让他们学会分工互助，进而提升了团队协作能力。

（二）项目难点

1. 安全保障

兔子在受到惊吓时可能会表现出意外的攻击行为，因此，当幼儿与兔子进行接触时，存在一定的安全风险，需要特别注意和防范。

2. 卫生与防疫

为确保兔子的健康，其生活环境必须维持高度的清洁卫生，以有效防止疾病的传播。然而，当幼儿参与清洁工作时，可能尚未全面掌握正确的清洁与消毒技巧。此外，兔子还需定期进行防疫检查并接种疫苗，这一环节则需依赖专业人员的协助与指导。

3. 知识储备与指导

为有效指导幼儿进行相关活动，教师和工作人员需具备一定的兔子养殖知识及应急处理能力。然而，并非所有教育工作者都具备这些专业知识，因此他们可能需要接受额外的培训与学习，以更好地胜任这一角色。

4. 幼儿兴趣的持续维持

尽管在活动初期，幼儿可能会表现出极高的热情与兴趣，但随着时间的推移，他们的兴趣有可能会逐渐减退。因此，如何不断推陈出新，创新活动的形式与内容，以持续激发幼儿的参与热情与探索欲望，确实是一个值得深思的挑战。

（三）项目反思

在开展本次项目的过程中，我们收获了许多宝贵的经验，同时也发现了一些需要改进和完善的地方。这次活动的成功之处在于，它极大地激发了幼儿的兴趣和参与度。孩子们对兔宝宝充满了好奇和喜爱，积极地参与到兔宝宝的喂养、观察和照顾中。从筹备到兔宝宝的搬家仪式、满月宴等，幼儿的观察力得到了明显的提升，他们能够注意到兔子细微的动作和习惯变化，并兴奋地与小伙伴们分享自己的发现。在团队合作方面，幼儿们也有了很大的进步，彼此之间的交流和配合越来越默契。

另外，活动的时间安排上也存在一些问题。由于兔子的生活习性和幼儿园的作息时间存在一定冲突，导致部分重要的观察和学习环节无法在最佳时间进行，影响了活动效果。

针对以上问题，在未来开展类似活动时，我们将充分考虑兔子的生活规律和幼儿园的作息，合理调整活动时间，确保每个环节都能顺利进行。此次兔子项目，我们收获颇丰，也认识到不少需要改进之处。未来，我们将总结经验，不断反思提升，力求使活动更加完善，为幼儿的成长之路增添更多乐趣与实质性的收获，让他们在快乐中学习成长。

（四）项目评价

（1）以链接生活经验为出发点。班本课程的推进中，每个学习增长点都源自孩子的日常生活。孩子在活动中主动发现问题，并通过提问、讨论等方式激发思考，产生思维碰撞。兔子班本活动紧密贴合幼儿生活，充满生机，孩子们在照料兔子的过程中，蕴含众多学习机会，同时也有助于培养他们关爱他人的品质。

（2）以幼儿的能力经验为支撑点。陈鹤琴先生倡导：“儿童力所能及之事，应让其自主完成。”在兔子班本课程实践中，我们依据幼儿的既有经验和能力，组织了“照顾兔宝宝”的活动，让孩子们亲身体验并享受劳动的快乐，进而培养出对劳动的热爱。

（3）以亲近关爱动物为延伸点。对孩子们而言，兔子不仅是宠物，更是班级不可或缺的一员。通过一系列活动，孩子们与兔子建立了深厚的情感联系，这悄然培养了他们对生命的呵护意识。本次班本活动借助兔子的成长历程，引导孩子们在日常小事中学会亲近、关爱并保护动物。

第五节　探索创意实践，激活“趣野美”的灵动智慧——厨余行动小队

本实践适合 4~5 岁年龄段的幼儿，指导教师为杨芳婷、陈燕媚。

一、项目简介

（一）活动缘起

在开展班级主题活动《别让垃圾再流浪》的过程中，师幼共同探讨了垃圾分类以及厨余资源回收的问题，发现园内每天都会产生大量的厨余垃圾。幼儿们纷纷提出疑问：“平时的厨余垃圾都是怎么处理的呢？厨余垃圾除了被扔掉还有其他的用途吗？”基于这些问题，师幼携手开启了本次项目的探索之旅（图 4-5-1，图 4-5-2）。

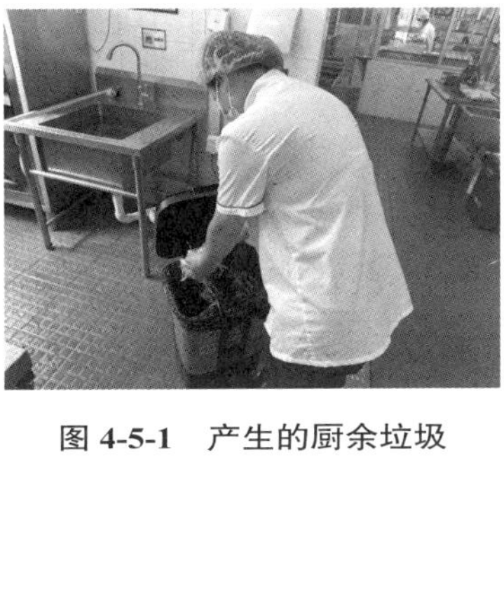

图 4-5-1　产生的厨余垃圾

图 4-5-2　厨房中的厨余垃圾

（二）前期经验及资源支持

（1）经验准备。师幼共同观看了堆肥相关的视频，了解并学习了堆肥的基本知识及技巧，为后续“制作堆肥”的活动做了铺垫。

（2）材料准备。花盆、堆肥桶、泡沫箱、铲子、耙子、厨余垃圾、纸板、皮尺、试验田、记录本。

（三）发展水平及教育价值

在堆肥的探究活动中，整个过程被细致地分为了四个阶段。一是探秘堆肥阶段，孩子们开始统计每日厨房产生的厨余垃圾量，并尝试了解堆肥的基本方法。在这个过程中，教师提供了关于厨余堆肥技巧的相关指导，帮助孩子们认识了圆形统计图，并学习了如何制作统计图进行记录。同时，教师还让孩子们初步了解了堆肥所需的材料和工具。二是制作堆肥阶段，孩子们亲自动手绘制了堆肥操作图，并依据图纸进行了堆肥的制作。此时，教师有序地组织了活动，并为孩子们收集数据提供了支持。三是优化堆肥阶段，孩子们面临了如何解决堆肥过程中产生的气味问题。教师向他们介绍了 EM 菌的知识，并鼓励他们基于已有经验进行不断的优化和改良。孩子们通过观察堆肥每天的数据变化并进行记录，从失败中总结经验，不断优化堆肥的过程。四是测试堆肥效能阶段，孩子们成立了堆肥试验田，测试堆肥的实际效果。在此过程中，教师引导孩子们进行观察、记录和统计，并根据试验田的数据不断地优化堆肥的方式方法。

二、项目实施过程

（一）探秘堆肥阶段

1. 如何处理产生的厨余垃圾

通过主题活动延伸，幼儿和家长一起查阅资料，讨论生活中的厨余垃圾的常规处理方式。结合园所实际，幼儿了解到平时产生的厨余垃圾可以进行堆肥，经过发酵后可以作为极佳的生态肥。

幼儿通过和家人一起查阅资料，对厨余垃圾堆肥产生了浓厚的探究兴趣，同时对园内每日的厨余垃圾数量产生了好奇。为此，幼儿通过走访、实地查看，进行了为期一周的数量统计。

2. 幼儿园每日会产生多少厨余垃圾

幼儿通过每日的观察、称重、记录等方式，了解厨房产生厨余垃圾的数量。为了增强幼儿对于厨余垃圾数量的直观感受，教师引入了饼图的形式，帮助幼儿更好地理解数量与占比的关系（图 4-5-3，图 4-5-4，图 4-5-5）。

幼儿通过直观的圆形统计图，发现幼儿园的厨余垃圾占据平时蔬菜总量的 10%以上（图 4-5-6）。幼儿们觉得厨房产生的厨余垃圾数量相当可观，为接下来的堆肥项目提供了稳定的物质保障。

图 4-5-3　统计产生的厨余垃圾

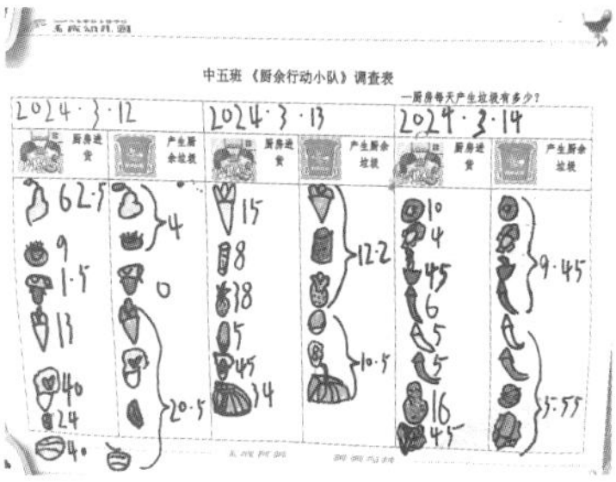

图 4-5-4　厨余垃圾统计单

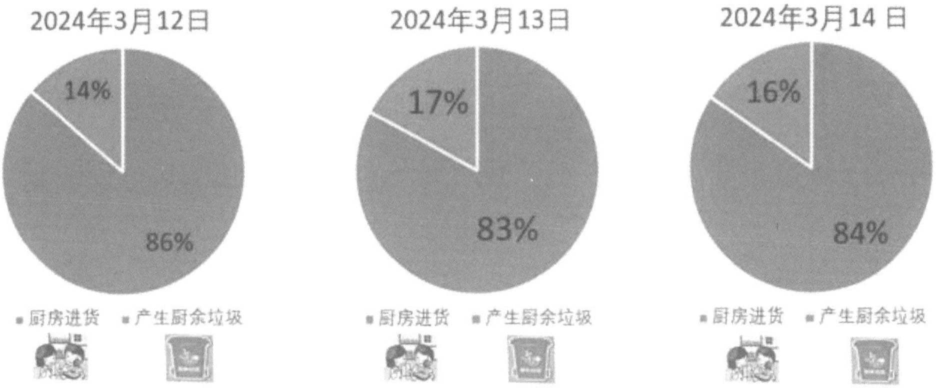

图 4-5-5　圆形统计图

图 4-5-6　讲解圆形统计图

3. 了解堆肥所需的材料，设计堆肥步骤参考图

通过师幼共同查阅资料，了解到堆肥需一层一层地进行覆盖发酵。幼儿亲自动手画图并逐一进行试验（图 4-5-7）。结合观察和对比效果，最终决定选择哪一种形式的堆肥。

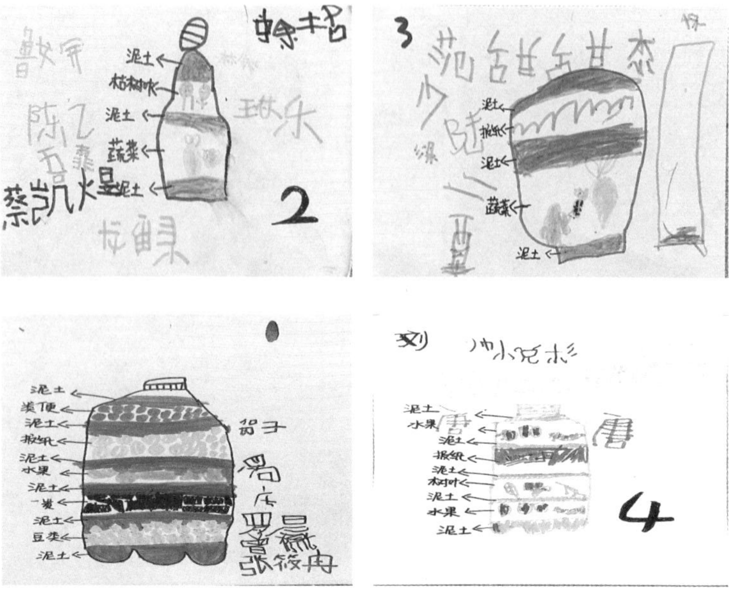

图 4-5-7　幼儿堆肥设计创意图

（二）制作堆肥阶段

1. 幼儿进行初步堆肥

结合自己设计的堆肥操作图，幼儿用不同的材料进行堆肥试验（图 4-5-8 至图 4-5-13）。

图 4-5-8　用菜地泥土进行底层铺垫

图 4-5-9　第二层铺垫

图 4-5-10　第三层铺垫

图 4-5-11　第四层铺垫

图 4-5-12　第五层铺垫

图 4-5-13　初步完成堆肥

幼儿根据设计图进行了堆肥的初步尝试，并开始了漫长的发酵过程（图 4-5-14，图 4-5-15，图 4-5-16）。

图 4-5-14　第二天观察图

图 4-5-15　第四天观察图

图 4-5-16　第六天观察图

初次尝试后，幼儿展开了连续六天的观察和记录，发现土壤中会冒出白白的、像毛毛一样的菌种，并且散发出阵阵恶臭。经过师幼共同查阅资料后得知，白色毛毛的东西就是发酵出来的菌种。而且在查阅资料时了解到，堆肥发酵一周后要进行翻土。

2. 观察堆肥的变化

随后幼儿带着小铲子再次来到堆肥处进行观察、翻土。幼儿翻土后，发现底下的食物、报纸、树叶等物品还没有分解完全，且不断发出臭味。经过半个多月的时间，用来堆肥的材料还没有完全分解。讨论后幼儿一致猜测：可能是时间不够长。于是提议再过段时间，再来观察看看是什么情况。

3. 雨水季，发现堆肥箱进水

雨水季结束后，户外活动时，幼儿再次进行实地勘察，发现了新问题。大部分用于实验对比的堆肥箱出现了被水浸泡的现象，实验样本遭到了较大程度的破坏（图 4-5-17，图 4-5-18）。

图 4-5-17　12 天后幼儿发现问题

图 4-5-18　同一时间幼儿再次发现问题

4. 教师小结

幼儿通过这次雨天后的翻土、观察、交流分享，总结共发现以下三个问题。

（1）如何解决堆肥时会发出臭味？

（2）雨天如何避免堆肥箱进水？

（3）如何快速分解厨余垃圾？

聚焦以上 3 个问题，我们充分发挥家长资源，下发亲子调查问卷，让幼儿带着疑问和父母共同查阅资料，协助解决问题。

（三）优化堆肥阶段

1. 幼儿查阅资料，解决臭味、分解慢、进水的问题

发放亲子调查问卷后，幼儿带着问题和家人一起查阅资料（图 4-5-19）。

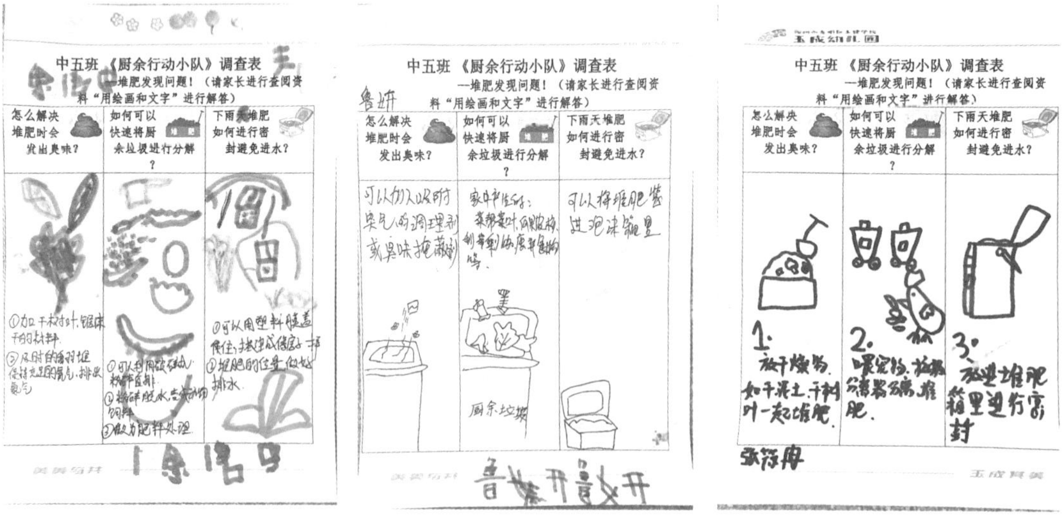

图 4-5-19　幼儿调查表

经过查阅资料，对于以下三个问题，幼儿有了自己的想法。

（1）问题一：如何解决堆肥时会发出臭味？

幼儿提出换一个有盖子的堆肥箱，这样既可以延长堆肥箱的使用寿命，又能有效阻挡臭味的散发。保健医生还提出需注意堆肥器皿外表的美观性，不能过于突兀，要便于幼儿操作。

（2）问题二：雨天如何避免堆肥箱进水？

针对雨天进水的问题，幼儿反馈可以将堆肥箱盖起来，避免雨淋。结合亲子调查问卷中提出的解决办法，幼儿一致认为"堆肥桶"既满足医生姐姐提出的美观要求，又可以很好地解决以上两个问题，于是决定采购一个堆肥桶。堆肥桶收到后，师幼迫不及待地进行组装，并根据堆肥需求对新的堆肥桶进行了观察分析。观察后，师幼根据堆肥桶的大小及形状特点，为它寻找了合适的放置位置（图 4-5-20，图 4-5-21）。

图 4-5-20 观察堆肥桶

图 4-5-21 确认堆肥桶位置

在选择制作肥料容器时，除了要解决发臭和避免进水的问题，幼儿还考虑了外观、容量及后续清洁维护等因素。经过多方思考后，最终幼儿选择了有盖子的大堆肥桶。堆肥桶的加入，很好地解决了之前提出的两个问题，幼儿对于问题的解决展现出了更多维度的思考。

（3）问题三：如何快速分解厨余垃圾？

历经一个多月的观察，幼儿发现堆肥中的肥料还是没有完全分解。经师幼共同查阅资料发现，EM（有效微生物群）菌可以有效加速发酵进程。通过可视化视频和图解，幼儿对 EM 菌的作用有了初步的认识，并掌握了如何使用 EM 菌的方法（图 4-5-22 至图 4-5-25）。

图 4-5-22 用泥土铺垫

图 4-5-23 放入厨余垃圾

图 4-5-24　撒上 EM 菌

图 4-5-25　用铲子翻动泥土

幼儿再一次将材料一层层铺在堆肥桶中，与前一次堆肥不同的是，这次每铺一层材料就撒上了适量的 EM 菌，并使用工具轻轻翻动，确保 EM 菌均匀分布。

2. 观察堆肥的变化

3 天后，幼儿观察堆肥的变化（图 4-5-26，图 4-5-27）。

图 4-5-26　3 天后翻土前

图 4-5-27　3 天后翻土后还有大块的瓜果未分解

6 天后，幼儿对实验样本进行观察，发现堆肥的臭味大为降低，也无积水现象，整体堆肥效果良好。幼儿发现泥土上面的颜色也变深了，看似就要成功了。土壤里填埋的果皮相较于第一次观察，已经缩小，快要被完全分解了。幼儿感觉桶里的厨余垃圾都分解得差不多了，而且不会像上次一样发出很大的臭味（图 4-5-28，图 4-5-29）。

图 4-5-28　6 天后翻土前

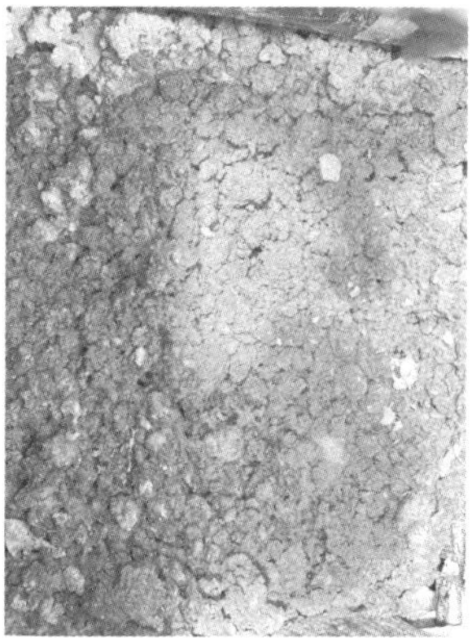

图 4-5-29　6 天后翻土后瓜果已基本分解

9 天后，幼儿进行观察。幼儿发现 EM 菌的颜色越来越淡了，好像和泥土完全混合在一起了。幼儿使用工具翻动后，几乎已经看不见放进去的厨余垃圾了，对 EM 菌种的作用感到惊叹（图 4-5-30，图 4-5-31）。

图 4-5-30　9 天后翻土前瓜果已分解

图 4-5-31　9 天后翻土后瓜果已全部分解

12 天后，幼儿再次进行观察，翻动堆肥实验土时，已经闻不到任何味道，厨余已经分解完全（图 4-5-32，图 4-5-33）。

图 4-5-32　12 天后翻土前土壤表面有点干

图 4-5-33　12 天后翻土后瓜果完成分解

3. 教师小结

本次使用EM菌堆肥后，发现厨余垃圾有机物被快速分解，堆肥的泥土颜色逐渐变深，气味也相对接近自然气息，没有明显的臭味。这种更适合幼儿园的、更环保生态的堆肥方法，在一次次实验中逐步走向成功。幼儿期待将堆肥试验品进行更大规模的推广。

（四）测试堆肥效能

1. 推广测试

厨余堆肥完成后，幼儿迫不及待想验证堆肥的效果。为扩大试验受众群体，幼儿将堆肥送给了保育老师和花工叔叔，在园内进行了推广测试，希望幼儿园的植物都长得茁壮。

同时，为了聚焦"如何测试堆肥效果"的问题，幼儿经过团讨论后，决定用小花盆与花工叔叔同步进行种植试验。试验样本分别为两盆使用堆肥的泥土及两盆普通泥土（图4-5-34至图4-5-37）。

图4-5-34　堆肥泥土装盆

图4-5-35　普通泥土装盆

图4-5-36　四盆泥土装土完成

图4-5-37　（种上黄豆种子）期待成果

2. 测试结果

通过为期28天的系统观察记录发现：实验组植株呈现茎秆粗壮、叶色油绿的显著优势，其平均株高超出对照组40%，叶片增生量达2倍。该实证研究通过数据采集、经验对话与知识建构于一体的多维教育共同体，最终以可视化生长差异验证了堆肥的生态价值。

三、项目总结

（一）项目亮点

《厨余行动小队》是基于幼儿园生态文明特色背景下，由师幼双方共同发起的探究式项目。幼儿聚焦"厨余垃圾可以做什么"这一真实问题，寻找切实可行的解决方法。在教师及家长的引导下，幼儿有层次、有目的地推动项目进展。在探究过程中，幼儿展现出独立自主、善于思考、持之以恒的学习品质。在组织过程中，教师注重对幼儿每一阶段探究中所获经验的总结提炼，有目的地引导幼儿进行经验迁移，为后期的深度学习奠定坚实的经验基础。

（二）项目难点

（1）活动过程中，由于持续雨天的影响，导致第一次堆肥失败。失败的原因在于忽略了堆肥受周围环境（包括温度、湿度、天气等）的影响。

（2）教师和幼儿对于如何堆肥的知识比较缺乏，导致前期走了不少弯路。

（3）幼儿分小组观察时，由于幼儿个体差异（观察能力、思维能力水平不同），导致在观察堆肥变化时出现不同的数据导向。

（三）项目反思

1. 探秘堆肥阶段

在堆肥前，幼儿基于前期经验知道厨余垃圾可进行堆肥。但对如何堆肥，教师和幼儿的知识及经验均比较欠缺，应多利用网络资源共同了解堆肥的基本知识。教师在具备足够的知识储备及经验后，应关注活动中可能会产生的问题，这样才能帮助幼儿更加全面地了解活动内容，引导幼儿全面地思考问题，从而避免不必要的问题出现。

在幼儿进行统计数据时，教师前期要为幼儿搭建知识鹰架：以怎样的形式帮助幼儿更加直白地了解到园内厨余垃圾每天的产生数量？教师的知识输出及鹰架搭建直接影响幼儿对于数、量与数量的认识。教师借助圆形统计图，帮助幼儿从视觉上更直观地了解园内厨余垃圾每天的产生数量。

2. 制作堆肥阶段

幼儿是在试错过程中获得学习经验的。如前期幼儿的关注点在于"如何堆肥？怎么堆肥效果好？"但忽略了环境、时间以及其他方面的影响因素。教师充分尊重幼儿的想法，给予幼儿试错的机会。第一次堆肥失败后，教师及时引导幼儿深入思考问题背后的原因，总结提炼关键经验，让幼儿在实践与思考中认识到影响堆肥的因素（环境、时间、材料等）。

此外，教师未能结合实际情况为幼儿搭建学习经验的鹰架。例如，在幼儿绘制设计图时，有幼儿绘制了瓶子堆肥的设计图。教师未能及时关注并给出指导："泥土怎么放进瓶子里？体积庞大的厨余垃圾如何装入？"教师未能考虑实际问题，导致前期幼儿绘制的设计图全部是瓶装设计。

3. 优化堆肥阶段

教师购买的堆肥桶过高，幼儿在翻土时无法顺利翻动下面的泥土，导致厨余垃圾分解速度不均匀，体验感不佳，进而使幼儿对工具的使用产生抵触情绪。因此，今后教师在选择活动器材时，应充分考虑班级幼儿的身高、力量等因素，多从幼儿的角度出发思考问题。

4. 测试堆肥效能

生态肥料“量产”投放使用后，代表着项目即将走向尾声。这个阶段教师需要夯实幼儿成功经验，优化固化生态肥制作的流程。例如，源头上通过“班级厨余值日生”制度，解决了收集不均衡问题。加强现存问题的专业诊诊断，例如现在的项目是否存在责任盲区，如周五厨余收集量超负荷，周末无人处理。教师在对幼儿的观察数据要及时系统归档，从而分析规律等。园方要扩大生态肥料“量产”投放，解决生态肥循环链路的问题，则可以通过幼儿与教师协同管理的路径，如建立“堆肥日历”：标注翻堆/投料/取肥关键节点，同步至园务日程，让更多班级加入项目中，未来的探究更会聚焦在开发园所“堆肥档案盒”：留存每批次记录，作为科学探究素材库。

四、项目评价

（一）项目评价

堆肥活动不仅为幼儿提供了一个直观了解自然循环和环境保护的窗口，还在实际操作中培养了幼儿的观察能力、动手能力和团队协作精神。活动中，幼儿收集厨余垃圾、落叶等有机废弃物，学习分类、混合和堆制的过程涉及生物学、化学和物理学等多个学科领域的知识。尤为重要的是，通过堆肥的制作和测试，幼儿通过实际操作深刻理解了废物利用和资源再生的重要性，从而在日常生活中树立了环保意识，养成了节约的习惯。

（二）教师评价

堆肥过程中，教师扮演着引导者、观察者和支持者的角色，以幼儿为中心，密切关注幼儿的表现，跟随幼儿的脚步，定期对活动进行总结与反思。通过堆肥活动，帮助幼儿认识厨余垃圾的科学处理方式，了解果皮、枯叶也有大用处。整个活动中，教师敢于放手，鼓励幼儿大胆思考，及时给予经验鹰架及帮助，使幼儿在遇到问题时能主动观察、大胆思考、乐于实践，让幼儿在活动研究中保持浓厚的兴趣，培养其发现问题、思考问题、解决问题的能力。

（三）幼儿自评

通过参与堆肥活动，我们逐渐认识到垃圾分类和资源再利用的重要性。我们了解到将厨余垃圾进行堆肥处理，不仅可以减少垃圾量，还能变废为宝，让厨余垃圾成为有用的肥料，有利于保护环境。在堆肥过程中，我们了解了自然环境中的物质循环原理，知道了有机废物如何通过微生物的分解转化为肥料，观察到各种堆肥材料的变化过程，了解了不同条件对堆肥过程的影响，并从中体验到劳动的乐趣和价值，感受到了劳动成果带来的喜悦。

（四）家长评价

在本次班级《厨余行动小队》项目开展过程中，孩子们乐意尝试和探索活动，学会了厨余垃圾堆肥的方法。同时在探索过程中锻炼了孩子的思维能力以及动手能力，孩子们还知道了废物利用的重要性，建立了环保意识。对于我们家长来说，这也是一次知识经验拓展的机会。在参与项目资料查阅、亲子问卷调查、与孩子共同探讨的过程中，我们拓展了知识，与孩子共同成长，增强了亲子关系。

第六节 传承文化精髓，探寻“野趣美”的深厚底蕴——酸梅汤与酸梅糖

本实践适合4~5岁年龄段的幼儿，指导教师为李柳琴、肖静。

一、活动背景

在户外活动的休息时间，安琪小朋友注意到另一位同伴的水杯里装满了饮品，她指出：“这不是普通的饮料，而是凉茶。”她的发现引起了周围小朋友的好奇，他们纷纷询问：“凉茶是什么味道的?”“是怎么做出来的?”小朋友们对凉茶展现出了浓厚的兴趣。于是，老师抓住了这个教育契机，结合幼儿园班级正在开展的课程，决定带领孩子们踏上一场关于凉茶的探索之旅。从此，一段关于凉茶的学习与发现故事便拉开了序幕。

二、发展适宜性与价值分析

在探究凉茶的活动中，我们充分考虑了幼儿的发展适宜性与活动的价值。凉茶制作活动源于幼儿对凉茶种类繁多的好奇，他们渴望能够亲自动手制作属于自己的凉茶。考虑到幼儿已具备冲泡、称重、搅拌、清洗等操作能力，以及流程梳理、方法记录和根据流程步骤实施具体操作的能力，并且认识简单的菊花茶、罗汉果茶、金银花茶，我们认为此次活动预设价值丰富，既能让幼儿了解广府文化，更好地传承广式凉茶，培养探究兴趣；又能在活动过程中提高幼儿的操作能力，让他们感知不同材料制作出的凉茶口味，掌握并使用制作凉茶的工具和方法，学会称重和统计。

三、资源支持

为此，我们准备了丰富的资源，包括家长提供的探究制作材料，教师在幼儿操作过程中给予的适时帮助与指导，以及网络平台上可供幼儿观察学习的凉茶介绍和制作方法视频。此外，在堆肥探究活动中，幼儿将经历从探秘堆肥、制作堆肥、优化堆肥、测试堆肥效能到量产堆肥的完整过程，通过亲身体验和实际操作，不断学习和成长。

四、活动过程

（一）了解凉茶的起源

教师通过谈话了解幼儿对凉茶的现有认知。

（二）通过调查问卷了解常见的凉茶及其功效

教师通过发放亲子调查问卷，让幼儿与家长共同探讨，查找资料。收集的问卷资料使教师更清楚地了解了幼儿对凉茶的喜好以及他们对凉茶种类、作用等现有的认知水平（图 4-6-1）。

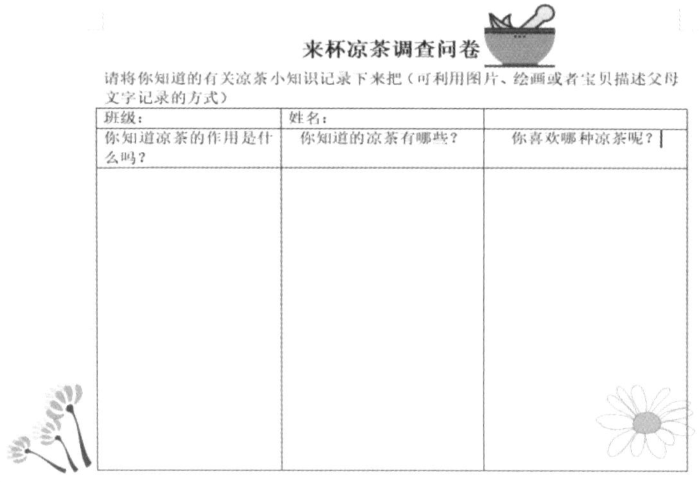
来杯凉茶调查问卷

请将你知道的有关凉茶小知识记录下来把（可利用图片、绘画或者宝贝描述父母文字记录的方式）

班级：	姓名：	
你知道凉茶的作用是什么吗？	你知道的凉茶有哪些？	你喜欢哪种凉茶呢？

图 4-6-1　亲子调查问卷

（三）幼儿们最喜欢喝的凉茶种类

调查问卷结果显示，凉茶品种繁多，口味各异。统计发现，幼儿更偏爱酸梅汤和王老吉。经投票表决，大家一致决定深入探究酸梅汤的制作过程。这一过程充分展现了幼儿的选择和决策能力（图 4-6-2）。

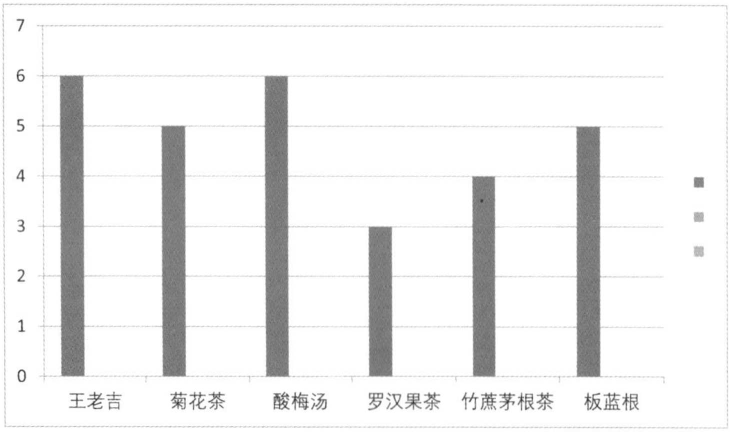

图 4-6-2　幼儿喜欢的凉茶种类统计图

（四）制作酸梅汤

1. 探究酸梅汤

（1）制作酸梅汤需要哪些材料？

（2）如何制作酸梅汤？

2 认识制作酸梅汤所需的材料和工具

通过学习，我们了解到制作酸梅汤需要以下材料：洛神花 2 克、山楂 4 克、乌梅干 18 克、桑葚干 9 克、甘草 4 克、陈皮 6 克、黄冰糖 43 克、水 1.2 升（图 4-6-3，图 4-6-4）。

图 4-6-3　酸梅汤所需材料

图 4-6-4　幼儿探索材料

3. 探索制作酸梅汤的方法

幼儿们前期与爸爸妈妈们一起查询了制作酸梅汤的方法，之后他们根据自己的已有经验，进行了第一次制作酸梅汤的尝试（图 4-6-5 至图 4-6-9）。

（1）第一次制作酸梅汤。

在酸梅汤经过熬煮并品尝后，第一次制作的幼儿向大家进行了介绍，幼儿们也发现了一些问题并进行了讨论。在制作酸梅汤的过程中，幼儿们遇到了一个问题：煮出来的酸梅汤味道过于酸涩，缺乏甜味。经过讨论，他们认为原因可能在于使用的乌梅干数量过多，导致酸味过重，同时黄冰糖的用量不足，无法平衡酸味。此外，山楂、陈皮和甘草这些原料本身也带有一定的酸味，进一步加剧了酸梅汤的酸度。为了解决这一问题，大家提出了调整原料比例的方法，即减少乌梅干、山楂、甘草和陈皮的用量，并适当增加黄冰糖的用量，以期达到酸甜适中的口感。

图 4-6-5　准备材料

图 4-6-6　称重、计量

图 4-6-7　将所有材料放入壶中

图 4-6-8　煮好后加入桂花

图 4-6-9　幼儿第一次制作酸梅汤流程图

（2）第一次活动小结。

在幼儿园活动中，孩子们学习制作酸梅汤后便立刻动手实践，但发现甜度、口感和气味均不佳。他们敏锐观察，积极思考，并提出猜想。随后，孩子们再次尝试，深入探究每个细节，力求找到最佳的制作方法。他们的最终目标是煮制出既美味又受欢迎的酸梅汤，并为此不懈努力。

（3）第二次制作酸梅汤前的讨论。

本次活动的核心目的在于梳理幼儿们上次制作酸梅汤的流程，同时回顾并巩固之前的实践经验。在此基础上，我们将开展进一步的实验，旨在验证之前提出的各种猜测是否准确，以期不断完善制作流程，提升酸梅汤的口感与质量。

（4）第二次制作酸梅汤（图 4-6-10）。

图 4-5-10　幼儿第二次制作酸梅汤流程图

第二次制作酸梅汤的配方及用量为:洛神花2克、山楂2克、乌梅干12克、桑葚干9克、甘草2克、陈皮2克、黄冰糖50克、水1.2升。

幼儿们在减少"酸"的材料后又进行了一次熬煮,通过品尝后也有了新的发现:在尝试制作酸梅汤时,他们遇到了一个明显的挑战,即酸梅汤的成品过于酸涩,几乎尝不出一丝甜味。孩子们聚在一起讨论,分析了可能的原因。他们认为,乌梅干放得太多是导致酸味过重的关键因素,同时黄冰糖的添加量不足,无法有效中和酸味。另外,山楂、陈皮和甘草这些本身带有酸味的配料,也在一定程度上加剧了酸梅汤的酸度。针对这个问题,大家集思广益,提出了一个解决方案:减少乌梅干、山楂、甘草和陈皮的用量,并增加黄冰糖的量,以此来调整酸梅汤的口感,使其达到理想的酸甜平衡(图4-6-11,图4-6-12)。

图 4-6-11 幼儿品尝酸梅汤

图 4-6-12 幼儿再次品尝酸梅汤

(5)第三次制作酸梅汤(图4-6-13)。

第三次制作酸梅汤,幼儿在三个方面对制作工艺进行了改善,一是幼儿增加了黄冰糖的量;二是等酸梅汤晾凉之后再加入桂花,这样就可以很好地保留住了桂花的香味;三是酸梅汤晾凉后再放入冰箱冷藏。幼儿们品尝做好的酸梅汤后得出结论:第三次制作的酸梅汤口感非常好。通过总结,幼儿们了解到了优化酸梅汤口感的方法,即将煮好的酸梅汤晾凉后再进行冷藏(图4-6-14,图4-6-15)。

图 4-6-13 幼儿第三次制作酸梅汤流程图

图 4-6-14　幼儿第三次品尝酸梅汤

图 4-6-15　教师品尝酸梅汤

其他教师和幼儿们一致认为这次的酸梅汤非常好喝。我们的酸梅汤制作成功啦！

（6）第三次活动小结。

在优化酸梅汤口感的过程中，幼儿们勇敢思考、大胆尝试，最终烹制出了令人满意的酸梅汤。他们学会了新计量单位和使用电子秤，能够直观控制原料用量并记录。教师支持他们自主探索，这次活动显著提升了幼儿们的独立思考和问题解决能力，实现了个人成长。

（五）制作酸梅糖

1. 初遇酸梅糖

在一次晨谈活动中，幼儿带来了一些里面镶嵌了酸梅的棒棒糖，引起了同伴们的注意。由于棒棒糖的颜色和口感，大家都猜测它是不是由酸梅汤制成的。教师及时抓住了这一契机，组织幼儿进行了深入的探讨（图 4-6-16，图 4-6-17）。

图 4-6-16　品尝酸梅糖

图 4-6-17　幼儿带来的酸梅糖

2. 亲子调查表

亲子调查表根据幼儿们提出的问题，教师制作了一份亲子调查表，调查表包括两个问题，一是“酸梅汤可以做成酸梅糖吗？”二是“糖果是怎么制作的？”让幼儿们跟家长一起去寻找答案（图 4-6-18）。

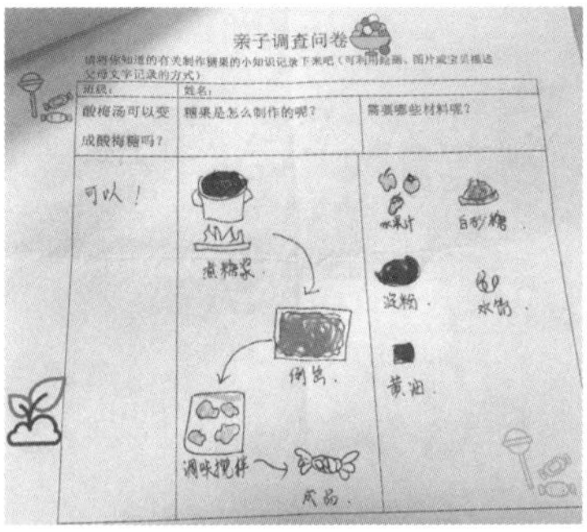

图 4-6-18　幼儿亲子调查问卷

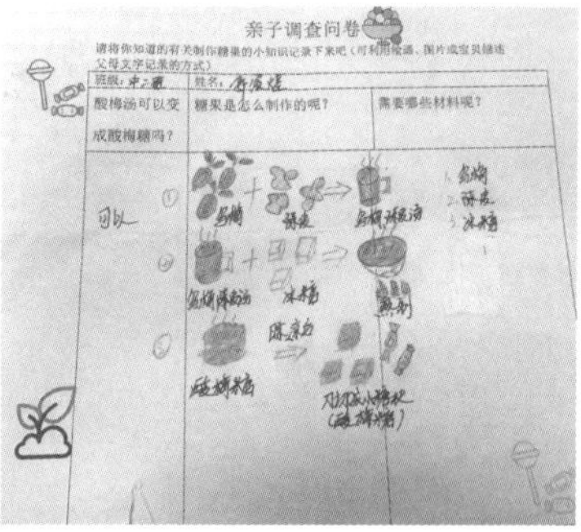

图 4-6-19　幼儿完成的亲子调查问卷

调查问卷显示，幼儿和家长都一致认为酸梅汤能制成酸甜可口的酸梅糖。多数幼儿能够描述其制法，接下来我们将根据幼儿的兴趣继续制作酸梅糖（图 4-6-19）。

3. 认识制作酸梅糖的材料、工具和方法

教师通过网络视频向幼儿分享了制作棒棒糖的方法以及所需使用的工具。部分幼儿能够说出制作的方法，并能自己表征出来。

在制作酸梅糖的过程中，首先需要准备的材料有酸梅汤和艾素糖。所需的工具则包括电子秤、碗、锅铲、电锅以及模具。具体的制作步骤如下：首先，在冷锅状态下将艾素糖放入；其次，在锅中加入事先准备好的酸梅汤；最后，使用锅铲不断搅拌，以加速糖的融化，直至所有的糖都融化并熬制成糖浆。整个制作过程需要严格按照这些步骤进行，以确保酸梅糖的质量和口感。

4. 第一次尝试制作酸梅糖

通过前期的学习，幼儿们也准备了相应的工具和材料，按照自己的已有经验进行了一次尝试（图 4-6-20，图 4-6-21，图 4-6-22）。第一次所用的材料及用量为：150 克糖和 35 克酸梅汤。

图 4-6-20　熬糖

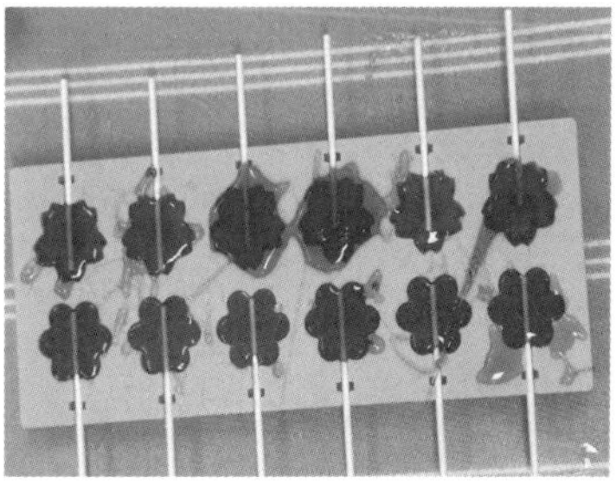

图 4-6-21　将糖放入模具图

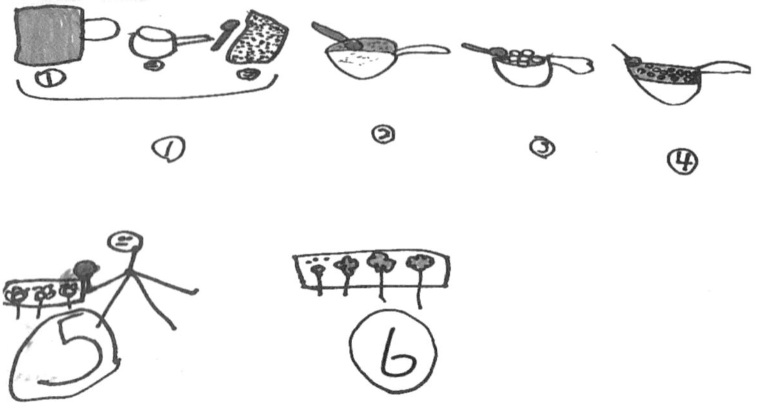

图 4-6-22　幼儿第一次制作酸梅糖流程图

在制作酸梅糖的过程中，遇到了两个主要问题：一是酸梅糖无法完整地从模具中脱出，二是酸梅糖只有甜味而缺乏酸味。幼儿们经过讨论，认为这两个问题的原因可能在于糖浆的熬制方法不正确，以及糖和酸梅汤的比例失调。具体来说，可能是因为幼儿们不知道如何判断糖浆是否熬制成功，导致糖浆的质地不符合要求；同时，糖的用量过多，而酸梅汤的用量过少，使得酸梅糖的味道过于甜腻而缺乏酸爽。为了解决这些问题，幼儿们决定学习正确的糖浆熬制方法，并调整糖和酸梅汤的比例，以期制作出既完整易脱模又酸甜可口的酸梅糖（图 4-6-23，图 4-6-24）。

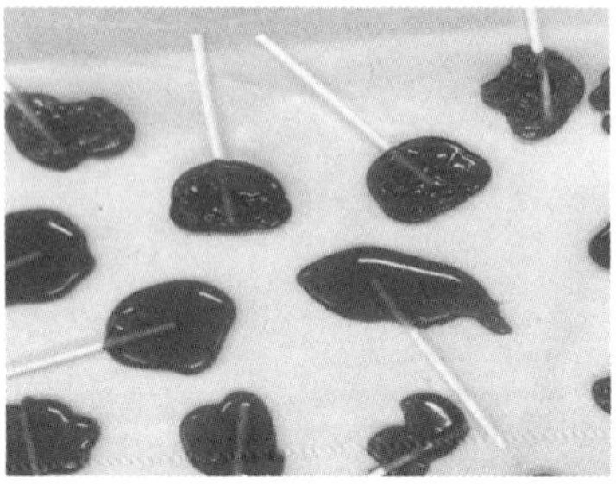

图 4-6-23　冷切后的酸梅糖

图 4-6-24　幼儿品尝酸梅糖

5. 优化酸梅糖的方法

通过第一次的尝试后，幼儿们提出了一些优化酸梅糖的方法（图 4-6-24）。

图 4-6-24　幼儿学习熬糖技巧

一是观察糖浆颜色。当糖浆开始熬制时，颜色会逐渐由浅变深。以常见的焦糖糖浆为例，会从无色透明逐渐变为浅黄色，再到琥珀色，最后变成深褐色。一般来说，当达到理想的琥珀色时，就接近熬制成功了。

二是观察气泡变化。开始时气泡较大且稀疏，随着水分不断蒸发，气泡会变得越来越小、越来越密集，同时气泡破裂的速度也会变慢。当气泡变得细小均匀，且糖浆表面有一层薄薄的浮沫时，就成功了。

三是测试浓稠度。可以用勺子蘸取少量糖浆，然后让糖浆自然滴下。如果糖浆能缓慢地呈线状流下，且线条较连贯，说明浓稠度合适，熬制成功。或者将蘸有糖浆的勺子、筷子放入冷水中，片刻后取出，若糖浆能迅速凝固，且咬起来有一定的硬度和韧性，不粘牙，也表明糖浆熬制好了。

6. 第二次制作酸梅糖

第二次所用的材料及用量仍然是 150 克糖和 150 克酸梅汤。通过优化方法，幼儿第二次成功熬制了糖浆，并且也成功脱模，大家总结出了判断熬制糖浆成功的方法（图 4-6-25 至图 4-6-30）。

图 4-6-25　幼儿称糖

图 4-6-26　幼儿进行熬糖

图 4-6-27　判断糖是否熬煮成功

图 4-6-28　酸梅糖成功脱模

图 4-6-29　幼儿第二次制作酸梅糖流程图

图 4-6-30　熬糖浆的不同状态

通过品尝，幼儿们也发现了第一次制作时出现的酸梅糖只有甜味而缺乏应有的酸味的问题仍然存在（图 4-6-31）。幼儿们对此进行了讨论，并提出了可能的原因及解决方案。他们认为，造成这一问题的原因主要有两个：一是加入的酸梅汤量不足，无法为糖果提供足够的酸味；二是在制作酸梅汤时加入了糖，导致用来制作糖果的酸梅汤本身不够酸。为了解决这个问题，他们提出了两个具体的解决方法：一是增加酸梅汤的用量，以确保糖果具有足够的酸味；二是在制作用于糖果的酸梅汤时，不加入任何糖分，以保持其原有的酸味。通过这些调整，他们希望能够制作出既甜又酸、口感丰富的糖果。

图 4-6-31　幼儿品尝酸梅糖

7. 两次制作酸梅糖活动小结

经过两次活动，幼儿们学会了制作酸梅糖的流程，包括加热糖浆至凝结点、观察泡泡变化以确保糖浆均匀受热，最终将糖浆倒入模具冷却成型。然而，目前制作的酸梅糖仅有甜味，缺乏酸梅应有的酸甜口感。为此，幼儿们提出了两种解决方案，一是酸梅汤加量，糖量不变，二是用纯酸味的酸梅汤制作酸梅糖，并计划分组实践，继续探索改进方法，以期制作出既甜又酸的酸梅糖。

8. 分小组制作酸梅糖

幼儿们分为 A、B 两个小组，A 组在原有配方的基础上将酸梅汤加量，并保持糖的用量不变，制作酸梅糖，具体材料为糖 150 g，酸梅汤 300 g。由于前两次幼儿制作的酸梅糖口感较甜，无法达到酸甜的口感，所以 B 组幼儿决定在制作酸梅汤时增加乌梅量

（图 4-6-32 至图 4-6-35）。

图 4-6-32　A 组幼儿制作酸梅糖

图 4-6-33　A 组幼儿熬煮糖

图 4-6-34　B 组幼儿制作酸梅糖

图 4-6-35　酸梅糖脱模后

幼儿们通过实践对比后发现，A 组的幼儿制作的酸梅糖失败了，原因是酸梅汤与糖的比例不合适，分配不均匀，导致糖浆熬制不成功。B 组的幼儿制作的酸梅糖成功脱模，通过品尝发现口感稍甜（图 4-6-36）。幼儿们展开讨论，探索如何让酸梅糖变得更酸一些。梓扬提出了加入柠檬的想法，而睿杰则建议放醋。经过讨论，大家一致认为在熬糖的过程中加入柠檬汁或醋是可行的解决方案。这样做既能增加酸梅糖的酸味，又能保持其自然清新的口感。于是，他们决定在下次制作时尝试这个新方法，以期达到更加理想的口感效果。

图 4-6-36　幼儿品尝酸梅糖

9. 加入新的材料制作酸梅糖

幼儿们计划对酸梅糖的制作进行进一步的优化，加入新的材料与工具以改进口感。在制作酸梅糖之前，老师发起了一次讨论，旨在回顾之前的制作经验并规划新的尝试。

老师问道:"还记得我们之前制作的酸梅糖太甜而不够酸的问题吗? 幼儿们提议要加入什么新材料来解决这个问题呢?"梓扬回应说:"可以加入柠檬汁或者是醋来增加酸味。"接着,木子老师询问如何获取柠檬汁,潇潇回答道:"我们需要准备一些柠檬,然后使用榨汁机进行榨汁,就像我们做蛋糕时那样,榨汁后还需要过滤一下,以确保口感细腻。"这次活动的主要目的是梳理酸梅糖的制作流程,回顾之前的制作经验,并在此基础上进行进一步的实验,以期制作出更符合大家口味的酸梅糖。

A 组幼儿在制作酸梅糖时加入陈醋,具体材料为糖 150 克,酸梅汤 150 克,陈醋 50 克。在熬糖的过程中, A 组的幼儿发现加入陈醋后,熬制酸梅糖时的气味很刺鼻,很难闻。

B 组幼儿在制作酸梅糖时加入柠檬汁,具体材料为糖 150 克,酸梅汤 150 克,柠檬汁 50 克(图 4-6-37,图 4-6-38)。

图 4-6-37　幼儿给柠檬削皮

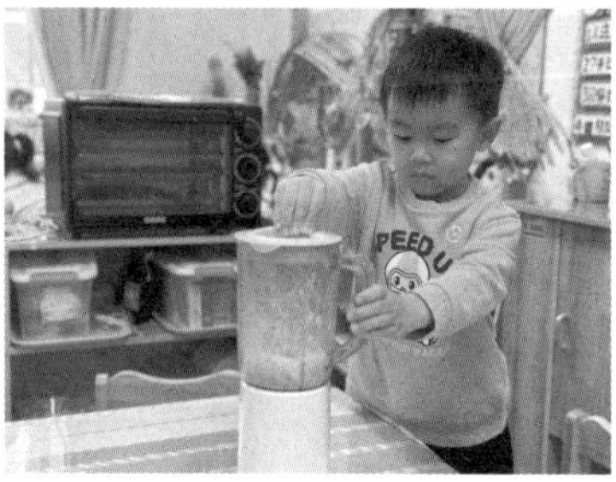

图 4-6-38　幼儿给柠檬榨汁

制作完成后,两组幼儿通过对比品尝酸梅糖得出了结论(图 4-6-39)。A 组幼儿制作的酸梅糖醋味较重,影响口感,且在熬煮的过程中气味刺鼻。B 组的幼儿制作的酸梅糖口味较符合预期的酸梅糖口感,大家一致认为柠檬汁是制作酸梅糖的重要材料之一。因本次制作的口味较酸,幼儿决定在下一次制作中将减少柠檬汁的用量。

图 4-6-39　幼儿品尝酸梅糖

10. 继续优化酸梅糖的口感

幼儿们减少了柠檬汁的加入量,重新制作酸梅糖,具体材料及用量为:糖 150 克,酸梅汤 150 克,柠檬汁 30 克(图 4-6-40)。

图 4-6-40 幼儿制作酸梅糖流程图

通过品尝发现，酸梅糖已经呈现出酸酸甜甜的口感，可以认为制作成功了（图 4-6-41，图 4-6-42）。

图 4-6-41 幼儿品尝酸梅糖

图 4-6-42 幼儿分享酸梅糖

幼儿们提出通过调整柠檬汁的用量来改进酸梅糖口感的建议，并实践验证了最佳比例，最终成功自制了酸甜可口的酸梅糖，获得了满满的成就感。他们与同伴、老师和家人一起分享自己的成果，并获得了认可与夸赞。

五、活动分析

此次活动的开展源于幼儿生活，以幼儿为主体，按照幼儿的兴趣去解决他们自己想要探索的问题。在活动中，幼儿独立思考，成功找到了解决问题的方法。

在制作酸梅汤的过程中，幼儿们基于猜想进行实践，发现问题如酸梅汤不甜、口感差等，并在老师的帮助下，学会了使用新工具，调整了材料比例。通过不断实践，他们不仅煮出了好喝的酸梅汤，还学会了新的计数单位，提升了操作能力和对量的感知能力。随后，幼儿们对制作酸梅糖产生了浓厚兴趣。在第三阶段，他们积极投入，自行记录制作过程，提高了表征能力。面对实验失败，他们不放弃，积极寻找解决方案，锻炼了思维能力。活动中，幼儿们还学习了辨别糖浆熬制成功的技巧，理解了糖从液体到固体的变化过程。老师通过问题驱动的方式,如"如何判断糖浆熬好了""怎样让酸梅糖更酸",引导幼儿深度思考,推动活动发展。

整个过程中,老师给予适时支持和帮助,鼓励幼儿多动手实践,共同寻找问题原因及解决方法。这样的活动不仅丰富了幼儿们的知识和技能,还促进了师幼之间的共同学习和进步,为他们提供了宝贵的实践和学习经验。

六、教师反思

(1)在幼儿制作酸梅糖的时候,教师可提供不同类型的"糖"让幼儿进行探索。在优化酸梅糖的口感时,幼儿提出了一些增加酸度的方法,教师也可给予幼儿机会,分小组进行实践探究。

(2)在活动中,当幼儿不断发现问题,持续激发探究兴趣时,教师可以多组织幼儿相互交流,分享自己的经验,构成经验分享共同体,促进幼儿收获新经验,从而也能进一步培养解决问题的能力。

(3)多利用身边资源,收集材料让幼儿真实体验传统熬制凉茶的方法,相信会有不一样的发现。

(4)在活动中,教师要让幼儿了解多吃糖果会导致蛀牙,教会他们适当、适量地吃糖,并且让他们知道吃完甜食需要漱口,培养他们的牙齿保护意识。

七、教师收获

1. 关注幼儿的个体差异

在本次项目中,每位孩子的能力水平都不相同。我们要关注孩子在活动中的表现,给予足够的时间去探索、发现问题,并寻找解决的办法,让孩子在感知、体验、探索的过程中学习表现与表达,主动思考。

2. 相信孩子的学习能力

初时,孩子们对制作棒棒糖感到陌生,但随着项目的开展,孩子们通过观看视频、小组讨论、亲身实践、合作探究等过程,不断发现问题,合作解决问题,并得出有价值的结论。这个过程也是孩子们深度学习的过程。

3. 聚焦问题产生,提升幼儿经验

整个活动中,孩子们遇到了许多问题。我们根据孩子的年龄特点、生活经验和实际能力,聚焦难点问题,从问题价值出发,放手让孩子尝试解决,并提供支架帮助幼儿更好地获得新经验,体验成就感。

八、项目评价

我们根据幼儿的实际学习能力,建立了体现STEM教学与学习的评价体系。综合采用观察、讨论、动手制作等多种方法,客观全面地了解和评价幼儿。通过教师评价、幼儿自评、家长评价等方式,对本项目进行整体评价,以确保评价的科学性和实效性。

九、教师评价

活动基于孩子的兴趣，让他们亲身探索酸梅汤的制作，进而引发对酸梅糖制作的兴趣。活动培养了孩子们的语言表达、表征、动手和辩证思维能力，实现了他们的全面发展。

十、幼儿自评

中班幼儿能够通过观察、比较来辨别酸梅汤的口感以及发现熬糖浆过程中的变化。在制作酸梅汤和酸梅糖的过程中，我们也能与同伴友好相处、合作分工。在品尝活动中，我们与老师、同伴共同分享，体验到了制作成功后的喜悦和成就感，同时也体会到了分享的乐趣。

十一、家长评价

家长的支持与参与激励了幼儿的探究活动，并加深了对班级活动的了解。通过亲子调查表，家长与孩子共同查阅资料、讨论并完成，这不仅增进了亲子感情，还让他们享受了合作的乐趣。当幼儿分享自制的酸梅糖给家长时，家长深切感受到了温暖与喜悦。此次活动有效促进了家庭与幼儿园的紧密联系。

第七节 传承文化精髓，探寻“野趣美”的深厚底蕴——醒狮少年

本实践适合 4~5 岁年龄段的幼儿，指导教师为周慢。

一、主题简介

玉律醒狮，属于南狮一派，距今已有 130 多年历史，是本地民间文化不可或缺的传统节目。幼儿在重大节假日时都能观赏到醒狮表演。玉律醒狮不仅寓意着美好与吉祥，更承载着玉律这片土地的历史、人文和精神内涵。对于玉律村而言，舞狮不仅是节日庆贺的一部分，更是传承传统文化的关键纽带。本次主题活动以“醒狮文化”为主线，展开一场传统文化之旅，带领幼儿走进醒狮的世界，通过知识探究、实践体验与艺术创作，引导幼儿感受非遗的魅力，领悟传承之珍贵与非遗之美。

（一）活动缘起

在活动开展前，我们进行了一场关于醒狮的谈话。通过前期谈话发现，幼儿对醒狮兴趣浓厚，但他们对醒狮的认识仅限于见过，并不了解醒狮相关的历史文化。针对幼儿的前期经验，我们将第一阶段的目标设定为：了解醒狮的起源、发展及相关文化。

（二）前期经验及资源支持

1. 经验准备

玉律醒狮是玉律当地民间文化活动中的重要项目，深受百姓喜爱。它在闪展腾挪之间，不仅展现出威武雄壮的风采，更是玉律光明的文化名片。幼儿园在重大节日时会诚邀玉律醒狮队前来助兴。孩子们有幸目睹了醒狮的威武风采，那栩栩如生的表演仿佛将古老的传说带到了他们眼前。醒狮的每一个动作、每一声咆哮都深深触动了孩子们的心灵，激发了他们对醒狮文化的浓厚兴趣。

2. 环境准备

在活动区投放一些醒狮头、醒狮表演服装、表演乐器、醒狮装饰物等，以激发幼儿的表演欲望。同时，将醒狮相关的介绍、学习记录、学习过程和作品等展示在墙面上，以扩大幼儿的视野，不断刺激和唤醒他们的学习记忆，从而产生潜移默化的影响（图 4-7-1，图 4-7-2）。

图 4-7-1　玉律广场的醒狮表演

图 4-7-2　教室内的环境布置

（三）发展水平及教育价值

1. 文化传承

醒狮作为中国传统文化的重要载体，蕴含着深厚的历史底蕴和独特的艺术价值。通过学习醒狮的历史、礼仪和表演形式，可以培养孩子的文化认同感和民族自豪感，让他们在亲身体验中领略传统文化的魅力。

2. 团队协作

醒狮表演需要孩子们相互配合、共同完成，这有助于培养孩子们的团队协作精神和沟通能力。

3. 身体锻炼

醒狮表演不仅锻炼了孩子们的身体协调性和灵活性，还提高了他们的自信心和表现力。

4. 艺术审美

醒狮表演是一种艺术展现形式，它让孩子们感受到色彩、形态、音乐的美感。在欣赏和参与醒狮表演的过程中，孩子们能够提高审美能力和艺术鉴赏力。

二、项目实施过程

(一)了解醒狮

1. 活动:醒狮大调查

在活动开展初期,为了深入了解孩子们已有的经验,并让家长了解孩子们本学期学习的主要方向,我们发放了“醒狮大调查”亲子调查问卷。通过这种方式,我们鼓励家长和幼儿携手合作,在观察和调查中共同探索醒狮的“小秘密”(图 4-7-3,图 4-7-4)。

图 4-7-3 醒狮调查问卷

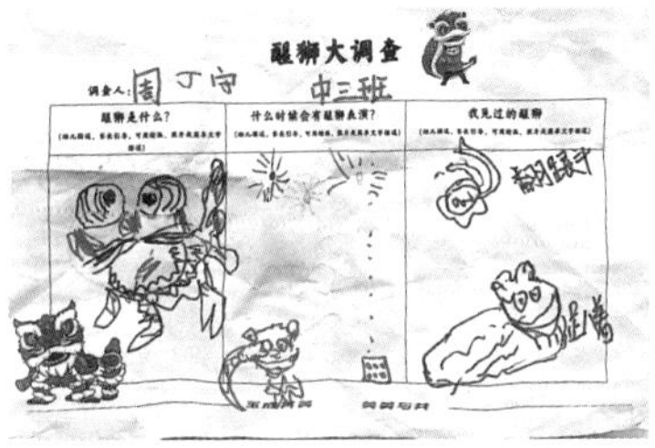

图 4-7-4 醒狮调查问卷

通过亲子调查问卷的分享环节,幼儿们踊跃地分享了自己对醒狮的认识和感受。他们了解到醒狮是舞狮的一种,融合了武术、舞蹈和音乐元素,属于中国舞狮中的南狮;醒狮有金狮(太狮),还有黑狮、红狮和彩狮等种类;逢年过节时常常会有醒狮表演;王乔讲述了他在广场见过威武漂亮、表演精彩的醒狮;宛仪表示她在超市开张时看到过醒狮,见过红色和彩色的醒狮;书豪则表达了他喜欢看狮子上高桩表演,觉得那些动作很有活力。

孩子们的热情参与和积极表达,让这次醒狮大调查变得生动有趣,也使得他们对醒狮文化产生了浓厚的兴趣。

2. 了解玉律醒狮的起源发展及相关文化

醒狮原名“瑞狮”,意为吉祥如意。然而,随着鸦片战争的战火蔓延到南方,因为“瑞”字在方言中谐音“睡”,具有民族忧患感的岭南人便将其改为“醒狮”,寓意“醒狮醒国魂,击鼓振精神”。广东醒狮也被认为是驱邪避害的吉祥瑞物。

在礼仪及禁忌方面,老旧不使用的狮头,要么悬挂摆放起来珍藏,要么在特定的日子火化,让它“回”到天上去。狮头对于醒狮队员和玉律村村民而言是非常神圣的,不可以随意放置、踩踏或实施其他侮辱性行为。

醒狮的表演形式丰富多样,包括地狮表演、台狮表演和桩狮表演。每逢节庆或重大活动,必有狮子恭贺。狮子都是受邀请出巡、出席,整个狮队都会受到主人家的尊敬,多数会成为座上宾。玉律醒狮舞的表演形式分别有地狮表演、台狮表演和桩狮表演三种。

3. 认识三圣狮及其含义

在本次“认识三圣狮及其含义”活动中,幼儿们积极参与并发表了自己的见解,对三圣狮有了较为丰富的认识。关于“刘备狮”，书豪提到它以黄色和红色为主，玉宸点明刘备狮是三圣狮之首，嘉琦还补充说其脑袋后面有三枚铜钱，分别代表勇敢、智慧与仁义。关于“关羽狮”，博涵说它是红色的，雅涵指出其脑后有两枚铜钱，象征着勇敢和智慧。关于“张飞狮”，嘉韩提到张飞狮主要是黑色的，深智表示其后脑勺有一枚铜钱，代表勇敢（图 4-7-5，图 4-7-6，图 4-7-7）。

图 4-7-5

起舞刘备狮

富贵人人知

图 4-7-6

起舞关公狮

义气人人知

图 4-7-7

起舞张飞狮

威武人人知

通过此次活动，幼儿们从颜色、外形特征、代表含义以及在三圣狮中的地位等多方面进行了观察和思考，不仅提升了观察能力，也加深了对三圣狮文化内涵的理解。

4. 教师小结

非物质文化遗产醒狮是传承中华民族几千年灿烂历史文化的宝贵瑰宝，它不仅承载了一段历史，也是人文精神的体现，如同文化血脉般代代传承。非遗文化源于生活，回归生活、接轨现代文明是对其最好的保护和传承。考虑到孩子对于醒狮文化历史的了解较为薄弱，第一阶段我们预设了醒狮的知识储备活动，为后续活动奠定基础。

（二）了解醒狮的静态与动态结构特征

1. 了解醒狮的静态结构（头部、身体）

狮头以竹篾、藤条和纸、绸、布、毛等材料扎制而成，工艺精细，轻巧耐用。传统醒狮狮头包括狮角、额镜、眼睛、鼻球、鼻子、狮嘴、狮须等部分（图 4-7-8）。

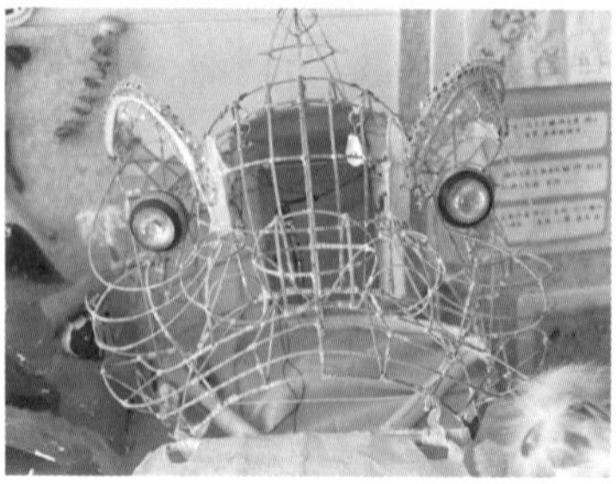

图 4-7-8　醒狮内部结构

幼儿通过直观学习看到了醒狮的内在构造，大部分幼儿能够正确对应醒狮各部分的名称，个别幼儿能够根据自己的想象进行绘画表征（图 4-7-9）。

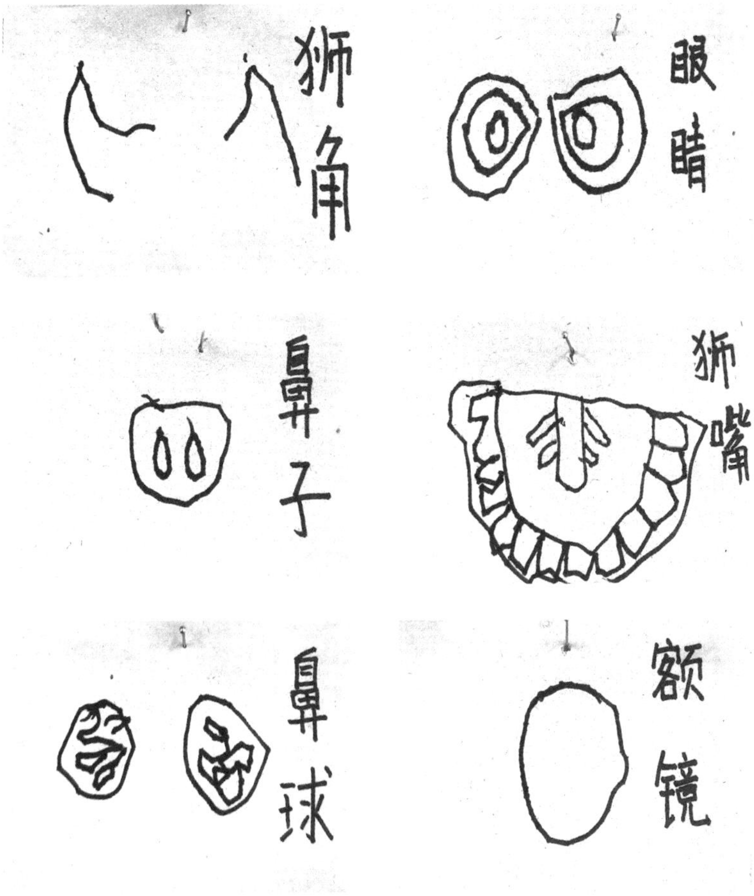

图 4-7-9 幼儿表征作品

2. 我眼中的狮

幼儿绘制出自己眼中的狮（图 4-7-10）。

图 4-7-10　幼儿表征作品

3. 教师小结

了解醒狮的特征阶段聚焦于幼儿表征的展现，鼓励幼儿进行个性化的表达与呈现，给予幼儿充分的展示空间。希望幼儿在浓厚的醒狮文化氛围熏陶下，积极参加醒狮活动，以多样化的形式展现并弘扬玉律醒狮文化的独特魅力，从而更有效地传承与发扬醒狮这一传统文化瑰宝，确保醒狮文化能够从小培养，代代相传。

（三）了解醒狮的表现形式

1. 了解醒狮鼓乐队

醒狮鼓乐由 1 个鼓、1 个锣、4~6 个镲组成。鼓手是整个鼓乐的灵魂，鼓手必须对醒狮的每个动作都具备深刻的理解。狮子无论摇摆、叩拜、跳跃、采青等动作，都配有相应的鼓乐声，狮子动作的快慢与鼓声节奏的快慢密切相关。起狮时，鼓手快速敲击鼓边提示众人；收鼓时，鼓手敲击两下鼓边以示结束（图 4-7-11）

图 4-7-11　幼儿表征作品

在本次“了解醒狮鼓乐队”活动中，幼儿们通过观察和体验，对醒狮鼓乐队有了不同角度的认识。

有的幼儿留意到鼓乐队成员正在击鼓的动作，展现了鼓乐队演奏时的基本状态。有的关注到了鼓乐队中锣的摆放特点，发现锣是可以立起来的。有的则观察到醒狮表演与鼓乐队之间的联系，指出狮子是根据鼓乐队的指挥来进行配合表演的。还有的对鼓乐队的乐器组成有清晰的认知，明确说出一个鼓乐队里包含锣、鼓以及镲等乐器。

2. 学习醒狮代表动作（手形、脚步、组合动作）

醒狮代表动作如图 4-7-12 至 4-7-17 所示。

图 4-7-12　双阴手

图 4-7-13　双阳手

图 4-7-14　阴阳手

图 4-7-15　马步

图 4-7-16　麒麟步

图 4-7-17　弓字步

3. 教师小结

开展醒狮传统文化教育，家园和社区的教育资源必不可少。《幼儿园教育指导纲要（试行）》指出：充分利用自然环境和社区的教育资源，扩展幼儿生活和学习的空间。应努力挖掘和利用周围环境中的教育资源，充实教育内容，扩展教育途径。我们整合了社区资源和家长资源，邀请到醒狮队曾教练亲自教授，让班级幼儿共同体验，感受醒狮的形态各异和动作要领，营造浓厚的醒狮学习氛围，让孩子们从小了解本土文化的历史由来，并逐步深入去体验和感受传统文化的精彩与魅力。

幼儿园教育应关注个别差异，促进每个幼儿富有个性地发展。在曾教练对幼儿进行基本手势、脚步动作的详细教学时，我们发现个别幼儿已经明显表现出体力不支、手臂力量不足的问题。曾教练于是介绍了狮尾的动作，鼓励力量不足的孩子尝试扮演狮尾。我们做到具体问题具体对待，采取行之有效的措施，并在措施实施过程中，再次观察其效果。

（四）狮队的组成

1. 醒狮队名大征集

随着活动逐渐进入尾声，我们萌生了组建一个班级醒狮队的想法，这自然意味着一系列新的筹备工作即将展开。在队伍命名的问题上，孩子们各抒己见，争执不下。因此，我们决定组织一场投票，让孩子们共同决定他们心仪的队伍名称。幼儿通过讨论、投票和数票，最终确定班级醒狮队名为"猛狮队"（图 4-7-18）。

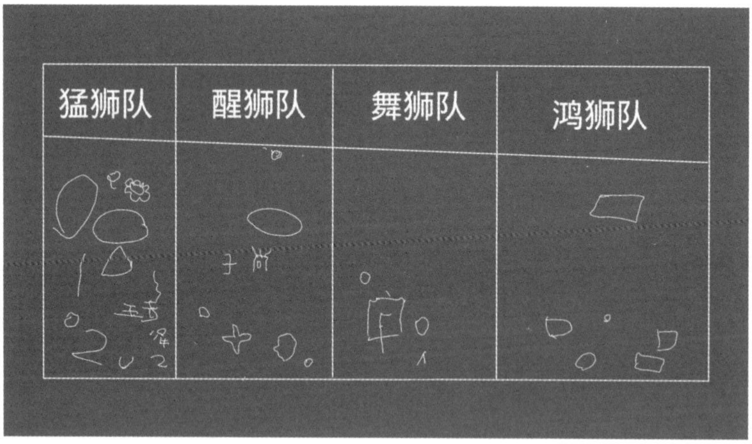

图 4-7-18　幼儿投票结果

2. 设计醒狮头牌（帅旗）

一支狮队出巡表演，未见狮子而先听到锣鼓声，狮子未行，头牌先行。头牌，也叫帅旗。

在"设计醒狮头牌"活动中，幼儿们充分发挥想象力与创造力，设计出各具特色的帅旗。宁宁选择用长长的波浪线来装饰自己的帅旗，赋予其独特的动感；嘉琦则别出心裁地运用长城线来装饰帅旗，融入了传统文化元素；瑾怡绘制了一面绿色的帅旗，并使用各种线条进行装饰，展现出丰富的视觉效果；钰淇的设计更为丰富，不仅在帅旗上画了鞭炮，增添了喜庆氛围，还添加了波浪线，使帅旗更具层次感。通过这次活动，幼儿们展现出了对醒狮头牌设计的热情，在创作过程中锻炼了动手能力和艺术审美，同时也对醒狮文化相关元素有了更深入的理解与运用，用不同的设计表达了他们对醒狮文化的独特诠释（图 4-7-19）。

图 4-7-19　幼儿自由创作帅旗

3. 醒狮初舞台

经历了醒狮初舞台的表演后，孩子们深切地体会到了醒狮表演人员的艰辛与不易。当孩子们在表演结束后卸下"狮子"头套，那一刹那，他们不约而同地脱口而出："好累啊！"这一刻，孩子们意识到，醒狮活动带给他们的，不仅仅是文化的熏陶、知识的积累以及亲身体验的乐趣，更触及了他们内心深处的情感（图 4-7-20）。

图 4-7-20　幼儿表演剪影

三、主题活动总结

（一）活动亮点

醒狮项目的核心亮点在于巧妙地将独特的文化传承与幼儿教育融为一体。通过借用醒狮这一传统文化符号，活动有效地弘扬了中华文化的精髓。借助丰富多样的舞狮表演、亲手制作醒狮等体验活动，极大地激发了孩子们对传统文化的兴趣与热情，并鼓励他们积极参与其中。

此外，活动还着重培养了幼儿的团队协作与互助精神。孩子们在活动中通过相互帮助与合作，共同完成了各项任务，这不仅充分展现了集体的力量，也让他们深刻体会到了团队合作的重要性。

值得一提的是，活动巧妙地结合了趣味性教学，使得整个过程既富有教育意义，又充满了乐趣。这种寓教于乐的方式，对孩子们的成长与发展起到了积极的促进作用，不仅锻炼了他们的动手能力，还培养了创新精神。

（二）活动反思

在幼儿园醒狮项目中，我们虽然取得了良好的成果，但也存在一些需要反思和改进的地方。

幼儿们对醒狮活动表现出了极高的热情和参与度，这是活动的亮点。但同时，我们也意识到活动流程和训练难度还需进一步调整，以更好地适应幼儿的发展特点。在训练过程中，我们发现个别孩子的动作执行不准确或体力消耗过大，因此需要更加关注个体差异，为孩子们提供更为贴合实际的辅导。此外，活动中与家长的沟通尚显不足，后续我们将加强家园合作，共同提升活动质量。我们将继续在后续的活动中持续优化流程、关注个体差异、加强沟通，为孩子们创造更加优质的学习体验。

四、活动评价

（一）教师总结

在活动开始之前，通过谈话和亲子调查问卷的方式，我们了解了幼儿对于醒狮的前期经验，并在此基础上针对幼儿已有经验进行知识补充。活动初期，幼儿对醒狮的历史和文化并不了解，于是我们通过多媒体、网络资源以及请教社区专业人员等方式来充实自己的知识，再通过动画、PPT课件等生动形象地给幼儿讲解玉律醒狮的文化知识。活动中，我们鼓励幼儿仔细观察、积极表达。后期，幼儿能够准确地说出“北狮”与“玉律南狮”的不同之处。有了前期经验的铺垫，幼儿在学习中获得了更好的体验，同时也提高了自信心和自主性。通过教师对传统知识的转化，幼儿也能更好地理解和掌握知识。

（二）幼儿学习

在活动中，幼儿对表征和动作表演部分表现出浓厚的兴趣，但同时也需要更多的专业知识支撑。例如，了解狮子的结构组成才能更好地进行绘画表征；了解鼓乐队的乐器组成及演奏方式才能用表征表达出来；掌握专业的手势和步法才能进行组合展示……因此，在活动中我们需要更多地给幼儿提供支持和引导，并且尊重幼儿的学习节奏和思考方式，这样才能增加幼儿的文化储备，增强他们对醒狮文化的兴趣与热爱。

（三）家园社资源

幼儿园家园共育不仅需要家庭的支持，还需要依托于社区资源的整合与利用。本次主题活动积极寻求了社区以及家长的大力协助与支持。在深入探索醒狮文化的过程中，我们采用了实践接触、家园共同探索以及问卷调查等多种形式，从多个角度全面了解醒狮文化。通过这些活动，不仅弘扬了中华传统醒狮文化，更让幼儿在亲身参与的过程中对玉律醒狮文化有了一定的认知。社区教练曾老师在教学中详细讲解了醒狮动作要领，并耐心指导幼儿练习，极大地激发了幼儿的学习热情。家长在问卷调查中也积极参与，与幼儿共同完成调查任务，分享对醒狮的了解和看法，为活动提供了丰富的家庭资源。

更为重要的是，这次活动培养了幼儿自主发现、自主探索的学习品质，激发了他们对中华传统文化传承与弘扬的使命感。孩子们在活动中展现出的积极态度和学习成果，充分证明了家园共育与社区资源整合在幼儿教育中的重要作用。

第八节 传承文化精髓，探寻“野趣美”的深厚底蕴——“趣”玩编织

本实践适合5~6岁年龄段的幼儿，指导教师为庞海芳、卢韵。

一、主题简介

（一）活动缘起

生活中充满了奇妙而有用的线，缝衣服的线、打毛衣的线、电灯的线、跳绳的线……大大小小的“线条”无处不在。进入大班以来，孩子们与线的关系突然密切了起来，从孩子的一根鞋带，到种植园里一片叶子的叶脉线，再到户外的跳绳，无一不与孩子们息息相关。在“惊奇一线”的主题活动中，幼儿在“线”的神奇世界里探索线的来源、线的用途、好玩的线，并在与线做游戏的过程中……感受编织的神奇，尽情享受探索、发现和创造的乐趣。

（二）前期经验及资源支持

幼儿们在前期已经积累了一些使用皮筋和毛线进行扎染活动的经验，同时在中班时也掌握了一定的编织技能。为了支持他们进一步发展这些技能，班级特意创设了编织区和美工区，并以毛线为特色材料进行了打造。此外，家长们也积极参与，提供了适合幼儿阅读的编织类材料、故事书以及编织图谱等资源。这些前期经验和资源支持不仅有助于幼儿在动手实践中提高审美能力和培养耐心，还能锻炼他们的手眼协调能力和精细动作技能。

（三）发展水平及教育价值

编织活动作为一种传统的艺术表现形式，能够激发幼儿的创造力和想象力。从发展水平来看，大班幼儿在编织技能方面已经表现出较高的动手能力，并且在合作方面也开始展现出团队意识和合作精神。因此，这些编织活动对幼儿来说具有很高的教育价值。

二、主题实施过程

(一)第一阶段:与线之缘

1. 活动一:哪里有线

结合幼儿园实地走访以及图片观看,教师向幼儿提出了一个问题:"你们都在哪里见过线呢?"博文率先回答,他说:"我知道,衣服上就有线。"接着,小雅兴奋地分享了她的发现:"我在美工区看到了好多线,有毛根、毛线,还有彩绳,它们可以变长变短,还能变成各种形状呢!"彬仔也不甘示弱,他提到:"我很多冬天的衣服都是用毛线织的。"焕燃则留意到了班级里的线,他说:"我们班级里也有不少线,比如晨谈时放椅子的提示线,还有楼梯上的警戒线。"最后,欣妍也补充说:"幼儿园的滑滑梯那里也有线哦。"就这样,孩子们纷纷分享了自己在生活中见到线的场景,了解了线在生活中的广泛运用(图 4-8-1 至图 4-8-4)。

图 4-8-1　大自然的线

图 4-8-2　树叶叶脉

图 4-8-3　通过绘本积累经验

图 4-8-4　攀爬架上的线

2. 活动二:线从哪里来

为进一步了解幼儿对于线的认知,教师再次提出了一个有趣的问题:"你们知道线是从哪里来的吗?"子阳想了想,回答道:"我想,线应该是从商店买来的吧。"接着,鸣鸣迫不及待地分享了他的想法:"不对,我知道有些线是用棉花搓成的。"这时,舒程也加入了讨论,他认真地说:"我妈妈告诉我,有些线是蚕宝宝吐出来的呢。"就这样,孩子们纷纷猜测并讨论着线的来源,整个活动充满了好奇和探索的氛围。

3. 活动三:线的调查

为引发幼儿对线的深入探讨,教师发放调查问卷并提出问题:“关于线,大家还想知道些什么呢?”涵涵首先提出了她的疑惑:“我想知道,线为什么会有五颜六色的?”周周紧接着也提出了他的问题:“为什么有的线轻轻一扯就断了,而有的线怎么扯都断不了呢?”淇淇则好奇地问道:“为什么我们的手掌上也会有线呢?”小科思考了一会儿,也提出了他的疑问:“线都可以用来做些什么呢?”最后,彬仔也加入了讨论,他好奇地问:“为什么电线能够通电呢?”就这样,幼儿们纷纷提出了自己对线的疑问,期待着进一步的探索和学习(图 4-8-5)。

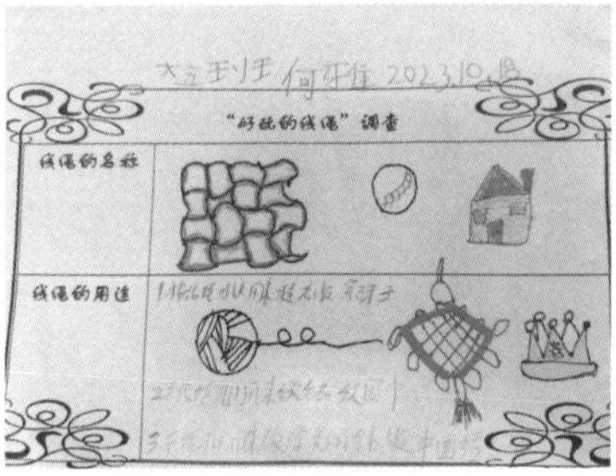

图 4-8-5　亲子调查表

4. 活动四:寻找生活中的线

从幼儿的兴趣出发,教师和孩子们一起寻找生活中的线,感受和探索生活中无处不在的线。通过观察与比较,幼儿发现不同的线摸在手里的触感是不一样的。棉线、毛线摸起来是软软的,丝线摸起来滑溜溜的,麻绳摸起来则有点粗糙。而不同材质的线在生活中的用途也各不相同(图 4-8-6,图 4-8-7)。

图 4-8-6　生活中找到的编织篮

图 4-8-7　我们认识的编织篮

5. 活动总结

在这一阶段,教师们巧妙地运用启发性的对话技巧,将幼儿们带入一个充满探索乐趣的世界。不仅设计了细致的调查问卷,还引导幼儿通过资料查阅等多种方式,一步步深入探究线的奥秘。幼儿们的目光被吸引至那些平日里或许未曾留意的角落,开始好奇地询问:“哪里有线呢? 这些线又是从哪里来的?”随后,一场关于线的调查与寻找之旅悄然展开。幼儿在教师的带领下，开始在生活中寻找线的踪迹，观察线绳的千变万化，比较它们之间的用途与区别。无论是家中、幼儿园里，还是户外的各个角落，都成了他们探索的乐园。

在这个过程中，幼儿充分感受到了线绳的多变性，他们的想象力被极大地激发，观察探索的能力也得到了锻炼和提升。每一次的发现，都让他们对生活中的线有了更深的认识和理解。这不仅让幼儿了解到生活中不同线的作用，更让他们成了活动的真正主体，享受着探索带来的无尽乐趣。

（二）第二阶段：好玩的线

通过第一阶段的探索，孩子们对于线可以做什么产生了浓厚的兴趣。于是，一场关于线绳用途的讨论由此展开。

1. 活动一：线的用途

教师提出问题：“线可以做什么呢？”随后，孩子们纷纷举手，给出了他们充满想象力的答案。雯雯首先说道，线可以用来刺绣，展现出精美的图案。接着，乐乐补充道，线还能用来缝衣服，让我们的衣物更加整洁美观。凯凯则想到了线的另一种用途，他说线可以用来跳绳，增加身体的活力，还可以用来拔河，锻炼团队合作的力量。最后，鸣鸣也分享了他的想法，线可以用来串珠子，制作出漂亮的饰品，还能用来编织，创造出各种实用的手工艺品。

2. 活动二：与线玩游戏

随着对线的深入探索，幼儿对于线绳越来越感兴趣。小小的线条在幼儿手中变成了好玩的游戏（图 4-8-8，图 4-8-9）。

图 4-8-8　第一次尝试编织

图 4-8-9　探索编织的秘密

3. 活动总结

经过第一阶段的初步探索，孩子们对线的兴趣被彻底激发了，他们开始好奇线到底能发挥出哪些神奇的作用。于是，教师顺势进入了“好玩的线”第二阶段，围绕线绳这一主题，开展了一系列丰富多彩的讨论和活动。

在“线的用途”话题讨论中，孩子们热情高涨，纷纷举手发言，分享自己所知道的线的各种妙用。雯雯首先发言，她提到线可以用来刺绣，通过一针一线展现出艺术创作的独特魅力；接着，乐乐也迫不及待地分享说，线还能用来缝衣服，体现了线在日常生活中的实用价值。

通过这一阶段系列探索活动，孩子们对线的认识变得更加深入全面。他们不仅了解了线的多种多样用途，还在实践中学会了如何与线互动，发挥创造力，创造出属于自己的小游戏。这些活动不仅培养了孩子们的探索精神，还让他们在游戏中体验到了快乐和成就感，进一步激发了他们对线绳世界的无限好奇和热爱。

（三）第三阶段：神奇的线

1. 活动一：初遇编织

在玩线绳的过程中，幼儿对指尖上的艺术——编织，感到非常神奇。编织作为一种来源于生活的古老传统艺术，是中国的特色民间文化，它集合了“编”和“织”的技艺。为了让幼儿从小受到优秀传统文化的熏陶，丰富其审美经验，更好地发展手、眼、脑的协调能力，并促使幼儿养成做事认真、细致、有条理的良好品质，师幼共同展开了关于编织的探讨。

在老师的组织下，幼儿观看了有关编织非遗现状的短片，对编织有了初步的认识和了解（图 4-8-10，图 4-8-11）。

图 4-8-10　尝试与工具编织

图 4-8-11　编织蜘蛛网

2. 活动二：初探编织

为了让幼儿更好地了解编织，我们通过集体教学活动，让孩子们初步掌握了编织的知识。原来，编织就是把细长的东西互相交错或勾连，并通过穿插、缠绕、打结等方法将其组织起来。

随后，幼儿来到班级编织区，近距离观察并认识编织材料及工具，同时动手尝试进行编织，通过学习和探讨，幼儿初步掌握了线的编织技巧。

3. 活动三：编织篮子

在编织活动的尝试中，一名幼儿提出了一个富有创意的想法：她想要编织一个篮子。这个提议立刻得到了其他幼儿的热烈响应，大家纷纷围绕篮子的设计展开讨论，分享着各自独特的想法和设计思路。

然而，在编织过程中，幼儿遇到了不小的挑战。特别是当尝试编织花篮时，由于部分幼儿的手部精细动作发展尚未完善，他们难以掌握编织的技巧，这使得编织工作变得异常艰难（图 4-8-12，图 4-8-13）。

梓雯皱着眉头，显得有些沮丧：“我不知道怎么编，真的好难啊。”梓涵也遇到了麻烦,她手中的藤条总是缠在一起,难以分开,焦急地说:"藤条总会缠在一起,分不开,怎么办呢?"就在这时,舒程灵机一动,提出了一个解决办法"我想到,我们可以使用工具来帮忙。"蔓蔓闻言,立刻好奇地问道:"那我们需要什么工具呢?"就这样,幼儿们开始思考如何利用工具来克服编织中的困难,继续他们的编织之旅。

图 4-8-12　编织篮子底部

图 4-8-13　一起合作编织篮子

4. 活动四:认识编织工具

教师通过展示实物和图片,详细向幼儿介绍每种编织工具的特点和用途(图 4-8-14)。例如,针织针用于平面编织,钩针用于立体编织,织布机用于大规模纺织等。教师还强调了编织工具在编织过程中的重要性,让幼儿明白选择合适的工具对编织成果有着至关重要的影响。同时,播放了关于编织工具的使用方法和编织技巧的教学视频,使幼儿更直观地了解编织工具和编织过程。

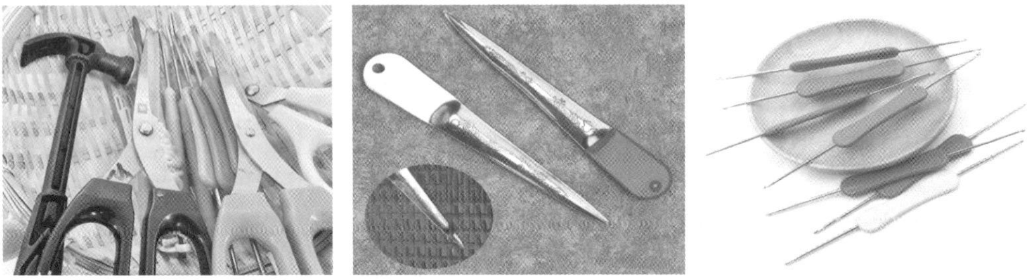

图 4-8-14　编织工具

在老师的指导下,幼儿通过一段时间的工具使用和编织练习,逐渐掌握了编织的技巧并有所提升。随后,在老师的悉心引导下,他们开始尝试亲手编织垫子。初次尝试便成功编织出垫子,这份成就感让幼儿欣喜不已,极大地激发了他们对编织的兴趣。于是,他们满怀信心地开始挑战编织更高难度的手工艺品。

5. 活动五:编织大篮子

经过前期的编织体验,幼儿们提出了想要编织一个大花篮送给家人的想法。

涵涵满怀期待地说:"我想学会编织后回去教妈妈,上次妈妈来班上,看到我们编织的篮子直夸漂亮,所以我想教妈妈做一个大花篮。"阳阳也兴奋地插话:"我也想编织一个大花篮送给姐姐。”心宜提议道：“那我们在班上编织好，直接拿回去不就好了？老师也说可以带回去的。”

然而，在尝试编织大花篮的过程中，孩子们遇到了一个难题：如何选择适合花篮的材料及大小。他们面对各种材料，显得有些犹豫不决。在活动进行时，老师注意到孩子们在材料选择上会停下来，沉思许久。于是组织幼儿进行团讨，幼儿纷纷表示不知道该选择什么颜色的材料来制作花篮。为了帮助孩子们克服这一困扰，老师耐心地提供了关于花篮常见颜色的建议，并鼓励他们尝试选择一些自然而协调的颜色搭配。这样的引导方式，不仅为孩子们提供了实际的颜色参考，还培养了他们对色彩搭配的审美观念，使他们更加自信地投入编织创作中（图 4-8-15 至图 4-8-18）。

图 4-8-15 修剪线头

图 4-8-16 我们编织的半成品

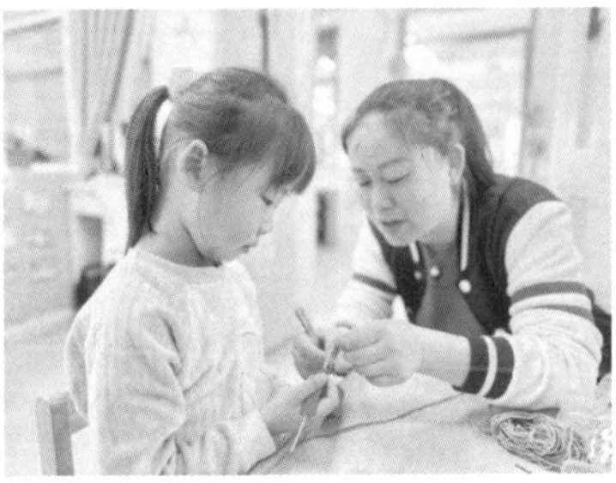

图 4-8-17 引导孩子编织

图 4-8-18 学钩简单花朵

针对幼儿提出的“材料颜色选择”问题，教师精心设计系列活动：从引导幼儿与篮子亲密接触，到鼓励他们四处寻找心仪的材料，再到记录下自己的选择过程，最后将自己的作品展现出来。在这一过程中，教师充分尊重幼儿的意愿，鼓励他们根据自己的喜好选择颜色和材料进行创作。同时，教师还引导幼儿在实践中发现问题、思考问题，并尝试自己解决问题，从而培养了他们的自主探索能力和创造力。

6. 活动六：装饰花篮

幼儿经过前期的编织探索，编织技巧愈发娴熟。班级编织区的篮子愈来愈多。幼儿再次展开了讨论。

心宜望着编好的篮子，觉得稍显单调：“篮子虽然编好了，但缺乏装饰，看起来有点朴素。”梓雯思索片刻，提议道：“要不我们放一些吃的东西进去装点一下？”一涵却摇了摇头：“放吃的不好，又不是去野餐。”广益也附和道：“对啊，如果是去璞玉营地野餐的话，放吃的还差不多。”涵涵想了想，提出了另一个建议：“要不我们还是放些更美观的东西来装饰吧，这样放在教室里会更漂亮些。”媄媄眼睛一亮，兴奋地说：“放花怎么样？就像钢琴上的那个花篮一样，把好多花朵摆放得整整齐齐，肯定会很好看的！”

有了之前经验的积累，幼儿对审美逐渐形成了自己独特的见解，他们开始尝试运用更多样化的材料进行装饰创作。从最初的迷茫与不知所措，到如今能够打造出美观的作品，这一转变不仅见证了幼儿审美能力的显著提升，更标志着他们自我意识的觉醒和创造力的蓬勃焕发（图 4-8-19，图 4-8-20）。

图 4-8-19　幼儿制作的成品

图 4-8-20　幼儿制作的成品

三、主题总结

（一）活动亮点

（1）在“趣玩编织”的活动探索中，教师注重捕捉幼儿感兴趣的事物，通过带领幼儿探线、寻线、玩线进行系列创作活动，帮助幼儿积累丰富的感性经验，同时也让他们体验了学习的无限乐趣。

（2）活动将传统艺术——编织融入其中，这不仅是对传统文化的一种传承，同时也为幼儿提供了接触传统艺术的机会。这有助于培养幼儿对中国传统文化的认知和兴趣，促使他们对丰富多彩的艺术形式有更深层次的理解。

（二）活动难点

（1）活动前，教师要提前储备相应的活动知识来支持幼儿的学习探索。例如，提前通过各种媒介途径查询文献资料，了解编织的相关知识，掌握编织的方法，这样才能更好地支持幼儿进行编织探索，避免走太多弯路。

（2）发挥“人多力量大”的家长资源优势，利用家庭“一对一”、“亲子手工”等独特方式，鼓励家长与幼儿共同收集编织材料，学习编织方法，以更好地激发幼儿参与活动的积极性。

（三）活动反思

在主题活动“惊奇一线”中，幼儿通过亲身调查与实际操作，逐步熟悉“线”，充分发挥想象力和动手操作能力。每一件作品都承载了幼儿丰富的想象和创作。幼儿不仅学到了编织的技巧，更重要的是学会了观察、发现、思考和分享交流。他们张开好奇的双眼，展开想象的翅膀，去认识和体验“线”的千变万化，在活动中收获了快乐与成功。

整个活动层次清晰，过渡自然。通过找一找、玩一玩、做一做，充分发挥了幼儿的想象力和创造力。整个过程以幼儿为主体，教师作为支持者、引导者和合作者，充分体现了幼儿的主体地位，让幼儿在快乐中成长，体验成功，为幼儿幸福的一生奠定基础。

四、活动评价

（一）幼儿收获

在这个“惊奇一线”主题活动探索中，幼儿通过寻找大自然中、生活中的各种各样的线，了解了线的用途；走进“线”的世界，和“线”一起游戏，认识和体验了“线”的千变万化。在充满惊奇的探索过程中，幼儿享受了探究、发现、创造的乐趣，感受到了线的有趣和实用性。在本次活动中，幼儿收获的不仅仅是线条知识，更重要的是学会了主动去发现、思考和探究生活中的事物。如在“编织”活动中，幼儿用线绳编出了各种有趣的形状；在“寻找线条”活动中，幼儿借助大自然、生活中随处可见、形态各异的线绳，感受到了大自然与生活中“线”的神奇，并通过编织艺术，进一步感受到了线的千变万化与神奇魅力。

（二）家长评价

在“惊奇一线”的主题活动中，我们利用家长资源，收集了各种各样的线，并通过亲子调查问卷的形式，让家长也参与到活动的探索中来。在幼儿了解各种线以及尝试编织的过程中，家长也同步了解了各种线的不同用途，并从幼儿身上看到了他们对于“线”展现出的创造性和积极性。

（三）教师评价

在主题活动中，教师们注重捕捉孩子们感兴趣的事物，从带领孩子去寻找“线”是什么，到观察千变万化的神奇线条，进而探索线的多种用途，帮助幼儿积累丰富的感性经验。在活动中，教师围绕“与线之缘”“好玩的线”“神奇的线”三个方面，引导幼儿对线进行更深入的探索，使幼儿认识到“线”无处不在，并在探索中发现“线”的各种功能，感受“线”的千变万化。通过集体活动和区域活动的探索学习，教师鼓励幼儿对“线”产生浓厚的兴趣，了解不同“线”的材质，让幼儿在充满“惊奇”的情境中享受探索、发现和创造的乐趣。

第九节 践行美育熏陶，共筑“野趣美”的多彩篇章——足球小将，冲冲冲

本实践适合4~5岁年龄段的幼儿，指导教师为李柳琴、肖静。

一、活动起源

作为全国足球特色示范园，足球不仅是园所的特色文化，也是幼儿们非常喜爱的户外活动之一。每次足球活动结束后，总能听到幼儿们热烈地讨论：“今天我进了两个球！”“你为什么要抢我的球？”“你刚刚为什么不把球传给我？”“下次我们再来踢球吧！”等话题。基于班级幼儿对足球游戏的浓厚兴趣，本学期，我们决定和幼儿们一起深入探究足球的独特魅力（图4-9-1）。

图4-9-1 幼儿足球比赛

二、发展适宜性与价值分析

幼儿们对足球活动充满热情，特别是足球竞赛类游戏，他们渴望像小学的哥哥姐姐们一样成为足球小将。在目前的发展阶段，幼儿们已经掌握了一些足球的基本知识，如知道用脚踢球、不能用手触球，运动时需穿运动鞋等。他们还学会了简单的运球和传球技巧，对足球竞赛游戏的规则也颇为熟悉，并具备了复盘梳理游戏情况、根据实际情况进行策略调整的能力。此外，幼儿们也认识了一些常见的足球装备，并了解活动中需要遵守的安全事项。因此，开展足球活动不仅能让幼儿们更深入地了解足球文化，感受足球运动的魅力，还能提高他们的团队协作能力，磨炼意志和增强抗挫折的能力。更重要的是，通过足球运动可以激发幼儿们的运动兴趣，增强体质，让他们爱上运动，享受运动带来的乐趣。

三、资源支持

在大班幼儿开展足球活动的过程中，得到了多方面的支持。首先，家长们积极主动地为幼儿的探究活动搜集资料，并与幼儿一起参与足球游戏，为活动的顺利进行提供了

有力的家庭支撑。其次，作为教师支持的重要力量，幼儿园在“普及与特长发展相结合，整体与特色发展相融合”的大美育课程建构引领下，已经具备了一定的足球游戏化课程开展基础及资源储备。特别是幼儿园与第三方合作，聘请了专业足球教练，能在幼儿遇到困难时给予及时的鼓励和专业的指导。此外，技术支持方面同样重要，大班的哥哥姐姐们曾成功举办过足球嘉年华活动，幼儿们可以通过采访他们来汲取经验。同时，网络平台也提供了丰富的足球运动资料供幼儿学习参考。这些支持共同推动了幼儿足球活动的开展，有助于幼儿提升足球技能，享受运动的快乐。

四、活动过程

（一）第一阶段：了解足球的起源

1. 活动 1：谈话活动——足球知多少

教师通过与幼儿谈话，发现幼儿对足球的起源并无相关生活经验。为帮助幼儿更好地了解足球文化，师幼共同通过视频了解到：足球活动起源于中国东周时期的齐国，当时的足球名为“蹴鞠”，后来盛行于英国，被誉为“世界第一运动”。足球最开始并非特定颜色，而电视转播初期因技术限制为黑白画面，可能影响了人们对足球颜色的认知，最终黑白色成为足球的经典配色。

2. 活动 2：问卷调查——你喜欢的足球游戏

通过亲子问卷了解幼儿对足球知识的前期经验以及最感兴趣的足球游戏（图 4-9-2）。教师清晰地了解到了幼儿对足球知识的现有经验，大部分幼儿能说出自己喜欢的足球游戏以及简单的足球游戏规则。

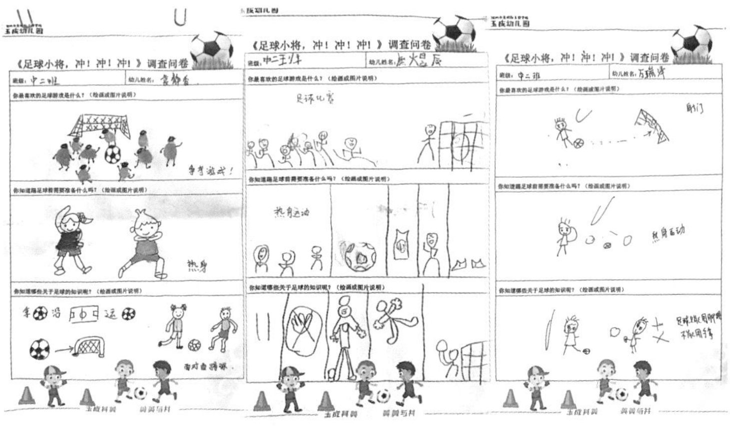

图 4-9-2　幼儿调查问卷

3. 活动 3：问卷分析——统计幼儿们最喜欢的足球游戏

调查问卷收集情况：中二班总人数 28 人，发放问卷 28 份，回收有效问卷 25 份（图 4-9-3）。

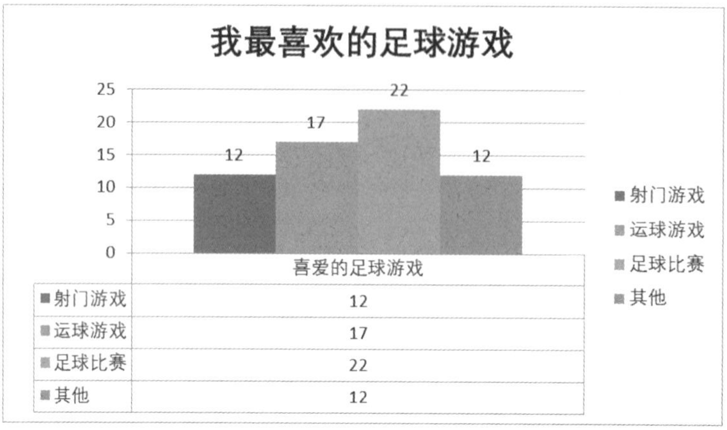

图 4-9-3　幼儿喜欢的足球游戏统计

4. 活动小结

通过调查问卷分析可看出，幼儿已具备简单的足球知识储备，知道踢足球不能用手，运动前需要热身，需要穿运动鞋等。通过统计幼儿最喜欢的足球游戏可看出，幼儿对足球竞赛游戏比较感兴趣。因此在后续活动中，也将针对足球竞赛游戏展开探索，从了解足球竞赛游戏规则、竞赛前准备等方面入手。

（二）第二阶段：小小足球运动员

1. 足球知识探究

教师借助绘本故事《足球》《足球运动员》以及网络资源，带领幼儿一起探索，了解足球竞赛前的准备工作、足球竞赛规则及各类足球装备等足球相关知识，并回答了"什么是足球赛？""踢足球比赛前需要做哪些准备？"等问题（图 4-9-4，图 4-9-5）。

图 4-9-4　教师分享绘本

图 4-9-5　足球绘本

2. 活动收获

幼儿分享自己的收获。扬扬懂了进球得分的获胜规则，为理解赛况打下基础；潇潇认识裁判职能，知道犯规会受红牌处罚，有了规则意识；辰辰能结合园所实际，提出用围栏围操场当场地的创意；琪琪关注比赛时长，明白需要替补队员，理解团队人员调配。孩子们构建起足球认知体系，激发兴趣，为日后积累经验。

通过活动探究，孩子们对于足球竞赛游戏有了更深入的认知。关于规则：足球比赛规则是在不使用手臂和手的情况下，将球攻入对方球门。关于犯规：黄牌（警告犯规），红牌（罚出场），2 张黄牌=1 张红牌。关于比赛时间：每场球赛分为上、下半场，（11 人制）每半场 45 分钟，中场休息不得超过 15 分钟；（8 人制）上、下半场各 30 分钟，中间休息不得超过 10 分钟。足球装备包括球衣、球鞋、球袜、护膝、护腿板、手套等。赛前应当注意的事项包括热身运动、水分补给、适时休息。

3. 活动总结

活动中，教师通过绘本、视频的方式让幼儿直观地了解了足球竞赛游戏的过程，使得幼儿对足球游戏在原有经验上获得提升。通过活动，幼儿已能说出足球竞赛游戏规则以及赛前准备等，在日常的足球活动中也能遵守游戏规则，并对不遵守游戏规则的幼儿进行提醒。下一步计划将带领幼儿一起了解足球竞赛游戏中需要的队员数量以及每位队员的职责。

（三）第三阶段：组建班级足球小队

1. 活动 1：队员选拔

（1）了解足球队组建知识。

通过观看视频，教师与幼儿一起了解了组建足球小队的相关知识。一是确定足球小队的人数。足球小队通常需要 11 人，但也可以进行小场比赛，如 5 人制或 7 人制，这样更加灵活。因此，需先确定比赛形式，再根据比赛形式确定队员人数。二是队员的场上位置分配。需要根据幼儿们的特长分配场上位置，如守门员、前锋、中场、后卫等。第三，确定队长。队长需具备领导力和责任心，能够协调队员之间的关系。第四是装备和后勤。队服、足球鞋、护具等需要统一购买或定制。

（2）一场足球赛。

经过前期学习与筹备，我们尝试着组建了一支临时足球小队，并与中一班的足球小队进行了一场比赛，比赛结果为 1∶1，平局收场。赛后教师引导反思，扬扬抱怨对手频繁抢球致使自己无法射门；辰辰指出对方球员控球失误，总往自家球门方向踢；潇潇则不满队友缺乏配合，抢到球就盲目踢出，没人给自己传球。孩子们从不同角度剖析平局原因，在实战中对足球竞赛有了更深的理解（图 4-9-6）。

图 4-9-6　幼儿足球比赛

在足球竞赛活动中，幼儿们面临了一个问题：大家在比赛中缺乏分工与合作，导致比赛像是一个人在参加，幼儿之间还出现了相互指责的情况。针对这个问题，幼儿们展开了讨论并提出了自己的看法。扬扬认为大家需要一起合作才能赢球，不能各自为战。辰辰则表示输了也没关系，重要的是大家一起加油。沈瑞建议可以在晨练和户外活动时大家一起练习传球，以提高团队协作能力。琪琪也强调了遵守规则和团队合作的重要性。为了解决这个问题，教师带领幼儿们一起认识了每位球员的职责及分工，并在晨练及户外活动时增加了传球游戏，加强了技巧指导。通过这些措施，幼儿们逐渐树立了团队意识，并增强了抗挫折能力。

(3)教师分享绘本《魅力足球》，通过绘本故事让幼儿更直观地了解足球比赛的规则(图 4-9-7)。

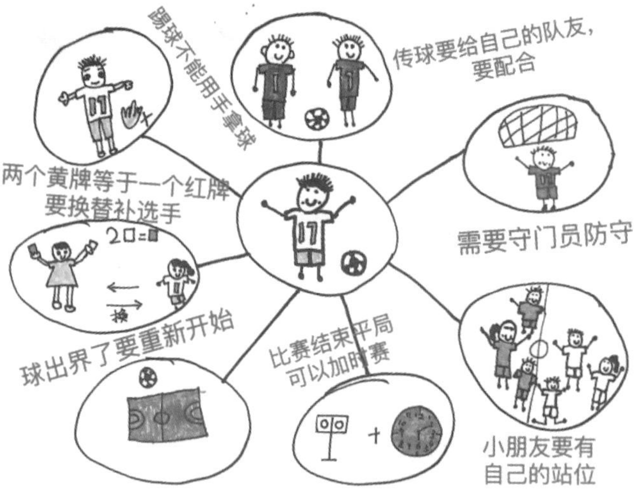

图 4-9-7　足球赛规则

(4)教师通过网络资源带领幼儿一起了解每位球员的分工、站位，并学习传球的技巧(图 4-9-8，图 4-9-9)。

图 4-9-8　了解球员分工与位置

图 4-9-9　幼儿练习传球技巧

(5)组建班级足球队。

在筹备足球比赛之际，教师面临着从众多想参赛的幼儿中选出七人组建班级足球队的问题。

依依提议挑选班上球技最出色的七个孩子，其余幼儿当啦啦队助威；静怡建议通过玩足球游戏来筛选；扬扬提出让幼儿自荐优势，再由大家投票决定；辰辰则想到向专业的足球教练请教，以确定玩什么样的足球游戏来选拔队员。孩子们各抒己见，为组队出谋划策。

最后一致决定通过询问足球教练来评判选拔标准，教练告诉幼儿：速度、团队合作、反应、规则意识以及下肢力量都是很重要的。根据教练的讲述以及班级讨论，最终确定以下游戏项目为选拔项目。

①下肢力量游戏：九宫格射门。

②速度游戏：赶小猪。

③反应游戏：足球绕桩。

④团队合作游戏：足球接力赛。

经过一番角逐，共有十位幼儿胜出，但是只需七位球员去参加比赛。于是根据幼儿之前给出的建议，在班级又进行了一次竞选投票。请十位幼儿说一说自己最厉害的地方，让班级其他幼儿们民主投票，最终选出了七位球员。

（6）班级足球队员竞选。

本次竞选共有十位幼儿参加，通过投票统计，最终有七位幼儿竞选成功（图 4-9-10，图 4-9-11）。

图 4-9-10 足球队员竞选

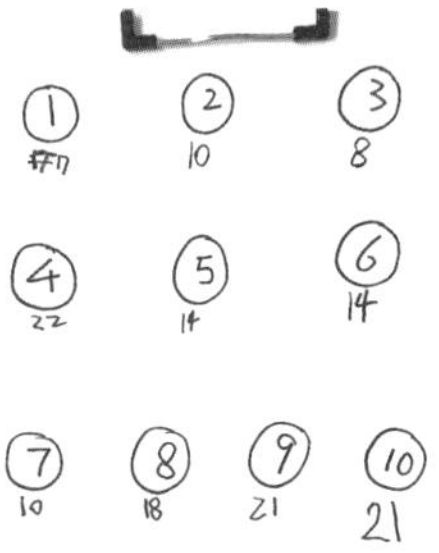

图 4-9-11 队员竞选票数统计

对于没能竞选成功的幼儿，教师也及时给予了鼓励，并重新分配给他们新的任务：为班上小朋友示范并讲解传球、射门的技巧及要领，共同为班级赢得比赛。最终，这些幼儿也一致同意加入啦啦队，一起为其他小朋友们加油。

2. 活动 2：了解球服号码的含义

通过绘本故事以及资料查阅，孩子们了解到球服上的国旗代表的是国家，足球球衣注重透气性，这样运动员在球场上奔跑时，才不会觉得太闷热。而足球球衣上的符号也是有来源的，有的是球员自己选择的球号，有的是前辈传承给他的球号，这象征着一种传承，就像人们的姓氏一样。同时，每件球衣背后的号码也代表着球员在场上不同的位置，每个队设计的队徽也蕴含着独特的意义。1 号代表门将，象征着一支球队的防守稳定水平；2~5 号代表后卫；6、8、17、23、30 号代表中场；7、9、10、12 号代表前锋。

在了解了足球服装上的符号、数字之后，幼儿提出：“老师，我们想要拥有跟其他小朋友不一样的球服，只属于中二班的独特球服，可以买到吗？”教师回应道：“那大家想要什么样的球服呢？我们一起来讨论一下吧。”

3. 活动 3：分小组设计班级球服

在分小组设计班级球服的环节中，孩子们展现出了满满的创意。睿杰提出球服上应写上幼儿园的名字“玉成幼儿园”以及班级“中二班”，以彰显归属感；宸煜考虑到大家的书写能力有限，建议用画画来替代写字，模仿球服上常见的英文字母装饰风格；香香则细心地指出要兼顾球服正反两面的设计，以呈现出不同的视觉效果；子昕则鼓励大家大胆想象、自由发挥，将任何心仪的元素融入设计中，尽情展现自己的个性。接下来，幼儿们纷纷分享了自己的设计理念。

图 4-9-12　A 组分享设计理念

图 4-9-13　B 组分享设计理念

图 4-9-14　C 组分享设计理念

幼儿们分组设计球服，各具巧思，尽显童真。安安组偏爱粉色，将球服设计为粉色条纹样式，选定 10 号，还绘上了奖杯，满是对胜利的憧憬，坚信穿上此服能夺冠；宸煜组打造了绿色 1 号球服，绘上了两个小朋友踢足球的图案，既兼顾了男女生喜好，又突出了足球主题；辰辰组的黄色球服别具一格，手臂处添上了红色条纹，并画上了代表幼儿园的玉玉和成成，与园服相呼应，饱含对园所的热爱（图 4-9-12 至图 4-9-14）。

4. 活动 4：投票选出中二班的球服

教师说：“大家设计出了 3 款球服，那我们要制作哪一款呢？”扬扬回答：“我们可以投票决定。”

经过投票，第二组黄色球服的票数最多，共计 10 票（图 4-9-15）。在老师的协助下，将设计图稿发给了购物软件的商家，与其沟通以帮助定制班级球服。

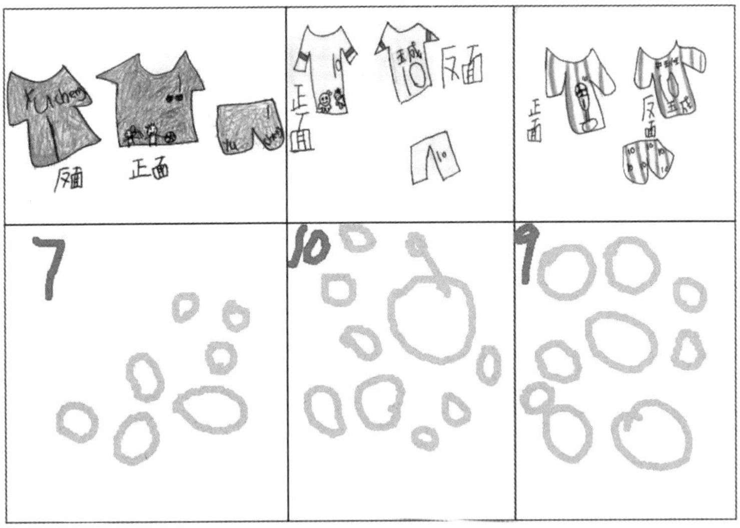

图 4-9-15　幼儿喜爱球服款式统计

在幼儿们的设计图稿转化为实物衣服的过程中，遇到了一个问题：商家反馈称款式无法更改，只能修改衣服上的图案。而如果要完全按照设计图稿来制作，就需要定制衣服，但这又不符合运动服的统一标准。面对这一困境，幼儿们展开了讨论，积极寻找解决方案。潇潇提出，或许只能选择商家提供的现有款式了。辰辰则认为，这其实也没关系，大家可以先选择自己喜欢的颜色和款式，然后再通过投票来决定最终的选择，之后再将之前设计的图案定制到选定的衣服上。琪琪也分享了自己之前定制衣服的经验。最终，幼儿们一致决定采取投票的方式先选择颜色和款式，再将自己设计的图案定制到选定的衣服上（图 4-9-16）。

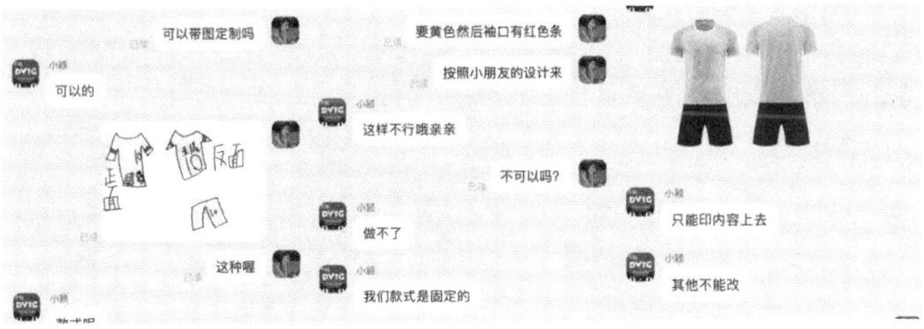

图 4-9-16　与商家沟通定制球服事宜

5. 活动五：幼儿们选择自己喜欢的颜色和款式

通过投票发现，选择粉色款的幼儿最多，因此决定定制粉色款球衣。经过老师与商家的沟通，最终确定的班级球衣效果图为粉色，前面印有幼儿园名称以及吉祥物玉玉和成成，背面则印上球员名字及号码（图 4-9-17）。

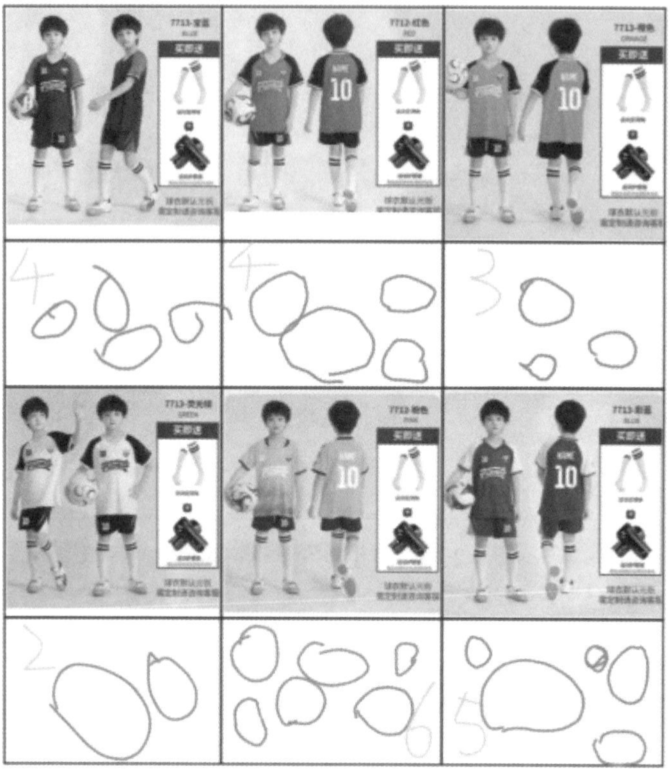

图 4-9-17　幼儿投票统计

在这一阶段，幼儿通过亲身参与，对于足球比赛的规则有了更清晰的认识，同时团队合作意识、解决问题的能力都有所提升。教师以绘本、团讨、实践以及带领幼儿询问专业人士等方式，引导鼓励幼儿自主发现问题，尝试商量策略并解决问题。教师以支持者和合作者的角色，助推整个活动的实施。

（四）第四阶段：级组友谊赛

1. 活动 1：制作邀请函

经过一番准备，幼儿决定再次邀请中班级的幼儿进行第二次足球比赛，以实践之前商讨的策略（图 4-9-18）。

图 4-9-18　幼儿绘制邀请函

2. 活动 2：足球友谊赛

在本次级组足球友谊赛中，中二班幼儿大获全胜，收获了满满的成就感（图 4-9-19）。

比赛过程中，小球员们与队友紧密配合，团结协作，发起了一次又一次的进攻。每一次的带球突破、抢断、传球、射门、扑救都扣人心弦，异常精彩。而通过这次活动，幼儿学会了遵守规则，开始学会理解、宽容和尊重他人。同时，他们在身体素质、耐力、毅力方面也得到了显著提升。此次活动的开展不仅激发了幼儿对足球的热爱，还培养了他们的团队协作精神，并在比赛中磨炼了他们坚韧不拔的毅力。

图 4-9-19　足球友谊赛

五、教师反思与分析

1. 以问题为驱动，多维度持续深推

活动中，教师围绕"什么是足球联谊赛？什么样的人可以当一名足球联谊赛的选手？怎么样选出足球联谊选手？怎样在足球联谊赛里赢得胜利？"这四个问题层层展开深度的持续探究。活动中充分尊重幼儿的想法，追随幼儿的兴趣点，聚焦问题以多个角度持续推进活动的开展。

2. 以体验为核心，多样化助力提升

活动中，注重幼儿的实际操作与亲身体验，真正做到看见儿童、支持儿童。通过足球兴趣调查、幼儿团讨、采访足球教练、开展班级球员选拔竞赛、绘本故事分享、观看足球比赛视频、日常足球游戏开展、设计班级足球运动服、级组足球友谊赛等多样化的活动，幼儿深入了解了足球文化，掌握了足球比赛规则以及注意事项。活动中幼儿自主讨论、交流、协作，积极参与，团队协作能力及意志力均得到了提升。

3. 以幼儿为中心，实现教师观念转变

足球游戏是幼儿园的特色之一，它融入幼儿的一日生活中。本次活动的开展完全基于幼儿的兴趣，活动也始终以幼儿为中心，围绕幼儿提出的问题进行整个活动的实施。在这次活动中，教师实现了教育教学行为的转变，"以幼儿为本"的理念引领教师重新定位自己的角色，重新审视课程实施行为与效果。在活动目标设置上，教师遵循幼儿年龄特点，注重幼儿发展的全面性；在活动内容组织安排上，尊重幼儿兴趣，增加生成性内容；在活动实施上，给予幼儿更多的时间和空间自主权；在活动评价上，强调过程性与发展性。教师从幼儿发展的决策者转变为支持者、陪伴者，这种角色转变使教师给予幼儿更多自主性，让幼儿在活动中拥有更多选择权和自主权。

当然，在活动中，教师也有值得反思的地方。活动前，教师要提前储备相应的活动知识来支持幼儿的学习探索，如提前通过各种媒介途径查询文献资料，收集既符合中班幼儿年龄特点，又能满足足球动作发展要求，同时具备挑战性、动作发展性、趣味性的游戏，以更好地支持幼儿实现探索。其次，要发挥“人多力量大”的家长资源优势，利用家庭“一对一”“亲子游戏”和“专属定制”的独有优势，鼓励家长与幼儿共同收集适于幼儿畅玩的足球游戏内容，并以文字、图片或视频的形式进行记录，以激发幼儿参与活动的积极性。

第十节 践行美育熏陶，共筑“野趣美”的多彩篇章——芳华三载，有幸“玉”见 玉成幼儿园国风亲子运动会暨三周年园庆活动

一、活动缘起

为贯彻落实国家对于体育工作的重要指示精神，结合我园“趣野美”课程体系，我们以三周年园庆为契机，将传统竞技与趣味游戏巧妙结合。此举旨在激发师生的运动兴趣，提升身体素质，增进亲子关系，同时弘扬传统文化。通过这些活动，我们不仅培养了孩子们动作的协调性和灵活性，还塑造了他们开朗的个性和拼搏精神，增强了他们的集体荣誉感，并深化了对文化的理解。孩子们在欢声笑语中领略到传统文化的魅力，尽情享受运动的乐趣。此次园庆活动不仅是对过往成就的回顾，更是对未来发展的展望。玉成幼儿园将继续秉持趣野美的教育理念，为孩子们打造一个充满活力、富有探索精神和创造力的成长环境，让每个孩子在爱与美的滋养下茁壮成长。

二、活动过程

时光荏苒，三年转瞬即逝。回首往昔，三年虽不长，不过是三个春天；但三年亦不短，足足有 1095 天。而在这个 12 月，我们决定共赴一场三年之约，邀请一路相伴的挚爱亲朋，共同庆祝玉成幼儿园的三周年庆典。作为幼儿园的小主人，幼儿们将以何种形式参与这场庆典？又该如何分享这份专属于玉成的喜悦？为此，老师们与孩子们展开了一场别开生面的访谈……

（一）忆时光：师幼谈话

通过谈话，我们了解到幼儿最期待的是那些能够亲身参与体验的活动，这些活动使孩子们对幼儿园生活充满了向往之情（图 4-10-1）。

图 4-10-1 幼儿园里让你最开心的事情

例如，玩滑滑梯、捞泥鳅、踩泥坑等充满童趣的游戏，以及和小伙伴们一同庆祝生日、骑车、踢球等社交互动。这些简单而又纯真的快乐，构成了孩子们在幼儿园中最宝贵的回忆。老师们也分享了陪伴孩子们成长过程中的点点滴滴：每一次的欢笑、每一次的泪水，都凝聚成了这三年时光里最温馨的画面。在谈话中，孩子们不仅表达了对幼儿园的热爱，还流露出对未来学习生活的美好憧憬与期待。他们纷纷表示，希望在未来的日子里，能够继续与好朋友们携手探索更多未知的世界，学习更多的知识，成长为更加优秀的小朋友。同时，老师们也鼓励孩子们要勇于尝试新事物，不畏失败，并坚持不懈地追寻自己的梦想。此外，老师们还向孩子们表达了感恩之心，感谢他们为幼儿园带来的欢声笑语，感谢他们让老师们的世界变得更加多彩。这场师幼之间的谈话，不仅加深了师生间的情感纽带，也为即将举行的庆典活动奠定了温馨而美好的氛围。

（二）稚时光：师幼谈话

老师："你想如何庆祝幼儿园的三岁生日呢？"（图 4-10-2）

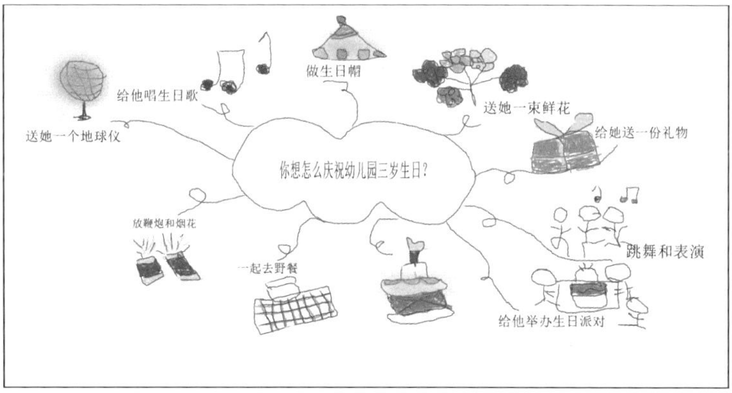

图 4-10-2 你想怎么庆祝幼儿园的三岁生日

每个幼儿都怀揣着独特的想法，他们的话语中洋溢着童真与创意。艺琳小朋友提到了放鞭炮和烟花，让人不禁想象到那璀璨的夜空下孩子们兴奋的笑颜；意涵小朋友计划的生日派对和野餐，则让人感受到了浓浓的温馨与欢乐；浩轩小朋友想要唱生日歌并分享自己的玩具，展现了孩子们纯真无邪的友爱之心；南希小朋友提出做蛋糕并插上蜡烛的想法，充满了仪式感，让人对那一刻充满了期待。

宇皓小朋友的生日帽和礼物，家旗小朋友的打扮计划和美食享受，都体现了孩子们对幼儿园生日的用心与期待。佳丽小朋友的跳舞和表演，昌烨小朋友的地球仪，宇轩小朋友的小花，煜辰小朋友的自助餐和大派对，每一个想法都充满了惊喜与创意。婉菲小朋友简单的“生日快乐”，更是直击心灵，让人感受到了孩子们最真挚的祝福。

这场谈话，不仅展现了孩子们对幼儿园三岁生日的期待，更让我们看到了他们内心的纯真与美好。幼儿的话语中充满了对幼儿园的深厚情感，仿佛幼儿园就是幼儿心中的小小世界，每一个角落都蕴藏着幼儿的故事和欢笑。每一个提议，都像是心中最宝贵的珍珠，被小心翼翼地捧出，希望能为幼儿园的生日增添一抹亮色。

在这些童言童语中，我们仿佛能看到幼儿与幼儿园共同成长的点点滴滴。从初入幼儿园的懵懂无知，到现在的活泼开朗，幼儿园见证了幼儿的每一次进步，每一次突破。而孩子们，也将这份深厚的情感，化作了对幼儿园生日的无限期待和祝福。

他们期待着那一天的到来，期待着与幼儿园一起庆祝这个特殊的日子。在幼儿心中，幼儿园的生日不仅仅是一个节日，更是一个与他们紧密相连、共同分享喜悦的时刻。他们愿意用自己小小的力量，为幼儿园的生日贡献一份心意，让这一天变得更加难忘。

这些童真的话语，也让我们深刻感受到了孩子们内心的善良与美好。他们用自己的方式，表达着对幼儿园的感激与祝福，让我们看到了未来的希望与可能。在这个充满爱与温暖的小世界里，让我们一起期待幼儿园三岁生日的到来，共同见证这份纯真与美好的绽放。

（三）蜜时光：师幼谈话

老师：“幼儿园三周年生日，我们需要准备些什么呢？”（图 4-10-3）

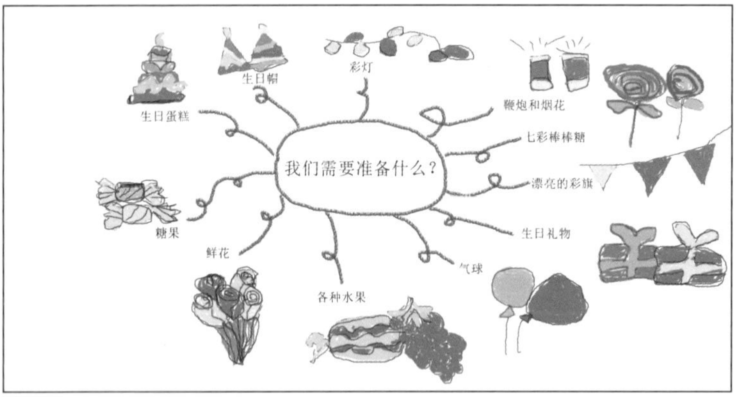

图 4-10-3　幼儿园生日需要准备什么

老师微笑着倾听每一个孩子的回答，眼里闪烁着欣慰的光芒。她温柔地引导着：“大家的想法都很棒！礼物、鲜花、糖果、水果、蛋糕、彩灯、气球，还有鞭炮，真是丰富多彩呢！看来，大家都希望给幼儿园送上一份特别的祝福。”（图 4-10-4）

接着，老师鼓励孩子们继续讨论：“那我们能不能想想，怎样把这些礼物组合起来，让幼儿园的生日派对更加精彩呢?”孩子们纷纷点头,开始热烈地讨论起来,小小的教室里充满了欢声笑语。有的孩子提议用彩灯和气球装饰现场,营造出欢乐的氛围;有的孩子则建议把水果和糖果摆放在精心布置的桌子上,让大家一起分享美味;还有的孩子想到了用鲜花和蛋糕来点缀,让整个派对更加浪漫和温馨。

在孩子们的热烈讨论中,一个充满创意和惊喜的生日派对计划逐渐成形。他们用自己的小手,一笔一画地绘制着心中的美好愿景,期待着在幼儿园三周岁生日那天,能够给所有人带来一个难忘的惊喜。老师看着孩子们兴奋的脸庞,心中充满了感动。她知道,这次活动不仅仅是为了庆祝幼儿园的生日,更是为了培养孩子们的团队精神和创造力,让他们在参与中学会合作、学会分享。

图 4-10-4 幼儿送幼儿园生日礼物

于是,老师进一步引导孩子们:“那我们现在就来分工吧,看看谁负责准备彩灯和气球,谁负责摆放水果和糖果,谁又来负责购买鲜花和蛋糕呢?”孩子们积极响应,纷纷表示愿意承担自己的任务,为幼儿园的生日派对贡献一份力量。

在接下来的日子里,孩子们忙碌而快乐,他们用自己的小小双手,一点一滴地准备着生日派对的每一个细节。而在这个过程中,他们也收获了成长和友谊,更加深刻地理解了团队的力量和合作的重要性。终于,到了幼儿园三周年生日的那一天,整个幼儿园被装点得焕然一新,彩灯闪烁、气球飘扬,空气中弥漫着鲜花和蛋糕的香气。孩子们穿着自己最喜欢的衣服,兴奋地穿梭在人群中,与小伙伴们分享着这份喜悦。

当生日派对的音乐响起时,所有的孩子和老师都聚集在了一起,共同为幼儿园唱起了生日歌。在歌声中,孩子们举着自己亲手制作的礼物,向幼儿园表达着最真挚的祝福。那一刻,整个幼儿园都充满了温馨和感动。

这次生日派对不仅让幼儿园度过了一个难忘的生日，更让孩子们在参与中学会了感恩和分享，体会到了团队合作的重要性。而这一切的美好，都将成为他们童年中最宝贵的回忆，陪伴着他们走向更加美好的未来。

（四）趣时光：幼儿互动

1. 我在幼儿园的一天

幼儿们绘制了《我在幼儿园的一天》图画（图4-10-5）。

图4-10-5　幼儿园的一天

2. 我们的礼物

幼儿们绘制了送给幼儿园的礼物（图4-10-6）。

图4-10-6　我们的礼物

芳华三载，有幸“玉”见，幸福、快乐、同欢庆就是幼儿们给予这次访谈的关键词（图4-10-7）。

图 4-10-7　三周年宣传册

（五）玉成三周年 众多嘉宾齐相聚

时光知味，岁月沉香；岁序更替，华章日新。三年时光匆匆，岁月悠悠，岁月悄无声息地溜走，唯独图像能定格记忆，留下永恒。因此，这一段三年的时光印记，是送给玉成幼儿园最宝贵的岁月华章。精心准备的邀请函，承载着玉成人的专属浪漫，我们珍视每一次相聚的瞬间，感恩这一路相伴的幸福（图 4-10-8）。

图 4-10-8　三周年历程回顾

玉成幼儿园在过去的三年里茁壮成长,这一路上凝聚了每一位对玉成充满关爱的大朋友们的支持与努力。此次三周年的庆典,不仅是对过去的总结,更是一场欢聚的盛会。玉成幼儿园园长孙文文为到场的嘉宾们精心呈现了三年来的发展回顾,展示了幼儿园的点点滴滴。深圳市光明区教育局的领导也在发言中对玉成幼儿园这三年取得的显著成就给予了高度评价。作为光明区民办转公办幼儿园的佼佼者,玉成幼儿园始终以提升教育质量和园所形象为目标,不断奋进前行(图 4-10-9)。

图 4-10-9　三周年庆典嘉宾

(六)玉成三周年 快乐共欢庆

在幼儿园的温馨庆典上,孩子们以独特的方式表达着对这片欢乐天地的热爱。他们亲手制作起了花馍,童趣盎然,将趣野美课程的精髓融入其中。虽然形态各异,但在孩子们的巧手下,花馍绽放出新的活力,为庆典增添了一抹别样的风采。花馍在中国北方地区广为流传,这种艺术形式不仅具有食用价值,更承载着深厚的文化内涵和民俗风情。

当传统文化与亲子运动会相结合,构成了本次三周年盛典的高潮部分。这一融合碰撞出了多么有趣的火花,孩子们眼中的中华文化显得何等璀璨精彩。

旗扇挥舞,喜迎盛会。一声龙啸凌云志,热血燃冬扶摇起。岁月泼墨,缀下繁花,盛开的是中华五千年孕育的优秀文化。粉墨缤纷,扬国粹川剧之韵;舞动铿锵,展美育成果之风。文化自信始终是国家和民族发展中更为基本、更为深沉持久的力量。幼儿盛装出席,以昂扬铿锵之势,表达对传统文化的热爱。

旗鼓生风,霸气外露。舞旗与打鼓的结合,展现出气宇轩昂的爸爸们在场上的气势磅礴、叱咤风云。岁月不负少年志,旗开得胜终有时。让我们敲响中国鼓,敲出大美河山,给世界以鼓舞。玉成幼儿园将在光明幼教道路上,火力全开,旗开得胜。

在这一场别开生面的三周年庆典中,玉成幼儿园以"趣野美"课程为灵魂,巧妙地将传统竞技、趣味游戏与传统文化深度融合,不仅为师生、家长带来了一场视觉与心灵的盛宴,更是对幼儿教育理念的一次深刻践行与升华。

庆典上,孩子们天真无邪的笑容和真挚的情感,通过一系列精心设计的活动得到了最完美的展现。从"忆时光"的温馨回顾,到"稚时光"的创意畅想,再到"蜜时光"的细致筹备,每一步都凝聚着孩子们对幼儿园深深的爱与依恋。他们用自己稚嫩的声音,提出了对庆典的无限想象,从放鞭炮、野餐到做蛋糕、送礼物,每一个想法都充满了童真与创意，展现了孩子们对美好生活的向往与追求。

而庆典的高潮，无疑是孩子们亲手制作的花馍以及传统文化与亲子运动会的结合。花馍，这一承载着深厚文化底蕴的艺术形式，在孩子们的巧手下焕发出了新的生命力。它不仅让孩子们体验到了传统手工艺的乐趣，更在制作过程中让他们感受到了中华文化的博大精深。当这些色彩斑斓、形态各异的花馍呈现在大家面前时，不仅令人赏心悦目，更激发了大家对传统文化的热爱与传承之心。

同时，传统文化与亲子运动会的结合，也将庆典推向了另一个高潮。旗扇挥舞、龙啸凌云、鼓声震天，这一幕幕壮观的场景，不仅让孩子们感受到了传统文化的魅力，更在游戏中锻炼了身体，增强了体质。而家长们的参与，更是拉近了亲子关系，让家庭成为孩子们成长的坚强后盾。

此次庆典，不仅是对玉成幼儿园三周年成果的回顾与展示，更是对未来发展的美好憧憬。幼儿教育是国家的未来，是民族的希望。因此，玉成幼儿园将继续秉承“趣野美”的教育理念，为孩子们营造一个充满活力、探索和创造力的成长环境，并将继续深入挖掘传统文化的精髓，将其融入日常教学中，让孩子们在潜移默化中感受到中华文化的魅力与力量（图 4-10-10）。

图 4-10-10　三周年庆典表演

第十一节　践行美育熏陶，共筑"野趣美"的多彩篇章
——伴日相约育花开，看见自然的力量

一、活动缘起

美育作为文化的基石与灵魂，肩负着培育未来栋梁之材的重要使命。玉成幼儿园深谙此理，特举办首届美育节。旨在通过丰富多样、层次分明的美育活动，深入挖掘并激发幼儿的艺术潜能。美育如同一座桥梁，通过融合情操、心灵与人格教育，潜移默化地引导幼儿实现身心的和谐统一，促进其全面发展。幼儿园致力于培养幼儿高尚健康的品格，启迪他们的思想智慧，激发他们的创造活力，全面提升其人文素养。

在美育的熏陶下，孩子们不仅能够快乐成长，更能在艺术的海洋中尽情遨游，感受美的力量，培养对美的追求与热爱。

二、活动过程

在美育节活动中，我们特别注重传承与弘扬中国传统文化，鼓励幼儿在自然环境中感受美、发现美并创造美。通过美术、戏剧、奥尔夫音乐等多种形式的活动，玉成幼儿园将美育节与开放日相结合，为家长提供了一个互动交流的平台，使他们能够更直观、全面地了解孩子的成长情况。在这些活动中，孩子们可以尽情发挥创意，而家长们也能深入了解孩子在园内的学习与成长。

（一）夏日多巴胺·与七彩童年

在这个绚烂如火的夏日里，一场艺术展如同一缕清风，拂过心田，唤醒了每个人内心深处那份纯真无邪的快乐与无尽的想象。这不仅是视觉的盛宴，更是心灵的旅行。它以"趣野美"课程为桥梁，连接着过去与现在、自然与艺术。让每一位踏入的大朋友，都能在这方寸之间，重拾童年的色彩斑斓，感受那份源自生命本真的多巴胺分泌所带来的愉悦。

（二）夏日多巴胺·共享美好时光

本次美育节暨家长半日开放活动，旨在为幼儿及家长们搭建一个展示才艺的平台，提供一个交流互通的机会，让家长更加了解幼儿在园内的生活情况，让幼儿在美育的熏陶中快乐成长，实现全面发展。小班组的主题艺术展以"夏日多巴胺"为主题，带领大家感受别样的夏日风情，体验多巴胺带来的七彩童年（图4-11-1）。

图 4-11-1　小班多巴胺系列作品展

玉成其美，美美与共。童年的曼妙与美好，定要与大朋友们撞个满怀。蝉鸣一夏的绚烂，是几度春秋的蛰伏，更是玉成人无数日夜的期盼。2024 年首届美育节暨小班家长半日开放活动，特邀大朋友们一同狂欢，共享美好时光（图 4-11-2）！

图 4-11-2　小班亲子走秀

童年里，世界还有另外的模样：小鸟会唱歌，大象会说话，小鱼儿还会飞。一缕光、一片叶、一块石头、一朵花，都会映射出童年里最美的形象。中班以“绿野仙踪”为题，带领大家遨游于绿野仙踪之中，“艺启”快乐之旅（图 4-11-3）。

图 4-11-3　中班绿野仙踪系列作品展

一百次提问不如一次深度体验，一百次沟通不如一次亲身实践。每一次家长半日开放活动，都是一次“看见孩子”的全新启程。美育节的体验活动真有趣，幼儿园的饭菜也太美味了。今天的区域材料比平时更好玩，孩子们的笑声朗朗，无比雀跃，因为最爱的大朋友们也来“品读”玉成幼儿园了（图 4-11-4）！

图 4-11-4　亲子体验活动

给夏天一个回眸，给天空一只风筝，给微风一个清脆的拥抱。2024 年的这个夏天，在大班毕业临别之际，我们诚邀大朋友们一同感受传统之雅韵，表达艺术之大美，"艺"起来，美起来（图 4-11-5）！

图 4-11-5　大班传统文化系列作品展

智慧与灵感的碰撞，天真与童趣的共融，艺术的魅力与精髓，家长的协同与互动，换来了小璞玉们天真幸福的笑颜（图 4-11-6）。

图 4-11-6　大班亲子走秀

这个夏天，在毕业临别之际，大朋友们再一次走进幼儿园，倾听孩子的成长悄悄话，共话彼此的变化。同窗三年的情谊,弥足珍贵,愈久弥香(图4-11-7)。

图4-11-7　亲子体验活动

寻美育美,是迎着朝阳种下创造美的种子;乘着时光机穿梭在五千年文化里,汲取文化滋养;是与自然对话,聆听自然的声音;是成长的过程中自由舞蹈、大声歌唱的姿态;是向上的日子里奔赴梦想、快乐无价的追求。艺术在玉成步步生花,因为每一个小小的起点,都孕育着宏伟的未来。

三、活动小结

(一)活动内容创新

本次美育节全园参与,艺术表达范畴涵盖了从涂鸦到精细绘画、从手工制作到立体雕塑等多种艺术形式。每一件作品都充满了孩子们的创意和想象力,展示了他们在艺术领域的成长和进步。在绘画作品区,我们看到了孩子们用色彩和线条描绘出的各种生动画面,包括动物、植物、风景等,每幅画都充满了童趣和生机。在手工制作区,孩子们用各种材料制作出了精美的小物件,如剪纸、折纸、布艺等,展现了他们的动手能力和创造力。在雕塑作品区,孩子们用泥土、橡皮泥等材料塑造出了各种生动形象,栩栩如生。

本次美育节,玉成幼儿园巧妙地将家长开放日活动与美育互动环节相结合。17个班级的展区各具特色,视觉冲击力极强,并且每个班级都增加了特色展品互动体验环节,邀请家长和孩子们一起参与艺术创作。此外,还提供了舞台,让家长与幼儿共同进行了创意服装秀(环保亲子服装)、亲子舞蹈、葫芦丝表演等。活动过程中强调趣味性和互动性,旨在增进健康、积极向上的亲子关系,构建和谐、和美、和融的园所文化。同时,也为家长提供了一个交流互通的机会,让家长更加了解幼儿在园内的情况,让幼儿在美育的熏陶中快乐成长、全面发展。

（二）成果与收获

孩子们通过展览展示了自己的艺术成果，通过舞台获得了锻炼的机会，增强了自信心与成就感。家长通过参观展览，更深入地了解了孩子们在园内的艺术学习情况，增进了家园共育的合作关系。本次活动的相关推文设置了"班级最美展区"的投票，前三名班级单项投票高达七千余票，本次活动的推文阅读量刷新了幼儿园之最，高达两万三千余次，在区域内产生了强烈的反响。

（三）期待与展望

未来，玉成幼儿园将会举办更丰富多样的美育活动，为孩子及家长提供更专业的美育活动和交流平台，加强家园共育的合作关系，共同促进孩子们在美育领域的全面发展（图 4-11-8）。

图 4-11-8　活动照片

第十二节　建立多元评价，彰显"趣野美"的成长样态

2022 年教育部颁布的《幼儿园保育教育质量评估指南》（以下简称《评估指南》）构建了幼儿园保教质量评估指标体系，勾勒了高质量的幼儿园保教的实践样态，为学前教育的高质量发展提供了科学的实施指南和明确的行动依据。《评估指南》始终贯穿着"以儿童为本""坚持儿童立场"的教育理念，上至总体要求、基本原则，下至评估指标的 5 个维度、15 项关键指标和 48 个考察要点，都彰显了理解儿童、尊重儿童、以儿童为中心的思想，确立了儿童的主体地位。《评估指南》也指出，教师要"善于发现各种偶发的教育契机，能抓住活动中幼儿感兴趣或有意义的问题和情境"。可见，幼儿的兴趣可作

为幼儿园课程生发的基点。

一、课程质量评价

幼儿园课程的直接受益者是儿童，他们对于课程建设质量的评价最具发言权。因此，构建一套科学、全面的幼儿园评价体系至关重要。传统的单一评价方式已难以全面评估幼儿的发展状况，为此，玉成幼儿园积极创新，建立了一个多元化的评价体系。该体系旨在更好地促进幼儿“趣野美”的成长样态，其中，“趣”代表激发幼儿对世界的好奇心，“野”代表培养其自由探索的精神，“美”则强调对美的感受和创造能力。通过这一多元化的评价体系，玉成幼儿园能够更准确地了解幼儿的发展状态，为他们提供更加个性化的教育服务。这一创新举措不仅有助于提升教育质量，更能为幼儿创造一个更加美好的成长环境。

玉成幼儿园多元化评价体系的构建，以“以趣为始，向野而生，向美而行”为课程发展目标，深入挖掘并体现“趣野美”的深刻内涵，将中国优秀文化与美育教育有机结合，互生共长，交融创新。这一理念旨在通过多元评价体系，促进幼儿在情感、社交、智力和审美等方面的全面发展。“重视幼儿通过绘画、讲述等方式对自己经历过的游戏、阅读图画书、观察等活动进行表达表征，教师能一对一倾听并真实记录幼儿的想法和体验”“尊重并回应幼儿的想法与问题，通过开放性提问、推测、讨论等方式，支持和拓展每一个幼儿的学习”。确保了教育活动与幼儿的内在需求和潜能发展相匹配，为幼儿提供了一个充满爱、尊重和自由的成长环境。

玉成幼儿园致力于构建多元化评价体系，其核心理念为“以趣为始，向野而生，向美而行”，旨在深入挖掘并展现“趣野美”的丰富内涵。通过这一体系，将中国优秀文化与美育教育紧密结合，实现两者的共生共荣与创新发展。该评价体系不仅关注幼儿在情感、社交、智力和审美等方面的全面发展，更重视通过多元化的方式，全面评估幼儿的发展状态。玉成幼儿园鼓励幼儿通过绘画、讲述等表达方式，对自己在游戏、阅读图画书、观察等活动中的经历和感受进行表征。教师们则通过一对一倾听和真实记录，深入了解幼儿的想法和体验。此外，幼儿园还强调尊重并回应幼儿的想法与问题，通过开放性提问、推测、讨论等方式，支持和拓展每一个幼儿的学习。这种教育理念确保了教育活动与幼儿的内在需求和潜能发展相匹配，为幼儿提供了一个充满爱、尊重和自由的成长环境。总之，玉成幼儿园多元化评价体系的构建，不仅是对传统评价方式的革新，更是对幼儿全面发展和个性化教育的有力保障。

二、幼儿发展评价

通过综合运用调查问卷、细致的观察法以及深入的作品分析法，全面而精准地从幼儿的健康发展、语言交际能力、社会情感培养、认知创新能力及美感表现等五大维度进行综合评估。这些评价结果不仅为教师提供了孩子们当前成长状态的清晰图景，更重要的是，它们成为教师调整教学策略、优化教学内容的重要依据。基于此，教师可以更加科学地设计个性化的教育计划，精准对接每个孩子的成长需求，从而有效促进孩子们的全面发展与个性化成长。

例如，在《酸梅汤与酸梅糖》项目如何制作酸梅汤到什么材料需要多少量才能制作出酸酸甜甜的味道。幼儿在教师的引导下通过查找资料、与其他班教师分享、讨论，3次制作后才完成了幼儿心目中的酸梅汤。在活动中小朋友们能独立思考、大胆尝试并通过自己的实践，成功煮出了好喝的酸梅汤，并在活动过程中学习到了新的计数单位（克、升）以及学会使用工具（电子秤）进行称重，能清楚地感知材料的多少，并进行简单地记录，教师在活动中也一直充当着幼儿支持者的角色，活动的开展也提高了幼儿独立思考、探索精神、社交能力、表达等各方面的能力，让幼儿也在活动中得到了成长。

例如，在项目活动《平衡车停车支架改造计划》中，教师敏锐地捕捉到了幼儿对平衡车稳定性提出的疑问，积极为幼儿提供了一系列富有趣味性的探究工具，如测量尺、平衡测试器等，以充分激发幼儿的好奇心和探究欲望。在共同的探索过程中，教师和幼儿一起深入探究平衡车不稳的根源，并通过拍照和幼儿自己创作的表征作品等方式，详细记录和保留了这些有趣的探索过程和宝贵发现，为后续的研究和改造提供了丰富素材。教师在整个探索过程中给予幼儿真诚地接纳、多方面支持和鼓励幼儿的探索行为。认真对待幼儿的问题，引导他们猜一猜、想一想，有条件时和幼儿一起做一些简易的调查或有趣的小实验。多为幼儿提供一些能操作、多变化的废旧材料，在保证安全的前提下，鼓励幼儿拆装或动手改造支架。

三、教师专业发展评价

幼儿园教师不仅是孩子们知识的引导者，更是他们心灵的启迪者，扮演着无可替代的角色。教师的专业成长对于提升整体教育质量、促进幼儿全面发展具有深远意义。然而，现实教学中，部分教师在通识知识及观察评估幼儿能力方面尚有提升空间。以项目《醒狮》为例，醒狮分为南狮和北狮，分别承载着不同的地域文化和象征意义。南狮注重技巧与神态，象征着吉祥如意；北狮则更侧重于力量和气势，寓意着驱邪避害。而三圣狮则代表着关羽、张飞和刘备，他们不仅是三国时期的英雄人物，更在醒狮文化中象征着忠诚、勇猛和智慧。如果教师缺乏这些通识知识，在面对幼儿的好奇提问时，可能无法给予全面、科学的解答，这不仅会影响教师在幼儿心中的权威形象，更可能错失教育的最佳时机，影响幼儿对传统文化的理解和传承。因此，加强教师的专业培训至关重要。幼儿园应致力于通过多元化的途径，如专家讲座、工作坊、在线课程等，鼓励教师持续学习，不断更新自己的专业知识，丰富知识结构。同时，教师应将所学应用于实践，在日常教学中积极观察幼儿，深入了解他们的发展需求，针对不同孩子的特点进行有针对性的指导。教师的专业成长是一个长期且持续的过程，需要不断地学习、实践与反思，唯有如此，才能更好地引领幼儿健康成长，为他们的人生奠定坚实的基础。

观察与评估幼儿能力是每位幼儿教师不可或缺的专业素养，它要求教师能深入洞察幼儿的行为表现，理解其背后的心理动机和发展需求。遗憾的是，一些教师往往过于关注幼儿的表面行为，却忽视了更为深层次的成长需求。为了提升教师的这一关键能力，幼儿园积极组织定期的观摩活动，搭建一个教师们相互学习、交流经验的平台。在活动中，教师们通过掌握并灵活运用多元化的评估方法，如行为观察、作品分析、家长访谈等，来全面了解幼儿的学习和发展情况。此外，幼儿园还建立了专业培训与教研平台，鼓励教师们撰写教学反思，回顾和总结教学经验，发现问题并寻求改进策略。同时，幼儿园定期举办教学经验分享会和教学研讨会，促进教师间的智慧碰撞与共同成长。值得一提的是，幼儿园还组织了各种专业技能技巧比赛活动，如幼儿心理辅导方案设计赛、创意教学活动展示赛等，以赛促学，以赛促成长。这些比赛不仅激发了教师的积极性和创造力，还让他们在准备和参与的过程中不断提升自己的专业能力，实现个人与团队的共同进步。

四、家园合作评价

家长是孩子们成长过程中不可或缺的伙伴。倡导家长参与到评价过程中来，家长深度合作的实践，极大地提升了幼儿园的教育质量。一方面，家长的参与为幼儿园带来了更多的教育资源和社会支持，丰富了课程内容，使教学活动更加贴近孩子们的生活实际和兴趣需求。另一方面，家长的监督和反馈机制促使幼儿园不断反思和改进教育工作，提高教育教学的针对性和实效性。幼儿园通过定期的家庭会议、亲子活动、助教活动等方式，加强家园之间的沟通与合作。家长反馈是非常宝贵的资源，它有助于我们更好地理解孩子在家中的表现，从而做出更为精准的教学决策。

例如学期末开展散学典礼活动，通过亲子游戏、表演展示、课例展示等方式呈现幼儿一学期的成果。活动结束后进行家长调查问卷对活动进行评价。问卷共包含了8个问题，涉及散学典礼的整体满意度、孩子的表现、组织和安排、展示满意度、教师与孩子的互动、教师的表现以及安全措施等方面。调查结果显示，家长对散学典礼的整体满意度非常高，平均得分达到了98.95%。特别是在"教师与孩子的互动"和"安全措施"方面，满意度分别高达99.49%和99.24%，表明家长对这些方面的表现非常满意。在"孩子表现"和"教师表现"方面，满意度分别为98.72%和98.31%，说明家长对孩子和教师在散学典礼中的表现给予了高度评价。部分家长提出了一些意见和建议，例如加强户外活动的安全保障、提供更多与家长互动的机会等。我们已将这些意见和建议记录下来，并在今后的工作中加以改进。整体来看，本次散学典礼得到了家长们的广泛认可和高度评价。然而，为了进一步提升服务质量，我们仍需关注那些满意度相对较低的问题，并努力改进。

五、提升园所教育质量的创新路径

在深入探索与实践幼儿园"趣野美"课程评价体系的过程中，精心构建了一个既全面又多元的评价框架，它涵盖了幼儿身心发展的多个方面，确保评价的准确性和有效性。这一评价体系的建立，不仅是对《幼儿园保育教育质量评估指南》精神的积极践行,更体现了对幼儿全面发展需求的深刻理解和全面尊重。通过这一评价体系,教育理念、教学方法以及家园合作等多个维度上实现了显著的变革与提升。更加注重幼儿的个性化发展,倡导寓教于乐的教学方式,同时加强与家长的沟通与合作,共同为幼儿的健康成长营造更加和谐、积极的环境。这一系列的努力,为玉成幼儿园的高质量发展探索出了一条可行且富有成效的新路径,为幼儿的全面发展奠定了坚实的基础。

(一)评价体系的创新与价值

(1)多元化评价促进全面发展。传统评价方式过度聚焦于幼儿知识技能的掌握,却对幼儿情感、态度、创造力等非智力因素的成长视而不见。然而,玉成幼儿园却勇于突破这一局限,构建了全面而多元化的评价体系。该体系不仅运用调查问卷、观察法等传统方法,还引入作品分析法等创新手段,从健康发展、语言交际、社会情感、认知创新、美感表现等五个维度,对幼儿进行综合评价。这种评价方式不仅确保了评价的全面性和客观性,更让教师能够深入洞察每个幼儿的独特之处,为个性化教学提供了有力支撑。在多元化评价的引导下,玉成幼儿园的孩子们得以在多个领域均衡发展,他们的身心健康、语言能力、社交技巧、创新思维和艺术修养均得到显著提升,为未来的全面发展奠定了坚实基础。

(2)激发幼儿内在潜能与兴趣。以"以趣为始,向野而生,向美而行"为课程发展目标,评价体系注重激发幼儿对世界的好奇心,培养其自由探索的精神以及对美的感受和创造能力。通过项目活动如《酸梅汤与酸梅糖》《平衡车停车支架改造计划》等,幼儿在实践中学习,在探索中成长,不仅掌握了知识,更重要的是学会了独立思考、解决问题,以及团队合作的能力。这种评价方式鼓励幼儿主动探索,让学习成为一种乐趣,有效提升了幼儿的学习动力和创造力。

(3)教师专业成长与持续学习。评价体系的建立不仅为幼儿的全面发展提供了有力保障,也极大地促进了教师的专业成长。通过参与定期观摩、专业培训以及教研平台等多元化活动,教师们不断更新专业知识,深化对幼儿成长规律的理解,并显著提升了在观察与评估幼儿方面的能力。教师的专业成长与幼儿的全面发展形成了紧密的良性互动。教师们能够更好地理解每个幼儿的独特需求,提供更为精准和适宜的支持与引导,而幼儿们的进步与成就又成为激励教师们不断学习和提升教学质量的强大动力。

(4)家园合作深化教育效果。家长的深度参与在评价体系的构建中发挥着举足轻重的作用。通过家庭会议、亲子活动、助教活动等丰富多样的形式,家长们从教育的旁观者转变为积极的参与者。他们的反馈为幼儿园提供了宝贵的改进建议,促进了教育实践的持续优化。与此同时,家长的积极参与增强了家园之间的信任与合作,双方携手为幼儿打造了一个温馨和谐、充满爱的成长环境。这种深度的家园合作不仅显著提升了幼儿园的教育质量,还有力促进了幼儿社会情感的发展,让幼儿在爱与关怀中茁壮成长,感受到来自家庭和幼儿园的温暖与支持。

(二)面临的挑战与未来展望

尽管"趣野美"课程评价体系在实践中已经取得了令人瞩目的成效,但前行的道路上仍布满挑战。如何进一步细化评价指标，使之更加科学、具体，是一项紧迫任务。同时，如何在保持教育趣味性的同时，确保教育目标的圆满达成，也是值得深入思考的问题。此外，如何更有效地整合家庭、社区资源，形成一股更为强大的教育合力，同样不容忽视。面对这些挑战，需要以更加坚定的步伐，在实践中不断探索，寻求最佳的解决方案。

未来，将继续深化“趣野美”课程评价体系的内涵建设，注重评价的实效性和可操作性，不断优化评价流程和方法。同时，进一步加强教师的专业发展，提升教师队伍的整体素质，特别是加强通识知识和观察评估能力的培养，确保每位教师都能成为幼儿成长的优秀引导者。此外，积极拓展家园合作的广度和深度，创新合作形式，增强家长的参与感和满意度，共同为幼儿的全面发展贡献力量。在“趣野美”课程评价体系的引领下，玉成幼儿园将能够为幼儿提供更加优质、多元的教育环境，激发每个幼儿的内在潜能，培养他们成为具有好奇心、探索精神和审美能力的未来公民。同时，期待通过不断地实践与创新，为学前教育的高质量发展贡献更多的智慧与力量，让每一个幼儿都能在爱与自由的环境中快乐成长，绽放属于自己的光彩。

第五章　践行“趣野美”带来的变化

第一节　实现园所文化积淀的新突破

一、幼儿园发展的新突破

随着“趣野美”教育理念的深入实践，玉成幼儿园不仅在管理模式上实现了质的飞跃，更在课程体系、教学环境及师生互动等多个维度上展现出了前所未有的活力与创造力。

（一）课程体系的革新

玉成幼儿园围绕“趣野美”的核心理念，重新构建了幼儿园的课程体系。课程内容不再局限于传统的知识传授，而是更加注重幼儿的兴趣激发、自然探索与审美培养。幼儿园引入了更多户外探索、艺术创作及科学探究活动，让幼儿在亲近自然、动手实践的过程中自然而然地获得知识、技能和情感的全面发展。这种以幼儿为中心、注重过程体验的课程体系，极大地提升了幼儿的学习积极性和创造力。

（二）教学环境的优化

玉成幼儿园致力于打造一个充满趣味、野趣与美感的教学环境。在物质环境方面，幼儿园充分利用每一寸空间，布置了富有自然元素和艺术气息的区域，如璞玉农场、艺趣坊、野炊区、沙水区、木工区等，让幼儿在玩乐中感受大自然的魅力与艺术的熏陶。同时，幼儿园还注重营造温馨、和谐的心理环境，通过教师的关爱、鼓励与引导，让幼儿在轻松愉快的氛围中茁壮成长。

图 5-1-1　自然与艺术相碰撞的环境

（三）师生互动的深化

在“趣野美”教育理念的引领下，玉成幼儿园更加重视师生之间的情感交流与互动。鼓励教师放下身段，以朋友的身份与幼儿相处，倾听他们的声音，理解他们的需求。同时，也倡导幼儿主动表达自己的想法和感受，与教师建立起平等、尊重的师生关系。这种积极的师生互动模式不仅促进了幼儿的社会性发展，也让教师在与幼儿的共同成长中收获了职业的幸福感和成就感。

（四）家园共育的强化

家庭是幼儿成长的第一课堂，家长是幼儿的首席教育者。因此，在“趣野美”教育理念的实践中，玉成幼儿园特别注重家园共育的强化工作。通过定期举办家长会、亲子活动、家长工作坊等形式，积极搭建家园之间的沟通桥梁，让家长了解幼儿园的教育理念、教学计划以及幼儿在园的表现，同时也鼓励家长分享自己的育儿经验和心得。这种开放、包容的家园共育模式，不仅增强了家长对幼儿园的信任和支持，也促进了家庭教育与幼儿园教育的有机融合，为幼儿的全面发展奠定了更加坚实的基础。

（五）社区资源的整合利用

在“趣野美”教育理念的指导下，玉成幼儿园还积极探索社区资源的整合与利用。幼儿园与周边的玉律公园、曾氏宗祠等建立了紧密的合作关系，定期组织幼儿走出幼儿园，参与各类社会实践活动和志愿服务。这些活动不仅丰富了幼儿的生活经验，拓宽了他们的视野，还培养了他们的社会责任感和公民意识。同时，幼儿园也鼓励社区力量参与到幼儿教育中来，共同为幼儿的成长贡献智慧和力量。

（六）教育理念的国际化融合

在当今这个全球化浪潮汹涌澎湃的时代，教育领域正以前所未有的广度和深度迎接国际化的挑战，并拥抱无限的机遇。“趣野美”教育理念犹如一棵深植于本土文化沃土中的参天大树，其根系牢牢扎根于本土智慧的源泉。玉成幼儿园致力于探索一种既贴合中国幼儿成长特性，又蕴含国际元素的教育模式，旨在培养孩子们在享受丰富本土文化滋养的同时，也能拥有一双洞察世界的眼睛、一颗包容多元文化的心灵，以及掌握熟练进行跨文化交流的技能。这样的教育模式不仅为孩子们的未来铺设了一条通往世界的桥梁，更为他们在全球化的大潮中乘风破浪，成为具有国际竞争力与人文关怀的未来公民奠定了坚实的基础。玉成幼儿园的实践，无疑是对“趣野美”教育理念的一次生动诠释，也是教育国际化道路上一次勇敢而富有成效的探索。

（七）持续推动教育创新与发展

面对不断变化的教育环境和幼儿发展需求，“趣野美”教育理念将始终保持开放和创新的姿态。“趣野美”教育理念不仅仅是一种教育理念的创新与实践，更是一场深刻的教育变革。它不仅是幼儿园发展的新动力，也是幼儿全面发展的新起点，引领玉成幼儿园不断探索幼儿教育的新领域、新途径和新方法。在未来的日子里，我们将继续坚定不移地秉持这一理念，不断探索和实践适合幼儿成长的教育模式和方法。相信在全体教育工作者、家长以及社会各界的共同努力下，“趣野美”教育理念将绽放出更加绚丽的光彩，为培养更多具有创新精神、实践能力、人文素养和社会责任感的未来公民贡献更大的力量。

在学前教育的发展进程中，幼儿园的办学模式和教育理念也在不断更新迭代。

随着“趣野美”教育理念的深入实践，玉成幼儿园在办学模式和教育方法上取得了显著的突破。接下来，我们将具体阐述践行“趣野美”理念后所取得的新突破和变化。

二、从割裂式办学转变为理念引领式办学

随着学前教育政策的持续完善，玉成幼儿园的办学理念实现了从割裂式向理念引领式的转变。这一转变主要体现在以下五个方面。

（一）强调儿童全面发展

在传统的割裂式办学模式中，教育重点往往侧重于知识技能的传授，而忽视了儿童情感、社交、审美等非智力因素的培养。相比之下，理念引领式办学强调儿童的全面发展，注重培养儿童在情感、社交、审美等非智力因素方面的能力。为此，玉成幼儿园构建了多元化的课程体系，涵盖五大领域，包括艺术、体育、科学等多个方面，旨在通过丰富多样的活动激发幼儿的兴趣爱好，促进他们全面发展。例如，增设了创意美术课，让幼儿通过涂鸦、手工制作等方式表达自己的创意和想象；同时，开展了户外探险活动，让幼儿在大自然中感受自然之美，培养他们的观察力和探索精神。此外，幼儿园还组织了远足、社区服务、亲子活动以及庆典活动等丰富多彩的大型活动和社会实践，以促进儿童社交技能和团队合作能力的培养。

（二）突出教育理念的核心地位

在理念引领下的玉成幼儿园，教育理念不再仅仅停留于口号层面，而是成为渗透于教育每一个环节中的灵魂精髓。这里“趣野美”教育理念被奉为核心导向，它犹如一盏明灯，照亮了课程设计、教学方法到教育评价的整个教育过程。幼儿园倡导教师成为理念的传播者与践行者，将“趣野美”的精神实质融入日常教学的点滴之中，通过充满创意与趣味的教学方式，点燃幼儿探索知识的热情，唤醒他们内在的学习动力。在这样的教育环境中，幼儿不仅能够在轻松愉悦的氛围中吸收新知，还能在实践中逐步建立起自主学习的能力，为未来的学习与成长奠定坚实的基础。玉成幼儿园正以“趣野美”为翼，引领孩子们翱翔于知识的天空，探索无限可能。

（三）从单一的教学模式转变为多元化的教学模式

在践行“趣野美”教育理念的过程中，玉成幼儿园深刻认识到传统教学模式的局限性，开始积极探索并实施多元化的教学模式。这一转变旨在满足不同幼儿的学习需求，激发他们的学习兴趣和潜能，进一步促进他们的全面发展。

1. 项目式学习法

幼儿园引入项目式学习法，鼓励幼儿围绕特定主题或问题展开深入研究。幼儿通过小组合作、实地考察、资料收集与分析等方式，不仅能够获得丰富的知识，还能在实践中锻炼解决问题的能力、团队合作能力和创新思维。

2. 情境教学

为了增强学习的趣味性和实效性，幼儿园创设了多种情境教学环境。例如，在语言

活动中设置故事情境，让幼儿在角色扮演中体验不同角色的情感和思想；在科学活动中模拟实验场景，让幼儿亲手操作、观察并分析实验现象，从而更深入地理解科学知识。

3. 游戏化学习

游戏是幼儿的天性，玉成幼儿园将游戏元素融入教学过程中，设计出寓教于乐的游戏化学习活动。通过游戏，幼儿可以在轻松愉快的氛围中学习新知识、掌握新技能，同时培养他们的专注力、想象力和创造力。

4. 个性化教学

尊重每个幼儿的独特性和差异性，幼儿园采用个性化教学策略。通过观察和评估幼儿的学习情况和兴趣点，为幼儿量身定制学习计划和教学方案。这种教学方式有助于激发幼儿的学习动力，提升学习效果和满意度。

5. 技术辅助教学

随着科技的发展，幼儿园积极利用现代信息技术手段辅助教学。通过多媒体、网络等教学资源，为幼儿提供更加丰富、生动的学习材料；同时，利用现代教学系统记录幼儿的学习过程和成果，为教师提供精准的教学反馈，辅助其进行教学决策。

这些多元化的教学模式不仅丰富了玉成幼儿园的教学内容和方法，也极大地提高了教学质量和效果。幼儿们在更加自由、开放、有趣的学习环境中茁壮成长，他们的好奇心、探索欲和自主学习能力得到了充分的激发和培养。

（四）重视教师专业发展

在传统的割裂式办学模式中，教师的专业成长往往被忽视，导致教育观念和方法的滞后。理念引领式办学则将教师的专业发展视为提升教育质量的关键，通过多种途径促进教师的专业成长。玉成幼儿园定期组织教师参与专业培训和研修活动，内容涵盖教育理论和实践技能，帮助教师更新观念、改进教学方法。例如，邀请费广洪教授、张俊教授、王微丽园长等专家举办讲座，分享先进的教育理念和实践案例，使教师能够了解最新的教育趋势。此外，幼儿园鼓励教师参与教育研究，通过课题研究深化理论认识，推动实践创新，培养研究能力，促进个人职业发展，进而提升教育领域整体水平。同时，支持教师进行活动观察、案例分析、课例观摩等研究活动，以发现并改进教学中的问题。玉成幼儿园还注重建立教师学习共同体，通过组织教学研讨、经验交流等活动，鼓励教师之间的合作与互动，共同探讨教育教学问题，分享成功经验。在这样的氛围中，教师能够互相学习、互相启发，实现共同的专业成长。通过这些措施，理念引领式办学模式有效提高了教师的专业水平，进而提升了幼儿园的整体教育质量。这样，幼儿园不仅能够满足儿童的全面发展需求，还能够培养出具备专业知识和技能的优秀教师，为社会输送更多优质的教育资源（图5-1-2）。

图 5-1-2　丰富多彩的培训教研

（五）重视家园共育

在传统的割裂式办学模式中，幼儿园与家庭之间缺乏有效的沟通与合作，导致家庭教育与幼儿园教育脱节。而理念引领式办学模式则高度重视家园共育，致力于构建紧密的家园合作关系。通过建立家园联系机制，如定期召开家长会、设立家长开放日、开展家长学校等活动，有效促进了家庭教育与幼儿园教育的有机结合。同时，幼儿园还定期邀请家长参与教学活动，让家长了解孩子在园的学习情况，从而提高家庭教育的针对性与有效性。这种共育模式不仅加深了家长对幼儿园教育的理解和支持，还帮助家长更好地参与到孩子的学习和成长过程中（图 5-1-3）。

图 5-1-3　多样的家园合作路径

三、从散点式环创走向文化整体式设计

在传统的幼儿园环境创设中，往往存在缺乏整体性和系统性的问题，导致环境创设效果不尽如人意。相比之下，文化整体式设计则着重强调环境创设的整体性和系统性，具体可以从以下三个维度来体现：

（一）整体性

文化整体式设计强调幼儿园环境创设的整体性，这意味着环境设计应与幼儿园的教育理念和文化特色相契合，同时也要符合儿童的年龄特征和兴趣爱好。一个成功的文化整体式设计不仅具备趣味性、野趣和美感，还能在教育和教学活动中发挥积极作用。例如，玉成幼儿园以绿色为基调，以生态为主题，让孩子们在游戏过程中体验自然之美。通过模拟自然环境，如小溪、山洞和树木等，孩子们能在玩耍的同时探索自然，理解自然界的各种现象。此外，幼儿园还可以设计以艺术为主题的环境，激发孩子们的创造力和想象力，挖掘他们的艺术潜力。通过展示孩子们的艺术作品，如绘画和手工艺品，幼儿园可以营造一个充满艺术气息的环境，让孩子们在欣赏中学习和成长。文化整体式设计在幼儿园环境创设中具有重要价值，它为孩子们提供了一个充满趣味、野趣和美感的学习环境，激发他们的求知欲和创造力，为他们的全面发展奠定坚实基础。

（二）系统性

文化整体式设计强调幼儿园环境创设的系统性，意味着环境创设应遵循一定的顺序和步骤，同时注重不同区域之间的联系与互动。玉成幼儿园创造了一个既具趣味性、野趣和美感，又能激发孩子们学习兴趣和创造力的环境。例如，玉成幼儿园的室内一体化环境让孩子们在游戏的同时学习和探索。通过一系列相互关联的游戏活动，如角色扮演、科学实验和艺术创作等，孩子们能够在玩耍中学习各种知识和技能。此外，幼儿园还设计了一个强调互动交流的环境，鼓励孩子们与他人合作、分享和沟通。通过设置各种合作游戏和交流活动，孩子们能够在互动中学会合作、解决问题，从而培养团队精神。文化整体式设计在幼儿园环境创设中具有重要价值，它为孩子们提供了一个系统化、有序的学习环境，有效激发他们的学习兴趣和创造力，为他们的全面发展奠定坚实基础。

（三）互动性

文化整体式设计强调幼儿园环境创设的互动性，这意味着环境创设应鼓励儿童与环境进行互动，让儿童在探索、操作和游戏中获得知识和经验。一个成功的文化整体式设计不仅需要具备趣味性、野趣和美感，还应能激发孩子们的学习兴趣和创造力。例如，玉成幼儿园设计了一个以探索为主题的恐龙岛环境，鼓励孩子们主动探索和发现。幼儿园提供了各种探索工具和材料，如放大镜、望远镜和测量工具等，让孩子们能够在探索中学习科学知识，培养探索精神。环境中还设置了恐龙蛋和考古场景，鼓励孩子们动手操作和实践。通过提供各种操作工具和材料，如小锤和刷子等，孩子们能够在实践中学会解决问题，提升动手能力。文化整体式设计在幼儿园环境创设中展现出了重要价值，它为孩子们提供了一个充满互动性的学习环境，极大地激发了他们的学习兴趣和创造力，为他们的全面发展打下了坚实基础（图 5-1-4）。

图 5-1-4　充满互动性的教学环境

四、从高重心活动走向儿童立场型活动

在传统的高重心教育活动中，幼儿园的活动设计常常以教师的指导为主导，未能充分考虑儿童的兴趣和需求。相比之下，以儿童为中心的活动设计包括以下三个方面。

（一）尊重儿童的兴趣和需求

以儿童为中心的活动设计强调尊重儿童的个人兴趣和需求，确保活动内容与儿童的年龄特征和兴趣爱好相匹配，同时关注每个儿童的独特性，实施个性化教学。例如，针对不同年龄段的儿童，设计了不同类型的活动：为小班儿童提供简单的游戏活动，如手指游戏和音乐游戏，以激发他们的学习兴趣；为中班儿童设计了更具挑战性的活动，如手工制作和角色扮演，以培养他们的动手能力和社交技能；为大班儿童则安排了综合性活动，如科学实验、毕业典礼筹备和母亲节感恩活动，以拓宽他们的知识视野和丰富经验。

（二）促进儿童的主动参与

以儿童为中心的活动设计还注重培养儿童的主体性、自主性和创造性。例如，玉成幼儿园开展了开放性的活动，如主题绘画、集体讨论、辩论赛、采访活动以及小小议事厅，让儿童自主选择感兴趣的主题，主动探索和发现。此外，幼儿园还设置了合作性活动，如足球联赛、小组合作任务和团队竞赛，以培养儿童的团队合作精神和解决问题的能力。幼儿园通过提供丰富的材料和工具，鼓励儿童自主选择活动内容和方式，从而激发他们的创造力和想象力。例如，在材料之家投放了多种结构材料，让孩子们自由发挥，创作出属于自己的作品。通过这些以儿童为中心的活动设计，幼儿园能够更好地满足儿童的兴趣和需求，促进他们的全面发展。孩子们在参与和体验中不仅能够获取知识、提升技能，还能培养良好的情感态度和社会交往能力，为他们未来的学习和生活打下坚实的基础。

（三）关注儿童的情感体验

以儿童为中心的活动设计注重儿童的情感需求，为他们提供情感支持和关爱。例如，玉成幼儿园安排了情感表达活动，如故事会和角色扮演，帮助儿童学会表达自己的情感，并培养他们的情感认知能力。同时，这种设计具有重要的价值，它不仅为孩子们创造了一个以儿童为中心的学习环境，还关注他们的兴趣和需求，促进他们的主动参与，为他们的全面发展奠定坚实基础。此外，创设宽松的活动氛围还需要教师具备足够的耐心和理解力，能够倾听儿童的想法和需求，尊重他们的个性和特点，并给予他们适当的引导和支持。只有这样，才能真正实现以儿童为中心的活动目标，为儿童的全面发展创造有利条件。

第二节　建立幼儿全面发展的新范式

一、理念指导下的幼儿教育活动设计

在“趣野美”教育理念的指导下，幼儿教育活动的设计更加注重趣味性、自然体验和审美感知的融合，旨在通过多样化的活动形式，实现幼儿全面发展的目标。

（一）趣味性融入日常教学

（1）游戏化学习。将学习内容巧妙地融入不同类型的游戏中，例如角色扮演、益智解谜和体育比赛等，使幼儿在享受游戏乐趣的同时，不知不觉地吸收知识，并有效激发他们的学习兴趣。

（2）互动式体验。利用多媒体设备和手工艺品等多种教学辅助工具，营造一个互动性强的学习环境。这种环境鼓励幼儿亲自动手操作、直接体验学习内容，从而大幅提升学习的趣味性和幼儿的参与感。

（3）情景模拟。通过重现现实生活中的特定场景，例如超市购物或医院就医等，让幼儿以角色扮演的方式参与到这些模拟情境中。这种方法能够帮助他们在模拟的环境中学习和掌握社会规则以及基本的生活技能。

（二）野趣教育促进自然成长

（1）户外活动。定期安排户外活动和自然观察等体验，让幼儿有机会亲近大自然，亲身感受其奇妙与美丽。这样的安排旨在培养他们对自然环境的敬畏之心和爱护之情。

（2）农耕体验。在幼儿园内部开辟一个充满自然野趣的园区，命名为“璞玉野趣园”，让幼儿有机会亲身参与种植、浇水、采摘等农事活动。这样的安排旨在让他们体验劳动的快乐，同时深刻理解食物的来之不易。此外，还围绕这些活动开展了一系列拓展项目，比如制作摘果器和进行堆肥实践等。

（3）亲子野炊活动。安排幼儿与家长共同参与野炊活动，让他们在生火做饭等具有挑战性的任务中锻炼独立性和团队协作能力。这样的活动同时也能加深亲子之间的情感纽带。

（三）审美教育提升审美情趣

（1）艺术欣赏。为幼儿安排参观美术展览及观赏艺术表演等活动，旨在引领他们领略不同艺术形式的独特魅力，进而培养他们的审美情趣与鉴赏能力，使他们的艺术感知力得到升华。

（2）创意表达。积极倡导并鼓励幼儿投身于绘画、手工制作及音乐创作等艺术活动中，以此表达他们内心的情感与丰富的想象力。这样的实践不仅能够激发幼儿的创造力，还能让他们在艺术的天地里自由翱翔，尽情展现个人的独特风采与无限潜能。

（3）环境美化。倡导与幼儿携手合作，共同参与教室与园区环境的布置，让他们在参与中体验美的创造过程，并享受环境美化带来的成果。这样的活动不仅能让幼儿感受到自己在美化环境中的重要性，还能进一步培养他们对美的感知与欣赏能力。

二、幼儿在实践活动中的全面发展策略

在“趣野美”教育理念的引领下，实践活动不仅是幼儿学习的重要载体，更是其全面发展的关键途径。以下是在实践活动中促进幼儿全面发展的具体策略：

（一）个性化学习路径

（1）观察与评估。教师细心观察每位幼儿在各类活动中的具体表现，借助行为分析、作品深度解读等多种手段，全面而深入地了解他们的兴趣所在、实际能力水平以及未来的发展需求，旨在为每位幼儿提供更加精准且具有个性化的成长支持。

（2）因材施教。基于观察与评估的结果，为每位幼儿量身定制个性化的学习目标和活动方案，确保活动难度适中，既能激发其挑战欲，又不会因过难或过易而使他们失去兴趣。

（3）动态调整。随着幼儿的不断成长与进步，教师需适时调整他们的学习路径，确保所提供的活动既充满挑战性，又极具吸引力，以此持续激发他们的学习兴趣与探索欲望，助力他们在成长的道路上稳健前行。

（二）情境化学习体验

（1）真实场景模拟。根据幼儿兴趣创设贴近幼儿生活或自然环境的真实场景，如模拟超市购物、医院看病等，让幼儿在情境中学习，以提高学习的有效性和趣味性。同时，鼓励幼儿扮演不同的社会角色，体验不同的社会身份和职责，从而培养他们的社会交往能力和责任感。

（2）情感共鸣。借助引人入胜的故事讲述与角色扮演等互动手段，在幼儿心中激起强烈的情感共鸣。这不仅增强了他们对学习内容的情感体验，还极大地促进了他们对故事内容的深入理解和长期记忆，使学习过程变得更加生动而有意义。为了进一步巩固这种情感联系，我们设计了多种多样的活动和游戏，让孩子们在参与中自然地吸收知识。例如，通过模拟市场游戏，孩子们可以学习基本的数学概念，如计数、加减法，同时也能体会到金钱交易的社会意义；在角色扮演中，孩子们可以扮演医生、警察、老师等职业，这不仅激发了他们对这些社会角色的认识和兴趣，还帮助他们理解不同职业的社会功能和责任。通过这些寓教于乐的活动，孩子们在玩乐中学习，在学习中成长。

（三）合作与竞争并存

在活动中设置小组合作环节，鼓励幼儿相互协作，共同完成任务，培养他们的团队合作精神和沟通能力。同时，通过游戏、竞赛等形式，激发幼儿的竞争意识和进取心，但教师会注意控制竞争强度，避免产生负面影响。活动结束后，组织幼儿进行分享和反思，总结经验和教训，以提升他们的自我认知和自我调整能力。

（四）持续反馈与激励

（1）即时正向反馈。在活动过程中，及时给予幼儿正面的反馈，肯定他们的努力以及取得的进步，以此增强他们的自信心和成就感。

（2）多元化激励措施。采用物质奖励、精神鼓励、授予荣誉称号等多种方式，全面激励幼儿，激发他们的学习热情与创造力。

（3）促进自我评价。积极鼓励幼儿进行自我评价，从而培养他们的自我反思能力与自我管理能力。

（五）注重情感教育

（1）情感教育的融入与支持。将情感教育融入活动的每一个环节，关注幼儿的情感变化，引导他们学会表达、理解和控制情感。为幼儿提供情感上的支持和安全感，让他们在宽松、和谐的环境中自由成长。

（2）正面引导。通过积极的故事、榜样示范等方式，引导幼儿形成积极向上的情感态度和价值观。在这些活动中，教师应鼓励幼儿发表自己的意见和想法，培养他们的自信心和独立思考能力。同时，使幼儿学会尊重他人、理解差异，从而在潜移默化中培养出良好的社会交往能力和团队精神。通过这些综合性的教育手段，幼儿不仅能在情感上得到正面的引导，还能在认知和社交技能上得到全面发展。

通过上述策略的实施，“趣野美”教育理念在幼儿实践活动中得到了深入贯彻和体现，为幼儿的全面发展提供了更加丰富的滋养和动力。同时，这些策略也为教师提供了有效的指导思路和方法，促进了教育质量的持续提升。

三、多元化教育手段的运用方式

在“趣野美”教育理念的深入实践中，多元化教育手段的运用至关重要，它们为幼儿教育增添了生动丰富的色彩。以下是一些关键教育手段的运用方式。

（1）游戏化学习方面。游戏是幼儿的天性，也是他们学习的重要方式。在“趣”的引导下，我们将教育内容融入各种趣味游戏中，如角色扮演、建构游戏等。这些游戏使幼儿在轻松愉快的氛围中学习新知识，培养他们解决问题的能力，并促进社交、语言和认知等多方面的发展。

（2）项目式学习方面。在“野”的启发下，我们鼓励幼儿参与项目式学习，如种植小植物、制作手工艺品、进行科学实验等。这些项目不仅让幼儿体验到劳动的乐趣，还培养了他们的探究精神、创新思维和解决问题的能力。在项目实施过程中，幼儿需要参与规划、执行、反思和调整，这一系列过程促进了他们的全面发展。

（3）艺术熏陶方面。“美”的教育离不开艺术的熏陶。我们定期组织幼儿参加“美育节”、庆祝“六一”儿童节、毕业典礼等活动，内容涵盖美术创作、音乐欣赏和舞蹈表演等。通过这些艺术活动，幼儿的审美情趣和审美能力得到提升，同时激发了他们的想象力和创造力。

（4）信息技术融合方面。随着科技的发展，信息技术在幼儿教育中的应用越来越广泛。我们利用多媒体教学、互动软件和在线教育资源等工具，为幼儿提供更加生动、直观的学习体验。借助信息技术手段，幼儿能够接触到更广阔的知识领域，拓宽视野，同时培养他们的信息素养和自主学习能力。

（5）家园共育平台方面。为了加强家园共育，幼儿园建立了家园共育平台，通过微信公众号、家长群、视频号和幼儿成长档案等方式与家长保持密切联系。平台会分享教育资讯、幼儿成长记录和家园共育活动等内容，让家长了解幼儿在园的情况，同时听取家长的意见和建议。通过家园共育平台，我们与家长形成良好的教育合力，共同促进幼儿的全面发展。

(6)社区与自然资源利用方面。幼儿园积极挖掘社区和自然资源的教育价值,组织幼儿参与社区活动、进行自然观察等。这些活动不仅丰富了幼儿的学习经验,还让他们亲近自然、了解社会,增强了他们的社会责任感和公民意识。同时,幼儿园注重培养幼儿对自然环境的保护意识,让他们成为爱护环境的小卫士。多元化教育手段在“趣野美”教育理念的实践中发挥着重要作用。这些手段不仅丰富了幼儿的学习内容和形式,还促进了幼儿身心各方面的全面发展。未来,幼儿园将继续探索和实践更多有效的教育手段,为幼儿的成长提供更加优质的教育服务。

四、评价与反馈:确保教育理念实践的有效性与可持续性

为了保障“趣野美”教育理念在实际操作中的有效性与可持续性,玉成幼儿园构建了一套全面的评价与反馈体系。通过周期性的监测与评估,教师能够实时掌握教育活动的成效,识别潜在问题,并据此作出相应的调整与优化。

1. 过程性评价

过程性评价专注于幼儿在教育活动中的行为表现与成长进步,而不仅关注最终成果。教师通过观察记录、学习档案以及幼儿作品集等多种方式,全面记录幼儿在认知、情感、社会性等多方面的发展轨迹。这些记录有助于教师识别幼儿在不同领域的优势与待改进之处,从而为每个孩子提供更具针对性的指导与支持。

2. 家长反馈

家长作为幼儿成长的关键参与者,他们的反馈对于幼儿园教育活动的改进至关重要。幼儿园通过家长问卷调查、家长会议以及日常交流等途径,收集家长对教育活动的意见与建议。家长的反馈有助于教师更深入地了解幼儿在家庭环境中的表现,从而在教育活动中更好地满足幼儿的需求。

3. 同行评审

为了提升教育活动的质量,幼儿园倡导教师之间的相互学习与交流。通过定期举行的同行评审活动,教师们能够分享个人的经验与做法,并相互提出建设性的改进建议与措施。这种同行评审机制促使教师不断反思与提升自身的教育实践,从而更有效地实施“趣野美”教育理念。

通过上述评价与反馈机制,幼儿园能够实时监控“趣野美”教育理念在实践中的成效,不断调整与优化教育活动,为幼儿提供更高质量的教育服务。这不仅有助于幼儿在认知、情感、社会性等多方面获得全面发展,还能培养他们成为具备创新精神、社会责任感和自我管理能力的未来公民。

五、持续改进:基于评价的教育理念优化

玉成幼儿园的持续发展关键在于基于评价的教育理念优化。通过定期的评估和反馈,幼儿园得以不断调整和改进教育实践,确保“趣野美”教育理念在实际操作中得到

有效实施。

1. 教育理念的持续更新

教育理念是幼儿园发展的灵魂,玉成幼儿园始终保持对教育理念的敏锐洞察和持续更新。幼儿园紧跟国内外幼儿教育的发展趋势,积极吸收先进的教育理念与研究成果,并结合自身实际情况,不断优化和完善"趣野美"教育理念。

在持续更新的过程中,幼儿园注重以下三点。一是关注幼儿全面发展的需求,确保教育理念能够覆盖幼儿认知、情感、社会性和身体发展等各个方面;二是注重教育的实践性,确保教育理念能够转化为具体的教育活动,让幼儿在实践中获得成长;三是注重教育的时代性,确保教育理念能够反映当代社会的需求和价值观,培养幼儿成为具备时代精神的未来公民。

玉成幼儿园始终秉持"趣野美"教育理念,持续关注幼儿的发展需求,不断优化教育实践,以确保教育活动的有效性和可持续性。幼儿园致力于为幼儿的成长提供更加优质的教育服务,培养具备创新精神、社会责任感和自我管理能力的未来公民。

2. 教育活动的持续创新

为了更好地满足幼儿的个性化需求,玉成幼儿园鼓励教师在日常教学中不断尝试新的教育活动和教学方法。幼儿园通过定期举办教育活动创新大赛,让教师展示自己的创新成果,分享成功经验,并互相启发和激励。同时,幼儿园也会为教师提供必要的资源和支持,以促进教育活动的持续创新与发展。

3. 教育环境的持续改善

为了给幼儿提供一个更加舒适且富有启发性的学习环境,玉成幼儿园定期对教育环境进行评估与改善。通过征求幼儿及家长的意见,幼儿园得以了解他们对环境的需求与建议。在此基础上,幼儿园会定期更新教学设施、优化教室布局、增加户外活动空间等,以确保教育环境更能支持幼儿的全面发展。

玉成幼儿园的这些努力获得了社会各界的认可与赞誉,幼儿园的知名度及影响力不断提升,成为区域内备受推崇的名园。未来,玉成幼儿园将继续秉承开放、创新的教育理念,不断提升教育实践的成效,为幼儿创造更加美好的未来。

第三节　开拓教师专业成长的新路径

一、理念指导下的教师发展策略

教师是实现教育理念的核心力量。因此,玉成幼儿园构建了一套全面的教师专业发展体系框架,旨在为教师提供持续成长和发展的机会。

(一)教师专业发展的路径

专业发展路径是教师多元化、系统化的成长轨迹,旨在激发教师的内在潜能,促进教育理念的深入实践与不断创新。这一路径主要包括以下六个方面。

(1)理论学习与研究。幼儿园鼓励教师积极参与教育理论的学习与研究,通过阅读专业书籍、参加学术研讨会、撰写教育论文等方式,不断提升自身的理论素养。同时,幼儿园还定期邀请教育专家进行专题讲座,为教师提供前沿的教育理念和教学方法,引导教师将理论知识与实践相结合。

(2)教学实践与反思。教学实践是教师专业成长的重要舞台。幼儿园鼓励教师在日常教学中勇于尝试新的教学方法和策略,通过观察幼儿的表现、记录教学日志、进行同伴互评等方式,不断反思自己的教学实践。这种实践与反思相结合的方式,有助于教师发现问题、总结经验、优化教学策略。

(3)专业技能提升。为了提升教师的专业技能,幼儿园为教师提供多样化的培训和学习机会,包括参加各类教学技能工作坊、职业规划讲座、专业知识和信息技术培训等,帮助教师不断提升自己的专业素养和综合能力。此外,幼儿园还鼓励教师参与课题研究、课程开发等项目,以项目驱动的方式促进教师的专业成长。

(4)心理健康教育。教师作为幼儿成长的重要引导者,其自身的心理健康状态至关重要。幼儿园重视教师的心理健康教育,通过营造积极向上的团队氛围,组织心理健康讲座、开展团队建设活动等方式,帮助教师缓解工作压力、调节情绪、保持积极向上的心态,增强职业认同感,提升心理韧性。幼儿园定期邀请心理学专家为教师举办心理健康讲座,分享心理健康知识和调适技巧,使教师能够掌握有效的心理调适方法,保持良好的心态投入教育工作中。

(5)注重培养教师的创新精神和合作意识。幼儿园鼓励教师在教学实践中勇于创新,敢于尝试新的教育理念和教学方法。同时,通过组织教师之间的合作与交流,促进资源共享和优势互补,共同提升教育质量。这种创新与合作的精神,不仅推动了幼儿园教育理念的深入实践,也为教师的专业发展注入了新的活力。

(6)职业规划与发展。玉成幼儿园关注每位教师的职业规划与发展,通过一对一的职业指导、提供晋升机会、搭建职业发展平台等措施,帮助教师明确职业目标、制定发展计划。同时,幼儿园还鼓励教师参与各类教育竞赛和评选活动,以展示个人才华和成果,从而提升教师的职业成就感和归属感。

玉成幼儿园通过构建全面的教师专业发展理论框架、设计多元化和系统化的专业发展路径、重视教师的心理健康教育,以及培养教师的创新精神和合作意识等措施,持续优化和提升教师队伍的整体素质。教师们不仅在教育理念、教学方法、专业技能等方面取得了显著进步,还形成了积极向上、团结协作的工作氛围。这种良好的教师发展生态为幼儿园的持续发展奠定了坚实的基础。

(二)"趣野美"理念在教师培训中的应用

(1)实践导向。设计了一系列以实践为导向的培训活动,让教师在真实的教学场景中体验"趣野美"的教育理念并将其应用于实践。通过模拟教学、案例分析等方式,教师能够更好地理解理念的内涵,并将其转化为具体的教学行为。

(2)互动交流。鼓励教师之间的互动交流,通过定期的教研活动、工作坊和研讨会,教师可以分享自己的教学经验和心得,相互学习,共同进步。

(3)持续学习。为教师提供丰富的学习资源,包括在线课程、专业书籍和学术期刊等,鼓励教师持续学习,不断更新自己的知识结构和教学方法。

(三)教师专业成长路径的多元化设计

为了满足不同教师的成长需求,玉成幼儿园还设计了多元化的专业成长路径,确保每位教师都能在适合自己的道路上不断前行。

1. 跨领域合作与项目参与

鼓励教师跨领域合作,参与各类教育项目和课题研究。这不仅能让教师接触到更广泛的教育实践,还能促进不同学科间的知识融合与创新。通过参与项目,教师可以深入研究某一领域的教育问题,提出解决方案,并在实践中不断优化和完善。这种跨领域的合作与交流,不仅丰富了教师的教育视野,也提升了他们的研究能力和创新能力。

2. 个性化职业发展规划

每位教师都有自己独特的职业发展规划和目标。玉成幼儿园尊重教师的个人意愿和选择,为他们提供个性化的职业发展规划指导。幼儿园与教师一起分析他们的兴趣、优势和发展方向,帮助他们制定符合自身实际情况的职业发展路径。同时,为教师提供必要的支持和资源,帮助他们实现职业发展的目标。

3. 建立导师制度

为了加速新教师的成长和发展,玉成幼儿园实施青蓝工程并取得了一定成效。经验丰富的老教师将担任新教师的导师,为他们提供一对一的指导和帮助。导师不仅会在教学上给予新教师建议和支持,还会在职业发展、心理调适等方面给予他们关心和帮助。这种导师制度不仅促进了新教师的快速成长,也加强了教师之间的团结与协作。

为了进一步完善导师制度,幼儿园定期组织各类交流活动,如教学研讨会、案例分析会、优秀课例展示等。这些活动不仅为新教师提供了展示自己教学成果的平台,也让他们有机会从其他教师那里学习到不同的教学方法和经验。同时,通过这些活动,新教师能够更好地融入玉成幼儿园这个大家庭,感受到来自同事们的关怀和支持。

此外,还鼓励导师与新教师共同参与教育研究项目,通过实际的课题研究,提升新教师的科研能力和创新思维。在导师的指导下,新教师能够更深入地理解教育理论,并将其应用于实际教学中,从而提高教学质量和效果。

为了确保导师制度的有效实施,玉成幼儿园还建立了相应的评估和激励机制。每学期末,都会表彰那些在教学和指导工作中表现突出的教师。通过这种方式,不仅肯定了他们的努力和成就,也激励了其他教师积极参与导师制度。

通过导师制度的实施,新教师不仅在教学技能上取得了显著进步,在职业规划和心理素质方面也有了很大的提升。同时,教师之间的交流与合作也更加紧密,形成了一个积极向上、团结协作的教师团队。

4. 心理健康与情绪管理

教师的心理健康和情绪管理对于其专业发展至关重要。玉成幼儿园关注教师的心理健康状况,定期组织心理健康讲座和培训活动,帮助教师掌握有效的情绪管理和压力调节方法。例如,定期举行的教师“夸夸会”“心田式教研”等特色活动,不仅增进了教师间的情感交流,还增强了教师团队的凝聚力和向心力。在活动中,教师们相互夸奖、相互学习,分享教学心得与成功经验,共同探索教育的新思路和新方法。这种积极向上的氛围,为教师的专业成长提供了强大的动力和支持。

5. 数字化教学资源库

玉成幼儿园还建立了一个数字化教学资源库,收集并整理了大量优质教育资源,包括教案、课件、教学视频等。这些资源不仅为教师提供了丰富的教学素材,也促进了教师之间的资源共享与交流合作。教师们可以通过平台分享自己的教学经验和成果,相互学习,共同进步。

综上所述,玉成幼儿园通过跨领域合作与项目参与、个性化职业发展规划、导师制度以及心理健康与情绪管理等多维度的努力,为教师的专业成长提供了多元化、全方位的支持和保障。在这些措施的共同作用下,玉成幼儿园的教师队伍将不断壮大和发展,为幼儿的全面发展和教育事业的进步贡献更大的力量。

二、教师实践案例分析

(一)教师在“趣野美”理念下的实践探索

在玉成幼儿园这片充满活力的教育沃土上,教师们正积极践行“趣野美”的教育理念,通过一系列富有创意和实效的探索,为孩子们的成长之路奠定了坚实的基础。

1. 案例一:趣味科学小实验

樊老师是一位经验丰富的教师,她巧妙地将“趣”融入日常教学之中。在“水的秘密”主题活动中,她设计了“水的彩虹桥”“会跳舞的豆子”等趣味横生的实验,激发了孩子们对科学的好奇心,并让他们在动手操作中领略科学的魅力,真正实现了寓教于乐。樊老师通过观察记录发现,孩子们参与实验后,探索欲望显著增强,对科学的兴趣也愈发浓厚。

2. 案例二:自然野趣探索日

为了贯彻“野”的理念,幼儿园定期举办“自然野趣探索日”活动。在周老师的带领下,孩子们走出教室,亲近大自然,观察昆虫、聆听鸟鸣,感受自然的韵律。周老师还精心设计了“寻找宝藏”“自然画家”等互动游戏和挑战任务,让孩子们在享受自然之美的同时,学会尊重生命、爱护环境。这次活动不仅让孩子们收获了快乐与知识,更在他们心中播下了探索自然、热爱生活的种子。

3. 案例三:美的创造与欣赏

艺术是美的直接体现,也是幼儿园教育不可或缺的重要组成部分。张老师擅长运用“美”的理念,引导孩子们发现美、创造美。她开设了“小小艺术家”工作坊,鼓励孩子们利用废旧物品、自然材料等进行创意手工制作。在张老师的悉心指导下，孩子们将废弃瓶子变身为精美的花瓶，将枯枝落叶编织成别致的挂饰。每次作品展示时，孩子们都满怀自豪地向同伴和家长介绍自己的创作理念和过程。此外，张老师还定期组织艺术欣赏活动，带领孩子们领略名画的风采，培养他们的审美情趣和艺术鉴赏能力。

这些实践案例不仅展示了玉成幼儿园教师在“趣野美”理念下的积极探索与创新，也彰显了教育理念对教师实践行为的深刻影响。通过这些实践，教师们不仅提升了自身的专业素养和教学能力，更在孩子们心中种下了探索、热爱与创造的种子，为他们的全面发展奠定了坚实的基础。

（二）成功案例的深度剖析与启示

1. 案例一深度剖析：科学启蒙的趣味化策略

樊老师的科学小实验之所以成功，关键在于她精准地把握了儿童的认知特点和兴趣所在。通过趣味性强的实验设计，她成功地将抽象的科学概念具象化，让孩子们在玩乐中自然而然地吸收新知。这一案例启示我们，教师在设计教学活动时，应充分考虑学生的兴趣和需求，采用多样化的教学手段，使学习过程变得生动有趣，从而激发学生的学习热情和探索欲望。

2. 案例二深度剖析：自然教育的野趣实践

“自然野趣探索日”活动展示了周老师对“野”理念的深刻理解和灵活运用。通过让孩子们亲身接触自然，周老师不仅培养了他们的观察力和动手能力，更重要的是激发了他们对自然的敬畏之心和爱护之情。这一案例告诉我们，教育不应局限于教室之内，而应充分利用自然资源，让幼儿在真实的环境中学习和成长。同时，教师还应设计既富有挑战性又具趣味性的自然探索活动，以进一步激发幼儿的探索欲和创造力。

3. 案例三深度剖析：艺术教育的美学熏陶

张老师通过“小小艺术家”工作坊和艺术欣赏活动，成功地将“美”的理念融入艺术教育中。她不仅教会了孩子们如何创造美，更重要的是引导他们学会欣赏美、感受美。这一案例启示我们，艺术教育不仅仅是技能的培养，更是审美能力的塑造过程。教师在艺术教学中，应注重培养学生的审美情趣和艺术鉴赏能力，让他们学会从生活中发现美、创造美，进而提升他们的生活品质和幸福感。

通过对上述成功案例的深入探讨，我们发现“趣野美”教育理念在玉成幼儿园得到了生动而具体的实践。这些实践不仅促进了教师的专业成长，更为孩子们提供了丰富多彩、充满挑战的学习体验。未来，我们将继续深化对“趣野美”教育理念的理解与探索，不断创新教学方法和手段，为孩子们营造更加自由、开放、富有创意的学习环境。同时，我们也应加强对教师的培训与支持，帮助他们不断提升专业素养和教学能力，共同推动教育事业的持续发展。

三、持续发展的教师成长机制

(一)促进教师专业成长的要点

1. 提供专业发展机会

为教师提供高级研修和学术交流的机会,以支持他们的专业发展。对于学科领域的领军人物,应支持他们开展教育科研项目,以引领学科的发展方向。同时,重视跨学科培训,提升教师的综合素养和创新能力。

2. 完善教师评价体系

建立一个科学、公正且全面的教师评价体系,涵盖教学质量、科研成果和师德表现等多方面因素。采用定量与定性相结合的评价方法,确保评价的客观性和准确性。同时,将过程性评价与结果性评价相结合,关注教师的成长过程和发展潜力。通过评价反馈,帮助教师明确自身的优势和不足,并制定针对性的改进计划。

3. 强化激励机制

建立有效的激励机制,激发教师的工作热情和创造力。通过物质奖励与精神表彰相结合的方式,对表现突出的教师进行奖励。同时,为教师提供更多的发展机会和资源支持,如参加高端学术会议,以拓宽其职业发展空间。此外,关注教师的职业幸福感,营造和谐、温馨的工作环境,让教师感受到职业的尊严和价值。

4. 加强教师团队建设

教师团队是教师专业成长的重要支撑。通过组建学科教研组、名师工作室等方式,促进教师之间的合作与交流。鼓励教师参与团队研究项目,共同解决教学难题,提升整体教学水平。同时,建立教师互助机制,让经验丰富的老教师帮助年轻教师快速成长,形成"传帮带"的良好氛围。要注重培养教师的反思能力,鼓励教师在教学实践中不断反思自己的教学行为,思考如何更好地满足学生的需求,如何更有效地提升教学质量。通过撰写教学日志、参加教学研讨会等方式,引导教师对自己的教学实践进行深入剖析和反思,从而发现问题、解决问题,实现自我提升。

在教师专业成长的道路上,玉成幼儿园始终坚信"教学相长"的道理。教师的专业成长不仅有助于提升教学质量,更能为幼儿的学习和成长提供有力保障。因此,玉成幼儿园将继续加大对教师专业成长的投入和支持,为教师们创造更多的学习和发展机会,共同推动教育事业的持续发展。

(二)理念指导下的教师终身学习体系构建

1. 理念引领:确立终身学习的核心价值

在构建教师终身学习体系的过程中,首要任务是确立一套科学且具有前瞻性的教育理念作为指导。这些理念应强调终身学习的必要性和紧迫性,并明确其在教师专业成长、教育质量提升及教育创新中的核心地位。终身学习不仅是教师个人职业发展的需求,也是适应时代变迁、满足幼儿多元化学习需求的关键途径。通过终身学习,教师能够不断更新知识结构,掌握先进的教学方法和技术,保持教育的活力和创造力。

2. 目标设定:构建系统化的学习框架

玉成幼儿园为教师设定了清晰、具体的终身学习目标,这些目标涵盖了知识更新、技能提升、教学方法创新等多个方面,并根据教师的不同发展阶段和实际需求进行了分层次设定。同时,构建系统化的学习框架,将短期学习与长期规划相结合,确保学习活动的连续性和有效性。在这个框架中,包含了必修课程、选修课程、在线学习资源、实践项目等多种形式的学习途径,以满足教师的多样化学习需求。

3. 资源整合:优化学习生态环境

为了实现教师的终身学习目标,必须整合和优化各类学习资源。引进国内外优质的教育资源和课程,建立教师学习资源库和案例库等。同时,鼓励和支持教师参与各类学术交流、研讨活动和专业培训,以拓宽其学习视野和渠道。此外,加强幼儿园与社区、企业等外部机构的合作,为教师提供更多的实践机会和学习资源。

4. 评价反馈:完善学习激励机制

为了确保教师终身学习的有效性和可持续性,建立科学的评价反馈机制至关重要。这包括对教师学习成果的评价以及对学习过程的监控。通过定期的学习考核、教学竞赛、科研成果展示等方式,对教师的学习成果进行客观、公正的评价。同时,注重对学习过程的监控和反馈,及时发现和解决教师在学习过程中遇到的问题和困难。此外,还需完善学习激励机制,通过表彰奖励、职称晋升等方式,激发教师的学习热情和积极性。

5. 文化营造:形成积极向上的学习氛围

营造积极向上的学习氛围和文化环境至关重要。应加强师德师风建设,树立终身学习的榜样和典型;开展丰富多彩的校园文化活动,激发教师的创造力和想象力;加强师生之间的沟通和互动,形成共同学习、共同进步的良好氛围。通过这些措施,可以形成一种积极向上的学习文化,推动教师终身学习体系的不断完善和发展。

在理念指导下的教师终身学习体系构建是一个系统工程,玉成幼儿园从理念引领、目标设定、资源整合、评价反馈和文化营造等多个方面入手。通过不断优化和完善这一体系,为教师提供更加优质、高效的学习支持和服务,推动教师队伍的整体素质和专业水平不断提升,为教育事业的持续发展注入新的活力和动力。

第四节　创新家园校社合作的新机制

一、创新家园合作模式的探索

(一)家园合作的传统模式与局限

在探索创新家园合作模式的过程中,玉成幼儿园首先对传统家园合作模式进行了深入分析,以了解其局限性。传统模式通常包括家长会、家访等,虽然在一定程度上促进了家园之间的沟通,但往往存在以下局限。

(1)信息不对称。家长与教师之间的沟通多为单向传递,缺乏有效的双向互动,导致双方对幼儿发展的认识和期望存在差异,信息传递不畅。

(2)参与度有限。家长参与幼儿园教育的主动性和深度不足,往往停留在表面的沟通和参与,且多为被动参与,缺乏持续性和深度。

(3)合作形式单一。家园合作多以家长会、开放日等形式进行,缺乏创新性和多样性,难以满足不同家庭和幼儿的需求。

(二)“趣野美”理念下的合作模式创新

玉成幼儿园在“趣野美”理念的指导下,为了克服传统家园合作模式的局限性,积极探索创新家园合作的新机制,旨在建立更加紧密、互动和多元的合作关系,实现更深层次的互动和合作。对家园合作模式进行了以下创新探索。

(1)家园互动平台的建立。通过建立线上家园互动平台,家长和教师可以随时分享幼儿在园的表现和家庭中的成长点滴,打破信息不对称的障碍。该平台还提供互动功能,家长可以随时提出问题和建议,教师会及时回应,实现双向沟通。

(2)家长助教活动。鼓励家长参与幼儿园的教育活动,成为助教。家长可以根据自己的专长和兴趣,参与教学活动、组织户外探索等,与孩子共同成长,增强参与度。

(3)定制化家园合作项目。根据每个家庭的实际情况和需求,设计个性化的家园合作项目。例如,针对有特殊兴趣或需求的幼儿,让家长和孩子共同参与,实现家园教育的个性化和差异化。

(4)家园共育课程的开发。结合“趣野美”理念,开发家园共育课程,让家长在家庭中也能延续幼儿园的教育理念。课程内容包括家庭游戏、亲子阅读、自然观察等,旨在让家长成为教育的合作伙伴。

(5)家园合作评估机制。建立家园合作评估机制,定期收集家长对合作项目的反馈,评估合作效果,并及时调整和优化合作内容与形式,确保家园合作的质量和效果。

通过这些创新家园合作模式的探索,玉成幼儿园旨在实现家园教育的无缝对接,让家长和教师共同为幼儿的成长和发展提供更全面的支持。通过家园合作的深化,幼儿园教育将更加贴近家庭需求,更加注重幼儿的个性化发展,为幼儿的全面发展奠定坚实的基础。

(三)家园合作新模式的实践案例分析

为了更好地理解“趣野美”理念下家园合作新模式的实施效果,以下将通过几个具体的实践案例进行分析。

1. 案例一:自然观察活动

玉成幼儿园组织了一次以“亲子户外实践活动”为主题的自然观察活动。家长和孩子们一起走进大自然,观察植物、昆虫和鸟类。通过这次活动,孩子们不仅增长了知识,还学会了如何观察和记录自然现象。家长在活动中也发挥了重要作用,他们与孩子一起分享观察心得,激发了孩子们对自然的兴趣和好奇心。活动结束后,家长和教师共同讨论了活动的收获,并提出了改进意见,进一步加强了家园之间的联系。

2. 案例二:亲子运动会

为了促进家庭成员之间的互动,玉成幼儿园举办了一次亲子运动会。家长和孩子们在幼儿园的操场上共同参与各种游戏,如接力赛、跳绳比赛和拔河比赛等。这些活动不仅锻炼了孩子们的身体,还增进了家庭成员之间的感情。家长在活动中也体验到了与孩子共同成长的乐趣,进一步加深了对幼儿园教育理念的理解与支持。

3. 案例三:亲子阅读计划

玉成幼儿园还推出了一个阅读月系列活动,旨在培养孩子们的阅读兴趣和习惯。家长和孩子们选择一本绘本进行共读,并在班级群中分享阅读心得。这样,家长不仅能够更好地了解孩子的阅读兴趣和需求,还能与孩子共同探讨故事内容,激发孩子的想象力和创造力。教师则根据家长的反馈,及时调整阅读材料和活动形式,以确保亲子阅读计划的有效实施。

通过以上案例的分析,可以看出“趣野美”理念下的家园合作新模式在实践中取得了良好的效果。家长和教师共同参与幼儿教育,不仅促进了孩子的全面发展,还加强了家庭与幼儿园之间的联系。未来,玉成幼儿园将继续探索和优化家园合作模式,为幼儿教育注入更多创新与活力。

二、家园合作的实践策略

(一)家园合作的策略制定与实施

为了确保家园合作模式的成功实施,玉成幼儿园制定了一系列具体的实践策略。

1. 建立家长委员会。成立家长委员会,负责统筹和协调家园合作的各项活动。委员会定期召开会议,讨论合作进展、提出建议并解决问题。

2. 定期培训与交流。组织定期的家长培训和教师交流活动,旨在提升家长和教师在教育理念、方法和技能方面的水平。通过分享成功案例和经验,促进双方的共同成长。

3. 家长助教。鼓励家长参与幼儿园的日常教育活动,成为助教。通过家长助教计划,家长可以更好地了解幼儿园的教育环境和教学方法,同时为幼儿园带来新的资源和视角。

4. 家园合作宣传与推广。通过幼儿园微信公众号、视频号等多种渠道,积极宣传家园合作的重要性和成功案例,以增强家长对家园合作的认识,提高其参与度。

5. 家园合作评估与反馈。建立家园合作评估机制,定期收集家长和教师的反馈意见,对合作效果进行评估。根据评估结果,及时调整和优化家园合作的内容和形式,确保合作能够持续改进与发展。

(二)家园合作的策略实施

1. 家长参与度提升。通过定期组织家长会、家长开放日等活动,使家长更深入地了解幼儿园的教育理念和教学内容。同时,鼓励家长在日常生活中与孩子进行更多互动和交流，以提高家长的参与度。

2. 家长资源的整合与利用。充分利用家长的资源和专长，开展多样化的教育活动。例如，邀请具有特长的家长来园举办讲座或组织特色活动，以此丰富幼儿园的教育资源。

3. 家长教育意识的培养。通过家长学校、讲座等形式，帮助家长树立正确的教育观念，提高家庭教育的科学性和有效性。同时，引导家长关注孩子的全面发展，注重培养孩子的独立思考能力、创新精神和审美情趣。

4. 家园合作的持续优化。依据家园合作评估机制的反馈，不断优化合作模式和内容。例如，针对家长反馈的问题，及时调整家园互动平台的功能，以提高信息交流的效率和质量。

通过这些实践策略的实施，玉成幼儿园将进一步深化家园合作，为幼儿教育注入更多创新与活力，共同为孩子的全面发展和美好未来奠定坚实的基础。

（三）教师与家长在合作中的角色与互动

在“趣野美”理念下的家园合作模式中，教师与家长扮演着不可或缺且相互依存的角色。有效的互动不仅是合作成功的关键，更是幼儿健康成长的重要保障。

1. 教师的角色

（1）引导者与促进者。教师作为专业教育者，负责引导家长理解并融入幼儿园的教育理念，通过组织各种活动和提供教育资源，促进家长与幼儿园之间的沟通与理解。

（2）观察者与评估者。在日常教育活动中，教师密切观察幼儿的表现，并与家长分享观察结果，共同评估幼儿的发展状况。这种基于事实的评估有助于双方制定更加个性化的教育计划。

（3）协调者与组织者。教师在家园合作中担任协调者的角色，确保各项合作活动顺利进行。教师负责组织家长会、安排家长助教等活动，为家长参与幼儿教育提供平台。

（4）支持者与反馈者。教师鼓励并支持家长参与幼儿园教育，及时给予家长正面的反馈和建设性建议，增强家长的自信心和参与度。

2. 家长的角色

（1）学习者的角色。家长在合作中不断学习新的教育理念和方法，提升自己的教育能力。他们通过参加家长培训、阅读教育书籍等方式，不断充实自己。

（2）伙伴与合作者。家长是幼儿园教育的重要合作伙伴，与教师共同为幼儿的成长和发展贡献力量。通过参与幼儿园的各项活动，家长与教师建立了深厚的信任与友谊。

（3）观察者与反馈者。家长在日常生活中观察孩子的表现，及时向教师反馈孩子的成长情况。这种双向的沟通有助于教师更全面地了解幼儿，从而制定更有针对性的教育计划。

（4）资源提供者。家长拥有丰富的社会资源和专业知识，可以为幼儿园提供多样化的教育资源。家长通过参与助教活动、分享个人经验等方式，为幼儿园的教育活动注入新的活力。

3. 教师与家长的互动

(1)开放与尊重。教师与家长之间应保持开放的态度,尊重彼此的观点和意见。在合作过程中,双方应坦诚交流,共同解决问题。

(2)沟通与协作。良好的沟通是合作的基础。教师应定期与家长进行沟通,了解家长的需求和困惑,并与家长共同制定教育计划。同时,双方应协作完成各项合作任务,确保合作顺利进行。

(3)鼓励与支持。教师应鼓励家长积极参与幼儿园教育活动,并对家长的付出给予充分的肯定和支持。家长也应对教师的辛勤工作表示理解和感激,共同为幼儿的成长营造良好的环境。

(4)反思与调整。在合作过程中难免会遇到问题和挑战。教师和家长应共同反思合作过程中的不足与问题,及时调整合作策略和方法,确保合作能够持续有效地进行。

通过明确教师和家长在合作中的角色定位与互动方式,玉成幼儿园将进一步深化家园合作,促进家园之间的和谐与共赢,为幼儿的全面发展创造更加有利的条件。在探索家园社协同共生的道路上,玉成幼儿园的管理者、教师和家长不仅是教育理念的践行者,更是未来希望的播种者。他们携手并进,在挑战中寻找机遇,在创新中追求卓越,共同绘制出一幅幅家园校社和谐共生的美好画卷。愿每一个孩子都能在这片充满爱与智慧的沃土上茁壮成长,成为社会的栋梁之材,共同书写人类文明的新篇章。家园校社协同共生,让教育因合作而精彩,让未来因我们而更加辉煌!

第六章 “趣野美”N+1种可能的思考

第一节 培植高质量发展的办园成果

在当今社会,高质量教育已成为全民热切期盼与共同追求的目标,而幼儿园作为启蒙教育的基石,其办园质量的提升显得尤为重要。紧跟习近平新时代中国特色社会主义思想的步伐,我们坚定不移地践行立德树人的根本任务,深入探索并遵循幼儿身心发展的自然规律,致力于全方位、深层次地提升幼儿园的保育教育质量。玉成幼儿园确立了以明确目标为导向、以核心价值观为根基的发展路径。在传承与弘扬中华优秀传统文化的同时,积极拥抱世界多元文化,促进文化的交流与融合,为幼儿构建一个更加开放、包容的学习环境。展望未来,我们将秉持初心,以高质量教育为引领,为孩子们的成长撑起一片更加广阔的天空。

一、凝聚智慧,实现“趣野美”的教育梦想

创新文化引领,为教育高质量发展培根铸魂。校园管理的最高境界是文化引领,优秀的校园文化是一所好学校的灵魂,而优质的教育理念则是创新实践的精神支柱和内在动力,是走内涵发展之路的坚定选择。我们以“趣野美”文化引领园所管理,构建教育共同体,制定园所中长期发展规划,创新办园模式并完善管理机制,做好顶层设计。在规划中,我们力求体现深圳特色与光明元素,推动幼儿园内涵式优质发展。

经过一系列深入实践与不懈探索,玉成幼儿园成功塑造了以“趣野美”为核心价值的办园理念。这一理念在日复一日的教育实践中被深度剖析与诠释,逐渐孕育出独具特色的园所文化。我们凝练出“让教育如璞玉般纯真自然,让儿童如色彩般与众不同”的办园愿景,旨在为教师的专业成长注入强劲动力,为幼儿的幸福人生奠定坚实基础。幼儿园以加强内涵建设为着眼点,遵循幼儿身心发展规律,满足教师发展需求,实践师生为本、高效开放、尊重个性的原则,形成了一套全面发展的管理模式。这不仅明确了幼儿园的发展方向,也促进了园所文化建设,推动幼儿园向更加科学、高效、个性化的办学方向迈进,极大地促进了园所文化的繁荣与发展。我们力求在教育的每一寸土地上播种希望,让每一颗童心都能在自由与爱的阳光下茁壮成长、返璞归真,绽放出属于自己的光彩。

育于趣。“育”不仅包含生育、抚养、教育等基本含义,还延伸出启迪智慧、塑造人格、引导成长及促进全面发展等丰富内涵。通过寓教于乐、趣味引导和情感培育等方

式,我们旨在为幼儿创造一个快乐、有趣且富有教育意义的学习和成长环境。"趣"涵盖了"兴趣""乐趣""趣味",既包括热爱生活的初级趣味,也包括品味生命的高级趣味。这些层面的"趣"相互关联,共同构成了幼儿对游戏活动的兴趣、对生活的态度和情感体验。通过培养和提升这些层面的"趣",幼儿能够更好地享受生活,实现个人的成长和发展。"育于趣"是一种以兴趣为核心的教育理念,它强调通过兴趣的培养和乐趣的体验来促进个人的成长和发展。在教育过程中,教育者应关注每个孩子的兴趣和需求,提供个性化的教育支持,帮助他们发现和追求自己的兴趣,从而实现自我发展和终身学习。

拾于野。"拾"不仅包含捡取、收集等基本含义,还延伸出探索与发现、珍视与尊重、培养兴趣与好奇心、创造与表达等丰富内涵。"野"代表了内在思想的自由与成长的自主性,以及外在体验的多样性,体现了野性的力量与自然的连接,丰富了个人的生活和精神世界。"拾于野"在幼儿教育中是一种强调自然、自由和体验的教育方式。它鼓励孩子们通过亲身体验和探索来学习,培养他们的好奇心、创造力和学习能力,同时增强他们的身体素质和环境意识。玉成幼儿园的环境创设坚持室内外一体化原则,让孩子们在自然环境中采集天地灵气,文明其精神,锻炼其体魄,培养孩子的人文精神和科学精神,让自由与创造得以象征。同时,幼儿园也注重幼儿的身体锻炼,促进孩子身心健康,实现全面和谐发展。

成于美。"成"不仅包含完成、实现、成就等基本含义,还延伸出成长、成功、成为自己等丰富内涵。通过"成于美"的教育理念,孩子们可以在美的熏陶下健康成长,获得美的体验和感受,进而形成美的素养和审美能力,实现以美育人、以美化人、以美培元的目标。加强学前儿童的审美教育,可以促进儿童养成正确的审美观念,提升幼儿对美的感知力、鉴赏力和表达力。美育即"美感教育",蔡元培在《以美育代宗教说》中提到:"专尚陶养感情之术,则莫如舍宗教而易以纯粹之美育。"美育的主要任务是培养审美能力、美的情操和对艺术的兴趣,其目的在于陶冶性情、充实人生、改变气质及启发高尚思想。

美育在新时代教育中占据独特且不可替代的地位,它深刻影响着德智体美劳全面发展的社会主义建设者和接班人的培养。美育陶冶人的情操,通过"寓教于乐"的方式有效净化心灵,升华情感。在知识经济时代,教育需致力于培养面向现代化、世界与未来的新时期人才。美育提高思维的多元化,促进幼儿形象思维的发展,提升思维能力。艺术教育融合五大领域的教学,渗透美学原则,使幼儿在学习中既收获知识,又提升审美素养。校园文化建设作为美育的重要阵地,其影响力随着社会发展日益显著。未来,随着科技的不断发展,美育也将借助数字化、网络化等现代技术手段,为幼儿提供更加便捷、高效的审美体验和学习方式。美好品质是成功的基石,因此必须高度重视美育工作,通过成就之美,以美育人,让儿童在美的世界中茁壮成长,不仅提升他们的幸福指数,而且使孩子获得高质量学前教育的最好诠释,为孩子的持续发展蓄势赋能,为孩子的美好幸福人生奠基!

“育于趣，拾于野，成于美”是玉成幼儿园秉持的综合性教育理念。该园以幼儿兴趣为核心，通过培养从初级到高级的趣味体验，促进幼儿对生活的热爱与情感的丰富。同时，倡导在自然与自由的环境中，鼓励幼儿亲身体验与探索，培养好奇心、创造力及环境意识，实现身心健康发展。此外，该园重视审美教育，以美育人，提升幼儿对美的感知、鉴赏与表达能力，旨在陶冶性情、充实人生，引导幼儿形成高尚情操与艺术兴趣，全面促进幼儿个性化成长与终身发展。

二、美美与共，打造“趣野共生”的生态园所

优化办园条件，为教育高质量发展增效提质。时光荏苒，光阴流转。岁月的年轮镌刻在这片沃土上，一代代玉成幼儿园人的童年从这里起航。

以“趣野美”为基础，玉成幼儿园的环境打造融入了自然生态、科技与现代教育理念，对室内外环境进行了整体构建，从源头设计上进行了统筹规划，通过阶段性实施，为幼儿的生活和学习营造了充满童趣、野性与优美的园所环境。玉成幼儿园一步步化茧成蝶，实现华丽蜕变。历经“蜕变”三部曲，玉成幼儿园实现了从外在形象到内在价值的全面升级。

玉成幼儿园1.0华丽“蜕变”，聚焦于大门焕新、户外操场重塑及教学楼外观升级。经过精心改造，户外操场焕发新生，朝着更趣、更野、更美的方向发展。教学楼则在保留经典结构的基础上，巧妙融入房屋造型元素，满载童趣与梦想。浅蓝与草绿的栏杆交织，不仅在视觉上赏心悦目，更在细微之处加固了安全防护，为孩子们的成长保驾护航。晴空之下，错落有致的建筑群落以长短不一的线条勾勒，编织成孩子们最纯真无邪、幸福满溢的童年画卷（图6-1-1）。

图6-1-1 幼儿园大门整改前后对比

玉成幼儿园2.0“蝶变”启航，全面升级建筑外立面，升级消防系统，并增设木工坊。此次改造从空间布局到材质选择，再到色彩搭配，每一细节皆彰显舒适与温馨。园所整体环境和谐共生，教育元素融入每一处细节，深度挖掘内在价值，实现了办学条件的质的飞跃。为幼儿打造了一个以趣蕴野、以野激趣、寓教于乐、适宜发展的成长乐园，让学习、生活、游戏在适宜的环境中绽放光彩（图6-1-2）。

图 6-1-2　玉成幼儿园 2.0“蝶变”启航

玉成幼儿园 3.0 璀璨“升华”。其面貌焕然一新，实现了从单纯的外在形象提升到环境育人的深刻转变。设计上，遵循与孩子为伴、与空间为盟、与色彩为友的原则，共筑一体化教育环境，既彰显了园所独特的文化内涵，又巧妙融合了自然之美与人文之韵。室外空间被打造成一幅清新雅致的画卷，绿树葱郁，鸟语花香，呈现出人与自然和谐共融的生动场景。利用得天独厚的户外资源，幼儿园精心策划了十大特色户外体验区：玉成野趣园、玉成小食光野炊区、玉成小剧场梦幻舞台、恐龙岛探险乐园、跳泥坑欢乐天地、材料之家创意工坊、璞玉营地自然露营区、沙水世界奇幻乐园、璞玉农场生态饲养区、木育童年木工作坊。每一处都旨在激发幼儿无限的好奇心与探索欲。同时，幼儿园细致入微地关注幼儿对环境的真实需求，从宏大的楼梯设计到细微的班级区域布置，乃至洗手间的贴心改造，无一不体现出对儿童年龄特点的深刻理解和对儿童视角的充分尊重。步入室内，只见区域宽敞明亮，装饰整洁美观，氛围温馨舒适。每一间教室都散发着独特的魅力，每一处细节都蕴含着教育的智慧。幼儿园力求班班有特色，处处有亮点，让每一个角落都成为幼儿学习与成长的舞台。每一份设计都凝聚着对孩子们深深的爱与关怀，共同见证着玉成幼儿园从内到外的美丽“蝶变”。在这里，每一块区域都倾听着孩子们的心声，每一个角落都洋溢着童趣与创意，真正实现了环境即教育的深刻理念（图 6-1-3）。

图 6-1-3　玉成幼儿园 3.0 璀璨“升华”

激发每个孩子内在的天赋潜能，引领他们探索这个多姿多彩的世界，让教育如璞玉般纯真自然，让儿童如色彩般独一无二！每个孩子都与众不同，他们的兴趣和创造力不是被塑造，而是被激发、被唤醒。珍视童年的每一寸光阴，玉成幼儿园将全力以赴为每一位幼儿构建一个充满趣味与美感的学习空间；让幼儿园的每个角落都蕴藏着自然与游戏的元素，让孩子们在绿意盎然中自由探索，感受生命的活力，旨在培养他们对自然和生活的热爱。在自然、自主、自由的氛围中，激发无限兴趣，释放天性中的野性美，培养审美情操。通过“趣野共生”的环境设计，期望孩子们在自然美、生态美中发现自己的美，共同绘制人与自然和谐共生的美好蓝图，最终实现人与自然和谐共存的理想愿景。在美的不断滋养下，孩子们将茁壮成长，成为既拥有广阔视野又心怀敬畏之心的未来之星。

三、儿童为本，构建“趣野美”的园本课程

提升教育质量，为教育高质量发展立德树人。玉成幼儿园认真践行光明区“科技、生态、幸福”的理念，紧密结合幼儿园三年发展规划的宏伟蓝图。同时，将中华优秀传统文化的精髓与生态美育教育深度融合，打造出具有鲜明光明特色与玉成幼儿园独特魅力的“趣野美”课程体系，充分挖掘并升华“趣野美”的办园理念。玉成幼儿园始终坚信：儿童是教育的中心，教育应回归本真，尊重并激发每一位孩子的天性。因此，在“趣野美”课程的实施过程中，玉成幼儿园以真实的游戏为基石，依托充满童趣与野性的自然环境，让教育回归自然，让孩子在好奇中探索，在善思中前行，在勇于尝试中茁壮成长。通过不断丰富课程资源，优化课程结构，强化实施过程，完善评价机制，玉成幼儿园不断创新“趣野美”品牌特色，深化其内涵发展，为孩子们营造一个寓教于乐、寓教于自然的成长乐园。灼灼璞玉，大美天成。

在课程体系构建上，玉成幼儿园以“学以求真、行以至善、臻以尚美”为育人目标，从人与自我、人与自然、人与社会三个维度出发，实现多元发展融会贯通。积极打造生态美育、玉娃足球特色项目及幼小衔接三大亮点，既彰显了光明区的生态底色，又实现了五育并举的育人目标，进而为孩子们搭建了从幼儿园到小学的平稳过渡桥梁。同时，巧妙地将社区本土文化、节日庆典、传统文化等元素融入幼儿一日生活的各个环节，开展跨学科融合的STEM项目，拓宽孩子们的视野，提升其综合素养。在户外游戏与活动中，精心融合多元化材料，设计多层次玩法，旨在营造自然与美育相辅相成的学习环境。幼儿园倡导自然与美育的和谐共生，促进种植与食育的有机融合，让孩子们在真实的自然环境中孕育梦想，在自由的野趣中释放天性，在探索中增长智慧，在兴趣中激发潜能，在情趣中滋养心灵。最终，让每一位孩子都能在“趣野美”的课程中快乐学习、健康成长，成为具有家国情怀、国际视野、创新精神和实践能力的未来栋梁。

四、匠心独运，培育“融合共生”的师资团队

注重教师发展，为教育高质量发展聚力攻坚。以教育家精神引领教师发展，推进高素质队伍建设。以“趣野美”为核心理念培养师资团队，依法依规办园，深化改革创新，

通过实施分层管理，拓宽互动渠道，达成师资培养目标，造就了一支与时俱进、德才兼备，具有较强团队精神和战斗力的教师队伍。

谋今思远，建立园所“人才库”。基于园所发展规划中的师资力量培养路径，以分层级、分梯队、抓核心、广辐射四位一体的方式构建高质量的教师队伍。指导理论与实践同步，结合实践与复盘，基于教师专业发展现状与需求，扎实有序开展教科研工作。围绕扎实的一日生活流程，提升课程内涵；夯实日常教学内功，梳理优质经验进行分享，开展园本师资培养（图 6-1-4）。

图 6-1-4　夯实教学内功，提升内涵发展

优化精进，促进专业成长。以玉之灵秀，润教育之美。基于教师生态性、内生性、结构性的发展需求，我们探索了“135”教师发展共同体实践创新模式。即建立一个教师发展培养机制；运用三个策略，以学习者需求为中心，以需求牵引促重组、问题牵引促互融、价值牵引促共生为策略。优化并形成五个共享资源库，通过原创课例研究、项目实施、观察评价分析、课题研究及游戏案例撰写等实践，不断优化并形成园所共享资源库。我们致力于构建师德高尚、业务精湛的新时代创新型、科研型、幸福型教师队伍，并形成园内骨干教师互助团队。以学习共同体的发展模式，真正助力园所实现高质量发展。

专家引领，助推教师发展。知之愈明，则行之愈笃；行之愈笃，则知之益明。结合园所实际情况，我们邀请知名专家入园进行指导。通过实地走访、现场汇报、互动交流等方式，借助专家的力量精准把脉，优化后续园本课程和区域材料投放的实施思路与改进路径。从而提升园所教育教学质量，推动园本课程更好地落地与生成，助力教师的专业成长。

品牌辐射，为教育高质量发展强基赋能。幼儿园一直以高质量发展为目标，享有盛誉且捷报频传。我们取得了良好的办学效益，获得了多项国家级、省级、市级、区级荣誉及成果。包括荣获“全国足球特色幼儿园示范园”“深圳市教育高质量发展示范项目年度奖”、深圳市 2021 年度“家门口的优质幼儿园”“光明区幼小衔接试点基地园”“年度最受家长欢迎幼儿园”“光明区首批家庭社会协同育人示范校”以及“光明区生态文明特色幼儿园”等荣誉称号。在宣传报道方面，我们实现了品牌引领。在 2024 年学前教育宣传月活动中，玉成幼儿园的《追光 • 我们的幼儿园》系列视频获广东省教育厅首轮转播；幼小衔接案例《美美与共，双向共融》荣获广东省教育厅幼小衔接优秀入围方案；多篇短视频分别被学习强国、光明教育家、第一现场、深圳教育、光明教育、光明融媒等平台转载，进一步扩大了园所品牌的辐射力。细水长流绘蓝图，厚积薄发成佳绩（图 6-1-5）。

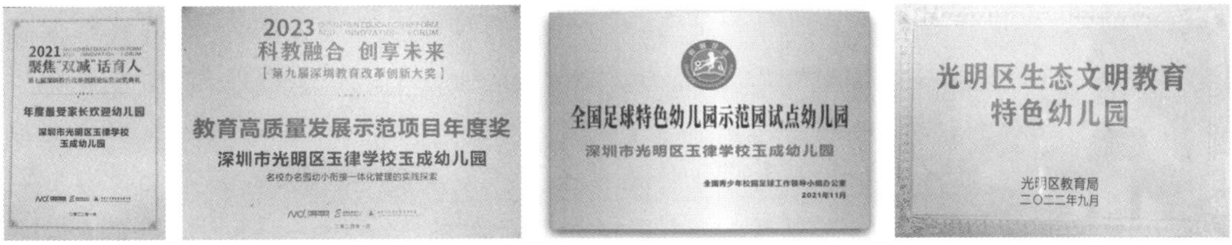

图 6-1-5 园所部分荣誉

随着幼儿园“趣野美”课程的不断深入，玉成幼儿园全体成员心中充满了无尽的感慨与喜悦。这段旅程不仅为孩子们提供了一次深刻的教育体验，也是教育工作者自我成长的一次宝贵探索。

“趣野美”融合了自然探索、趣味活动与美学教育的课程理念，从最初的构想到过程的实践，再到如今的成果呈现，每一步都凝聚了无数心血与智慧。幼儿园深知，在快节奏的现代生活中，孩子们与自然界的距离越来越远，而“趣野美”课程的开展，正是为了拉近这个距离，让孩子们重新发现自然之美，感受生命的奇迹（图 6-1-6）。

图 6-1-6 发现自然之美，感受成长之趣

“趣野美”的教育理念不仅为园所的发展注入了新的活力和明确了方向，更在孩子们心中播下了探索世界的种子，有效培养了他们的探索精神和创新能力，为他们的全面发展奠定了坚实的基础。这段宝贵的经历将成为他们成长道路上的坚实支柱和源源不断的动力。未来，幼儿园的教育工作者将肩负起培育英才的使命，着眼于孩子们的长远发展，以创新的思维和饱满的热情，继续谱写学前教育领域高质量发展的新篇章。

第二节 培养终身幸福力的新时代儿童

教育的至高境界在于播种并滋养孩子内心的幸福之种，使之成为伴随其一生的宝贵财富。在当今社会高速发展与教育理念持续革新的背景下，培育具备终身幸福能力的新时代儿童已成为教育领域不可或缺的核心使命。这要求教育工作者深刻反思：教育需要关注培养什么样的人？为谁培养人？怎样培养人？培养的人如何能适应未来的发展？因此，教育必须着眼于培养能够适应并引领时代潮流的个体。这包括但不限于：促进儿童身心健康，奠定坚实的身体与心理基础；传授知识与技能，使其具备持续学习与创新的能力；塑造良好的品德与价值观，成为有责任感、有道德感的公民；强化社交与沟通能力，使其在多元社会中和谐共处；培养自我认知与自我管理的能力，助力其成为自我驱动的成长者；激发终身学习的热情，以适应日新月异的社会变迁；以及增强适应性与韧性，使其在面对困难与挑战时能够坚韧不拔。为实现这一目标，需从物质与非物质两个维度着手：在物质空间层面，应注重室内外环境的和谐统一，利用自然元素与创意设计，打造既安全又富有启发性的学习与玩耍空间，满足儿童亲近自然、动手探索的天性；在非物质空间层面，则聚焦于文化氛围的营造、情感支持及教育理念的渗透，通过积极向上的价值观引导、情感交流与鼓励机制，营造温馨、包容、激励的学习氛围，激发儿童内在的幸福感受与创造力。

总之，从儿童的真实需求与天性出发，通过全方位、多维度的教育环境与策略，玉成幼儿园旨在培养出一批批能够感受幸福、创造幸福、传递幸福的新时代儿童。他们将以积极主动的态度面对生活，以创造爱的思维方式影响世界，成为未来社会的中坚力量与幸福使者。

一、新时代儿童的特点与需求

（一）新时代儿童的定义

新时代儿童是指生活在当前时代背景下，具备新时代特征和需求的儿童群体。新时代儿童成长在信息爆炸、科技高速发展的社会环境中，他们拥有更加开放、多元和创新的思维方式。精神世界丰富多元，感知社会、融入集体的需求增强，成长条件优越，综合素质不断提升。同时，他们也面临着更为复杂多变的社会挑战和机遇。因此，新时代儿童不仅需要掌握扎实的知识基础和技能，还需要具备良好的心理素质、社会适应能力、创新精神以及终身学习的能力。

（二）新时代儿童的特点与需求

新时代儿童的鲜明特征与成长诉求，深刻反映了信息爆炸与科技飞跃的时代背景。他们作为"数字原住民"，自幼便与互联网、智能手机及社交媒体等数字技术紧密相连，展现出对这些工具的天然亲近与高度依赖，因此他们的思维方式更加开放、多元且富有创新性。他们的精神世界丰富多彩，不仅渴望深入了解社会万象，也积极寻求在集体中找到自己的位置，实现自我价值。新时代儿童的成长环境优越，为其综合素质的全面提升提供了有力支撑。他们不仅追求扎实的知识基础与多样化的技能，更重视心理素质的锤炼、社会适应能力的增强、创新精神的激发以及终身学习能力的培养。在"全球化视野"的浪潮中，他们拥有前所未有的广阔视野，能够跨越文化界限，进行流畅的跨文化交流，展现出强烈的全球化意识。"创新意识"成为新时代儿童的重要标签，他们被鼓励勇于探索未知，敢于尝试新事物，这种思维方式深刻影响着他们解决问题和面对挑战的态度与策略。同时，新时代儿童也更加注重个性化发展，他们的成长路径与需求日益多样化，追求一种既能满足个人兴趣又能展现自我价值的教育与生活方式。在"全面发展"的理念下，新时代教育强调对儿童德、智、体、美、劳等各个方面的综合培养，旨在塑造具备全面素质的未来人才。此外，社会责任感的培育也被置于重要位置，儿童们被鼓励参与社会服务和公共事务，学习如何为社会贡献自己的力量。面对环境保护与可持续发展的全球议题，新时代儿童同样展现出高度的关注与责任感，他们从小就被教育要珍惜地球资源，保护自然环境，成为绿色生活的倡导者与践行者。

（三）未来教育的趋势

未来教育将更加注重儿童的全面发展、个性化学习和创新能力的培养。随着科技的不断进步和教育理念的持续更新，未来教育将打破传统的教学模式，采用更加灵活多样的教学方法和手段，如在线教育、混合式学习、项目式学习等。同时，未来教育还将注重跨学科融合和综合实践能力的培养，以应对日益复杂多变的社会需求。

新时代的儿童是灵动的、富有哲理和想象力的，他们受到平等与友爱的理念激励，尊重大自然。这些特征和需求不仅对他们个人的成长产生深远影响，也对教育体系、社会政策和文化环境提出了新的要求和挑战。扣好人生第一粒扣子的重要性在于，“这就像穿衣服扣扣子一样，如果第一粒扣子扣错了，剩余的扣子也都会扣错。”从扣好人生第一粒扣子，到学习知识，再到强身健体，儿童都需要引领者帮助他们形成正确的价值观和人生观。新时代的儿童应该是有志向、有梦想，热爱学习、热爱劳动，懂得感恩、懂得友善，敢于创新、敢于奋斗，德智体美劳全面发展的儿童。

二、终身幸福力的内涵与意义

终身幸福力的内涵，终身幸福力指的是一个人在整个生命中都能够获得满足、快乐、平静、安宁、成就感、自由、尊重、安全感以及亲密关系等心理和情感需求的能力。这种满足感不仅仅是短暂的快乐，而是一种持久的、深层次的情感状态，涉及自我价值的展现和生命意义的实现。这意味着个体在追求幸福的过程中，不仅能够满足自身的情感需求，还能够实现个人的潜能，为社会和家庭做出贡献，从而感受到生命的意义和价值。终身幸福不是一种自然状态，而是一种基于意志的选择和行动的结果。它需要个体在生命中不断努力和追求，通过积极的行动和正确的选择来创造和维持幸福感。从心理学的角度来看，幸福力是一种获取幸福的能力，包括感知和体验幸福、评价幸福，以及有意识地寻求策略来调控幸福的能力。这些能力共同构成了个体在面对各种情境时保持幸福状态的基础，涵盖了身心健康、积极心态、人际关系、自我认知、自主学习能力等多个方面。培养儿童具备终身幸福力，不仅有助于他们当前的生活和学习，更能为他们未来的幸福生活和成功发展奠定坚实基础。

终身幸福力的意义在于提升生活质量。拥有终身幸福力的人能够更好地应对生活中的挑战和困难，保持积极的心态和良好的情绪状态。这种积极的心态有助于提升个体的生活质量，使个体在工作、学习和家庭生活中都能够有出色的表现。研究表明，幸福的人通常具有更好的身心健康状况。此外，幸福感还与社会凝聚力密切相关，一个充满幸福感的社会更容易形成和谐的人际关系和积极的社会氛围。这种积极的社会互动有助于增强社会的凝聚力和稳定性。在追求幸福的过程中，个体需要不断学习和成长，提升自己的能力和素质。这种成长和发展不仅有助于个体实现自我价值，还能够为社会作出更大的贡献。终身幸福力的一些核心要素包括自我认知、情绪管理、积极心态、人际关系、目标追求、适应能力、持续学习、健康习惯以及社会参与。在当前教育生态背景下，探讨、理解和提升儿童的幸福能力具有重要的教育价值与意义。

第一，对儿童幸福能力的探索是深化幸福教育理念的关键所在。教育的本质是一场灵魂的培育之旅，其终极目标在于引领儿童走向幸福的彼岸。教育活动的合理性与成效，体现在其能否有效促进儿童幸福的实现上。因此，对儿童幸福能力的探讨，不仅是理论层面的深化，更是实践层面的指引，它引领我们重新审视并优化教育过程，使之更加贴近儿童幸福的本质需求。

第二，理解儿童幸福能力是满足儿童内在幸福追求的必然要求。幸福，作为人类共同的向往与追求，是生命最本真的动力与意义所在。正如费尔巴哈所言，追求幸福是所有生命体的基本活动。对于儿童而言，这种追求更是天性使然，是成长道路上不可或缺的一部分。理解并尊重儿童的幸福追求，意味着我们要为他们创造更多感受幸福、体验幸福和创造幸福的机会与条件，让他们的成长之路充满阳光与欢笑。

第三，提升儿童幸福能力，是为他们在未来生活中追求幸福提供强大内在动力的重要途径。在现代社会，幸福不再仅仅是简单的物质满足，更是一种生活智慧与能力的体现。通过提升儿童的幸福能力，我们旨在帮助他们在面对教育焦虑和生活挑战时，能够拥有更强的自我调节能力、更丰富的情感体验以及更积极的生活态度。这样，他们就能在教育旅程中更加从容不迫，用自己的双手和智慧去创造属于自己的幸福人生。

综上所述，探讨、理解和提升儿童的幸福能力，不仅是当前教育生态下的重要课题，更是促进儿童全面发展、实现教育终极目标的关键所在。我们应以更加开放的心态、更加科学的方法去关注和研究这一领域，为儿童的幸福成长贡献我们的智慧与力量。

三、培养具有终身幸福力的新时代儿童的策略

在新时代背景下，培养具有终身幸福力的儿童不仅是教育的核心目标，也是社会和谐与发展的重要基石。终身幸福力，即个体在面对多变环境、挑战与机遇时，能够持续感受到幸福、积极应对并创造幸福生活的能力。本节旨在探讨如何通过全方位的教育策略，包括情感教育、能力培养以及社会参与等方面，来培养新时代儿童具备这种能力（图 6-2-1）。

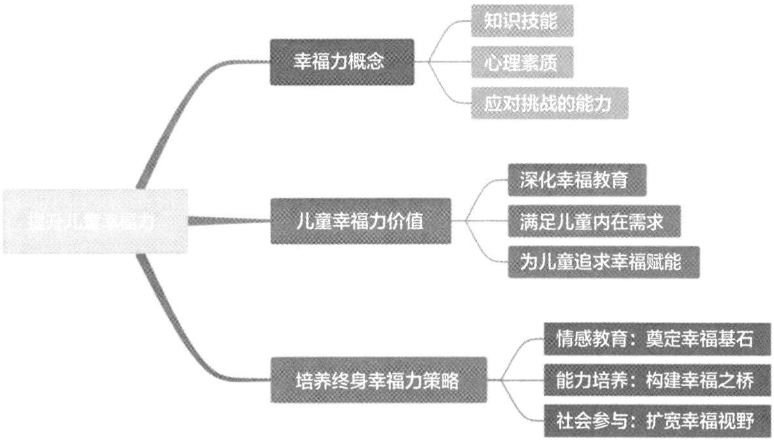

图 6-2-1 思维导图

（一）情感教育：奠定幸福基石

情感教育是构筑幸福人生与促进社会和谐的重要支柱。从宏观视角来看，优质的情感教育如同肥沃的土壤，滋养出具备全面素养的公民。他们情感丰沛、心智健全，能够敏锐感知社会脉动，积极贡献于国家发展与社会进步，为构建和谐社会的宏伟蓝图添上浓墨重彩的一笔。而从微观层面分析，情感教育的深耕细作则是促进个体身心和谐、自由翱翔的翅膀。它不仅助力儿童在知识与技能的海洋中遨游，更引领他们在情感的广袤天地里探索自我、完善个性，从而激发无限的创造力与想象力。在这一过程中，生命的色彩得以斑斓绽放，“趣野美”的理念深植心田，实现了人格发展的全面升华，达到了“趣野美”和谐统一的至高境界。

家庭、学校、社会需协同推进情感教育的有效实施。为确保情感教育的有效落实，家庭、学校和社会三方需携手并进。家庭作为情感教育的温馨起点，其重要性不言而喻。父母应成为孩子情感旅程中最坚实的后盾，通过高质量的陪伴、耐心的倾听与积极的回应，构建起坚不可摧的亲子情感纽带。在共同度过的每一个瞬间里，孩子不仅学会了爱与被爱的能力，更在潜移默化中奠定了稳定而健康的情感基础。学校则应成为情感教育的广阔舞台，通过设计多元化的情感教育活动，如角色扮演的沉浸式体验和小组讨论的深度交流，引导幼儿在轻松愉快的氛围中认识情感、表达情感，学会情绪管理并培养同理心。此外，幼儿园还应积极组织社会实践活动，如探访博物馆的历史之旅和参与社区服务的奉献活动，让幼儿在实践中深化情感体验，增强社会责任感，使情感教育的种子在社会的沃土中生根发芽，茁壮成长。

（二）能力培养：构建幸福之桥

综合能力的塑造是奠定人生基石、激发潜能的关键所在。在当今社会迅猛发展、竞争格局日益激烈的背景下，培育儿童的综合能力已跃升至前所未有的战略高度。儿童综合能力的全面塑造，不仅是奠定人生基石、激发内在潜能的关键，而且超越了单一技能的传授,聚焦于构建一个多维度、立体化的成长体系。这一体系旨在培养出既具备扎实知识基础,又拥有创新思维、卓越团队协作能力、良好心理素质及强健体魄的未来之星。这不仅精准回应了当前儿童个性化成长的需求,更是深谋远虑,旨在为其铺设一条通往未来、充满无限可能的康庄大道。

"从小学会做人、学会立志、学会创造。"习近平在"百年未有之大变局"的形势下,殷切嘱托新时代的儿童,要从小培养良好的道德品质、社会责任感以及人际交往能力,同时要树立远大志向,发扬敢想、敢做的时代精神。这种教育理念强调,在幼儿阶段应培养的能力包括自我认知与自我管理能力、解决问题的能力以及创新思维与创造力。自我认知是了解自己的优点、缺点、兴趣、价值观等的能力;自我管理则是根据自我认知调整行为、情绪并设定目标的能力。创新思维和创造力是适应未来社会的重要能力。创新是民族进步的灵魂,是国家兴旺发达的不竭动力。在知识和技术创新日新月异的时代,创造性人才已成为世界各国竞相争夺的最宝贵财富,创新精神也成为未来人才的核心素养。因此,我们要提供丰富的材料和资源,鼓励儿童进行自由创作和实验。同时,也要打破传统思维的束缚,鼓励儿童敢于想象、敢于尝试新事物。对儿童综合能力的精心培育,不仅是对个体成长的深刻关怀,更是对社会进步与文明发展的长远投资。

(三)社会参与:拓宽幸福视野

社会参与是幼儿成长的钥匙,能开启认知与幸福之门。在儿童成长的过程中,幸福感的建立与拓展是一个多维度、多层次的过程。除了家庭教育和学校教育之外,社会参与也是塑造儿童幸福视野不可或缺的一环。社会参与能为儿童提供丰富的学习资源和机会,使他们有机会接触到多样化的知识、技能和经验。通过与不同年龄、性别、文化背景的人交流互动,儿童能够拓宽视野,增强对世界的理解和认知,进而促进智力发展和思维能力的提升。

社会参与促进儿童成长,跨文化交流筑建未来基石。在社会参与的过程中,儿童需要学会与他人合作、沟通、协商和解决问题。这些经历有助于他们发展良好的人际关系,掌握有效的社交技巧,如倾听、表达、同理心和尊重他人等。这些技能对儿童未来的学业成就、职业发展和个人幸福至关重要。因此,应鼓励孩子参与各种社会实践活动,如科技创新活动。在实践活动中,孩子可以锻炼自己的实践能力、创新能力和团队协作能力,为未来的幸福生活奠定坚实的基础。海外游学的探索和国际文化节的交流,让孩子们有机会跨越国界,与来自世界各地的朋友相遇、相知。在这样的互动中,他们不仅领略了不同文化的独特魅力,拓宽了国际视野,更学会了以更加包容和开放的心态去拥抱这个多元的世界。这种全球化的视野与跨文化交流的能力,将成为他们未来人生旅途中的宝贵财富。

站在儿童发展的立场,培养有幸福感的孩子。"儿童像种子",教育应立足于儿童发展的视角。21世纪教育研究院院长杨东平曾说:"教育仍然是有意义的,它使孩子成为一个终身学习者和美好生活的追求者,让他们对生活保有热情和兴趣,愿意学习去改变,这样他们的未来就会有无限可能。"这也给教育工作者提出了一点希望——只要按照教育的逻辑,按照人的成长逻辑善待孩子,每个人都能获得良好的发展结果。教育的目的在于培养“人”,因此教育应当以儿童为中心。“儿童本位”已成为现代儿童教育的基本立场。

第三节 培育生命自觉的“趣野美”儿童

“趣野美”,指的是一种自然、原始、未经雕琢的美,它源自自然环境和孩子们的天真烂漫。幼儿园的“趣野美”:幼儿园应创造一个充满自然元素的环境,提供丰富的游戏和探索机会,让孩子们感受到自然之美和游戏之乐。幼儿自己的趣野美:鼓励孩子们发现和表达自己的兴趣和美感,让他们在探索和创造中发展个性和审美能力。

生命自觉是指个体对自身生命价值和意义的深刻认识与主动追求。教育应唤醒个体的生命自觉,帮助他们理解生命的独特之美,追求生命的和谐之美,并通过自主创造实现生命的超越之美。这意味着成长目标明确、理想人格确立并矢志不渝地追求。培育“生命自觉”是教育的最高价值所在。只有将“天地”与“人事”作为有机整体教给幼儿,教育才能回归到促使幼儿向善发展的本真状态。这里的“育”指的是孕育、滋润和培育,是一种向内的生长过程。具备“生命自觉”意识的人,能够实现自由人生,这既是教育最根本的追求,也是教育赋予个体生命的最高价值。

在幼儿教育阶段,生命教育的价值更多体现在唤醒生命意识、培养生存能力以及激发生命内驱力上。通过丰富多样的生活活动、多元的游戏活动以及生动有趣的生命教育活动,让儿童在亲身参与和体验中感受生命的不断成长与进步,进而使儿童成为更好的自己。

一、趣野美自主学习空间

自主之趣,成长之欢。教育的四大支柱是学会求知、学会做事、学会共处和学会生存。在幼儿教育的黄金时期,“学会求知”这一目标显得尤为重要,它照亮了幼儿主动探索知识、培养学习自主性的道路。同样,高瞻课程也精准地捕捉到了幼儿主动学习的精髓,提出了包含材料、操作、选择、幼儿的语言与思维以及成人支持在内的五要素框架,为构建幼儿自主学习的空间提供了宝贵的指导。

环境创设是激发幼儿好奇心与探索欲的沃土。通过巧妙划分学习区域,例如,充满想象与发现的探索性活动区、展现创意与表达的表现性活动区,以及促进体能与勇气发展的运动型活动区,为每位幼儿量身定制多元化的学习舞台。同时,依据活动特性及幼儿年龄、能力的差异,灵活调整空间布局,确保每个角落都洋溢着安全、温馨与激励的氛围,让学习成为一场愉悦的探险。其次,在活动安排层面,赋予幼儿充分的自主权与探索时间。鼓励幼儿根据自己的兴趣与需求,自主选择学习内容与方式,让学习过程成为一场个性化的旅程。教师则化身为智慧的引导者,通过巧妙设问和提供启发性线索,激发幼儿内在的探索动力，引导他们深入探究，勇于尝试。更为关键的是，帮助幼儿逐步建立自我管理的意识与能力。通过师生共同制定学习计划，幼儿学会规划时间、设定目标，并在实践中逐渐培养出自律与责任感。教师在这一过程中扮演着重要的支持者角色，他们耐心指导，适时鼓励，确保幼儿在自主学习的道路上稳步前行，不断收获成长的喜悦与自信。

二、“趣野美”合作体验空间

合作启蒙，助力成长。自主学习空间的构建为幼儿合作行为的萌芽与成长提供了肥沃的土壤和不竭的动力。随着科技的日新月异和社会的持续进步，合作能力的重要性日益凸显，成为个人成长、学习进步及社会发展的核心力量。在科技飞速发展、社会不断前行的当下，合作能力愈发显得重要，它不仅是个人学习、成长道路上的强大驱动力，也是推动社会整体进步的关键要素。合作与团队精神，这一现代社会不可或缺的宝贵品质，已广泛渗透于各行各业，成为衡量个人及集体效能的重要指标。

合作能力是机智应对多元化人际交往挑战的重要基石。对于幼儿而言，自幼培养与他人的协作能力，不仅是其全面发展的关键环节，更是奠定其未来能够游刃有余地穿梭于复杂社会的重要基础。维果茨基的“最近发展区”理论以其深邃的洞察力，揭示了与同伴及成人携手合作对幼儿认知发展的深远意义。该理论强调，这种互动能够拓宽幼儿的认知领域，促进其认知能力的飞跃性提升。因此，精心构建一个充满鼓励与机遇的学习环境，专注于促进幼儿合作行为的发展，无疑为他们铺设了一条通往辉煌成就与幸福人生的康庄大道。这样的环境如同肥沃的土壤，滋养着幼儿心中合作的种子，让它们茁壮成长，最终绽放出成功与幸福的绚烂花朵。

三、“趣野美”智慧生态空间

培育想象，滋养好奇。在当今这个科技飞速发展与教育理念不断革新的时代，智慧生态空间在幼儿教育领域的构建日益凸显其不可或缺的价值。这一创新模式旨在将智能化与生态化设计理念深度融合于幼儿园环境中，精心雕琢出一个既遵循幼儿身心发展自然规律，又集教育启迪、趣味游戏与温馨生活于一体的卓越成长空间。这一前沿教育模式不仅仅是硬件设施的智能化升级，更是教育理念、教学方法与环境创设的一次深刻融合与重塑。

融合科技与自然，个性化教学开启幼儿成长新篇章。智慧生态空间是集智能化、生态化、教育性、趣味性及温馨性于一体的综合成长环境。它巧妙地将前沿科技融入日常教学与生活之中，利用物联网、大数据、人工智能等先进技术，为孩子们打造一个既安全健康又充满探索乐趣的学习与生活空间。在智慧生态空间里，孩子们可以体验到智能化教学设备的魅力。智能白板、互动触摸屏、机器人助教等高科技产品，不仅让教学内容更加生动有趣，还能根据每个孩子的兴趣与能力进行个性化教学，真正实现因材施教。同时，这些设备还能记录孩子们的学习轨迹与成长数据，为教师和家长提供科学的评估与指导。智慧生态空间在幼儿教育领域的构建,是对传统教育模式的深刻反思与创新尝试。它以其独特的魅力与价值,为孩子们的成长之路注入了新的活力与希望,让他们在智能与生态的和谐共生中绽放光彩。

“趣野美”教育理念在幼儿园中的实践,旨在通过构建自主学习、合作体验与智慧生态三大空间,培育幼儿的生命自觉。在自主学习空间中,幼儿被鼓励主动探索知识,培养学习自主性;合作体验空间则促进幼儿合作行为的发展,为其未来社交能力打下坚实基础;智慧生态空间融合科技与自然,打造个性化教学环境,激发幼儿的好奇心与想象力。这些空间的构建不仅丰富了幼儿的学习体验,更唤醒了他们的生命意识,培养了生存能力与内驱力。教育因此回归本真,旨在孕育、滋润、培育幼儿的生命成长,让他们在探索与创造中发展个性,追求生命的和谐、超越之美,最终成为能够实现自由人生的人。这一过程体现了教育对个体生命的最高价值追求,培育出了生命自觉的“趣野美”儿童。

后　　记

一个真正“趣野美”的校园应该给走过、来过的人留下什么呢？

泰戈尔曾说：“教育的目的应当是向人类传递生命的气息。”确实，唯有校园成为激发个体生命自觉的舞台，它才能熠熠生辉，成为滋养心灵、促进成长的沃土。我们应敏锐地捕捉校园中每一缕新生的气息、每一次意外的喜悦，以及通往无限可能的每一步探索。归根结底，教育质量的衡量标准深植于我们生命本身的丰富与深度之中，以及我们是否能在教育中实现自我觉醒，让生命之树更加枝繁叶茂。在教育的花园里，理性是坚实的土壤，诗性是绚烂的花朵，它们共同培育出智慧与美的果实，赋予生命以绚丽的色彩。

一是教育思想追崇“趣野不羁，美蕴心田”。

在当今这个充满无限可能的时代，教育工作者正以满腔热忱与深邃智慧，精心耕耘幼儿心灵的沃土，致力于全面而深刻地培育他们的人格魅力。这涵盖了个性发展的自由翱翔、学识积累的深厚底蕴、品格塑造的坚韧光辉、能力提升的稳健步伐、动机激发的心灵火花、兴趣培养的多元绽放、理想树立的崇高追求，以及价值观形成的正向引领。在这一璀璨的教育画卷中，“庄子之野”的新境界如同一股清新的春风，吹拂着每一个渴望成长的心灵，彰显出每个人内在的独特价值与本质，让每个孩子都能在自我发现的过程中，找到属于自己的光芒，成为独一无二的存在。

二是幼儿园场景追崇“放旷自然，趣野天成”。

“趣野”，指向真我，体现对自我和性灵的追求。“趣野”的产生源于教育者自觉的情感投射，他们由眼中之景孕育出审美之境，生出一片独特的韵味和趣味。用“趣野美”勾勒出一花一草一木的灵韵，使校园的环境悄然培育孩子的气度与视野。在这片生机盎然、古朴自然的天地里，孩子们可以感受树冠在风中摇动的韵律，享受阳光从枝叶间洒落的温暖。他们在这里喂鹦鹉、找蜗牛、逮蟋蟀、抱树干、养松鼠，在认知、游玩和解读的过程中，为生命赋予更深远的意义。

美好的东西，往往不是主流的美。一片怪石、一弯瘦水、几株枯木，凋零的秋意、残败的落花、秋末的风筝等，都是美的意象，都是与自我生命息息相关的活的存在。因此，在这野趣放旷之中，场景的沉浸、认知的拓展、兴趣的激发、审美的感受、生活的体验、意义的引导等都成为孩子成长的重要支点。

回归教育本质中的“趣野美”精神。“趣野”是兼具自然萌发教育思考与自由生长闲适野趣的状态，包含了教师突破自我和环境束缚的喜悦与大彻悟。“撑一支长篙，向青草更青处漫溯。”幼儿园作为“趣野美”的主场，孩子们与万物进行心灵对话，聆听自然的密语，解锁无数生命交融的时空之趣，在天空的辽阔与大地的固持之间如其所是。

“趣野美”，倡导每个生命自由绽放真我，正如阳光温暖、雨露滋养着每一株花草，静候一粒种子从远古走来，伴日月，携天趣，随遇而安。

随着“趣野美”课程的深入开展，它不仅是一段教育旅程的起点，更是孩子们心灵深处种下的一颗种子，一颗关于探索、创造与爱的种子。这颗种子在时间的滋养下，将逐渐生根发芽，绽放出更加绚烂的花朵。

作为教育工作者，我深感责任重大。“幼儿园里的趣野美”只是孩子们成长道路上的一个小小起点，未来的道路还有更多未知与挑战等待着他们。因此，我们将继续秉持“以幼儿为中心”的教育理念，不断探索与创新，为孩子们提供更加丰富、多元、有趣的学习体验。

此外，我们希望生态“趣野美”课程能够成为幼儿园教育中的一个亮点与特色，吸引更多家庭和孩子加入我们的行列。我们坚信，凭借不懈的共同努力与坚持，定能让更多的孩子领略游戏之趣、自然之野、生活之美。

在此终章之际，我的心中涌动的是无尽的感激。感谢上级部门及社会各界对园所的认可与肯定；感谢深圳市光明区玉律学校各位校领导的大力支持和专业指导；感谢并肩奋斗的课程编写小组成员，那些灯火通明的研讨夜、字斟句酌的修改日，每一个案例的优化、每一张插图的甄选、每一次碰撞的火花，都见证着学前教育人守望相助的温暖力量；感谢每一位参与其中的孩子，你们的纯真笑容与无限创意，如同璀璨星辰，让这本书充满了生命的活力与色彩；感谢家长们，是你们的坚定信任与温馨陪伴，赋予我们勇气去尝试、去革新、去追求卓越。还有我的同事们，是你们无私的奉献与辛勤的付出，让这本书从构想变为现实，每一个细节都凝聚着团队的智慧。在此，我想说，是你们让这本书不仅仅是文字的堆砌，而是情感与梦想的载体。愿这份心血之作，能传递爱与希望，温暖每一位读者的心房。

2024 年 10 月 10 日

孙文文

参考文献

[1] 《现代汉语词典》编写组. 现代汉语词典[M]. 北京：外文出版社，2013.

[2] 虞永平. 幼儿园课程游戏化项目的基本要求[J]. 早期教育，2018（4）：23-28.

[3] 许慎. 说文解字[M]. 北京：中华书局，2004.

[4] 吴航. 论幼儿游戏的“野趣”价值取向[J]. 幼儿教育，2016（7）：13-14.

[5] 刘颖慧. 当代审美文化语境中的野趣探析[D]. 湘潭：湖南科技大学，2012.

[6] 虞永平. 用全收获的理念开展幼儿园种植活动[J]. 幼儿教育，2017（4）：22-26.

[7] 周敏莉. 美在生活：幼儿园美育活动的创新探索[J]. 上海教育研究，2024（04）：85.

[8] 丛聪. 幼儿园自然教育活动的探索与实践[M]. 北京：中国农业出版社，2022.

[9] 陆敏. 让儿童生活在美的世界里：幼儿园全景美育的课程探索[M]. 上海：华东师范大学出版社，2022.

[10] 葛宇航，陆诗雷. 持续发展的瑞典林业[J]. 林业经济，1997（06）：64-69.

[11] 黄永昌. 加强法治建设推进林业产业化：对北欧三国“森林利用与林业可持续发展”的思考[J]. 当代贵州，2019（04）：70-71.

[12] 孙璐，刘晓晔. 丹麦森林幼儿园简介[J]. 幼儿教育，2014（09）：46-49.

[13] 何惠丽. “崇尚自然”的德国森林幼儿园对我国学前教育的启示[J]. 黑河学刊，2016（02）：161-162.

[14] 刘婧. 幼儿园森林活动设计与实施的行动研究[D]. 桂林：广西师范大学，2022.

[15] IBUKU，张帆. 绿色学校的弧顶：印度尼西亚巴厘岛[J]. 建筑创作，2022（06）：32-57.

[16] 徐望. 英国博物馆美育经验及启示[J]. 齐鲁艺苑，2023（02）：101-108.

[17] 邹一了. 英国博物馆体验式展示的教育功能探究[J]. 产业与科技论坛，2021，20（23）：94-95.

[18] 杨雨妍，孟威，梁晓婷. 自然接触与儿童身心发展研究进展[J]. 园林，2024，41（05）：111-119.

[19] 肖婵媛，苗若南. 近十年国际学前教育研究的热点与趋势：基于五种 SSCI 期刊的文献可视化分析[J]. 早期教育，2023（51）：2-9.

[20] 徐婷婷. 学前教育户外游戏的国际借鉴与中国路径研究[J]. 知识文库，2023，39（20）：151-154.

[21] 瓦西里奥斯·伊曼努埃尔·菲纳克思，胡亿军，张虹. 国际视野下的学前教育课程发展[J]. 幼儿教育，2017（33）：3-10，24.

[22] 侯佳慧. 基于生态理念的幼儿园空间设计[D]. 石家庄：河北科技大学，2023.

[23] 杨瑞. 城乡幼儿园教师使用自然资源的比较研究[D]. 开封:河南大学,2022.
[24] 刘欣然. 自然主义教育思想启示下的幼儿园户外游戏自然材料投放与使用研究[D]. 桂林:广西师范大学,2022.
[25] 刘蕾,肖念. 我国幼儿美育研究的现状、热点及展望:基于 CiteSpace 的可视化分析[J]. 早期教育,2024(20):7-12.
[26] 张沈. 基于自然教育理念的儿童户外课堂场地设计研究[D]. 徐州:中国矿业大学,2023.
[27] 刘兰. 陈鹤琴“活教育”中的美育思想对当代幼儿美育的启示[D]. 石家庄:河北师范大学,2021.